10/18

12, AVENUE D'ITALIE. PARIS XIIIᵉ

Dans la même collection

GILBERT ACHCAR, *Le Choc des barbaries*, n° 3606
CHRISTOPHE AGUITON, *Le monde nous appartient*, n° 3594
KRISTINA BORJESSON, *Black List*, n° 3720
JEAN-PIERRE BOUYXOU/PIERRE DELANNOY, *L'Aventure hippie*, n° 3715
NOAM CHOMSKY, *De la propagande*, n° 3595
NOAM CHOMSKY, *Le Profit avant l'homme*, n° 3694
COLLECTIF, *Le cadavre bouge encore*, n° 3596
▶BARBARA EHRENREICH, *L'Amérique pauvre*, n° 3797
CLARISSE FABRE/ÉRIC FASSIN, *Liberté, égalité, sexualités*, n° 3728
MARTIN HIRSCH/JÉRÔME CORDELIER, *Manifeste contre la pauvreté*, n° 3742
GROUPE KRISIS, *Manifeste contre le travail*, n° 3650
MICHAEL MOORE, *Mike contre-attaque !*, n° 3597
MICHAEL MOORE, *Dégraissez-moi ça !*, n° 3603
MICHAEL MOORE, *Tous aux abris !*, n° 3731
ANTONIO NEGRI/MICHAEL HARDT, *Empire*, n° 3635
JACQUES RANCIÈRE, *Le Maître ignorant*, n° 3730
SAINT-JUST, *L'Esprit de la révolution*, n° 140
RICHARD SENNETT, *Le Travail sans qualités*, n° 3608
XAVIER TERNISIEN, *La France des mosquées*, n° 3721
SERGE TISSERON, *Enfants sous influence*, n° 3598

BARBARA EHRENREICH

L'AMÉRIQUE PAUVRE

Comment ne pas survivre en travaillant

Traduit de l'américain
par Pierre GUGLIELMINA

10/18

« Fait et cause »
dirigé par Hugues Jallon

GRASSET

Sur l'auteur

Barbara Ehrenreich est l'une des essayistes politiques et critiques sociales les plus respectées aux États-Unis. Elle s'est vue récompenser par de nombreux prix et ses ouvrages connaissent un succès critique et commercial grandissant. Journaliste, Barbara Ehrenreich collabore à *Harper's*, *The Nation*, ainsi qu'au *Time* et *New York Times*.

Titre original :
Nickel and Dimed
Undercover in Low-wage USA

© Barbara Ehrenreich, 2001, pour l'édition originale.
© Éditions Grasset & Fasquelle, 2004,
pour la traduction française.
ISBN 2-264-04140-4

INTRODUCTION

Préparatifs

L'idée qui a conduit à l'écriture de ce livre a germé dans des circonstances relativement luxueuses. Lewis Lapham, le directeur du magazine *Harper's*, m'avait invitée pour un déjeuner à 30 $ dans un restaurant français, de style campagnard et sans prétention, afin de discuter des articles que je pourrais écrire pour sa publication. J'avais commandé un saumon et une salade verte, je crois, et je lui soumettais quelques-unes de mes idées concernant l'état de la culture populaire, quand la conversation dériva sur un thème qui me tient à cœur – la pauvreté. Comment peut-on vivre avec le salaire alloué à la main-d'œuvre non qualifiée ? Comment, en particulier, nous demandions-nous, allaient s'en sortir, avec 6 ou 7 $ de l'heure, les quelque quatre millions de femmes que la réforme de l'aide sociale était sur le point de jeter sur le marché du travail ? Et j'avais alors dit une chose que j'ai eu l'occasion de regretter plusieurs fois depuis : « Quelqu'un devrait se lancer dans un grand reportage comme on faisait autrefois, vous savez – y aller et voir ce que c'est de ses propres yeux. » Je voulais parler de quelqu'un de plus jeune que moi, d'un journaliste ambitieux, qui aurait du temps à y consacrer. Mais Lapham m'adressa un sourire un peu bizarre et mit fin à la vie telle que je la connaissais, en tout cas depuis un certain temps, avec un simple : « Oui, *vous*. »

La dernière fois qu'on m'avait pressée d'abandonner mon mode de vie normal pour un travail ordinaire mal payé, c'était dans les années 70, à l'époque où des douzaines, peut-être des centaines de radicaux des années 60, se mirent à travailler dans les usines pour se « prolétariser » et organiser, par la même occasion, la classe ouvrière. Pas vraiment mon truc. J'étais désolée pour les parents qui avaient payé les frais universitaires de ces aspirants à la condition ouvrière et désolée aussi pour les gens que ces derniers entendaient édifier. Dans ma famille, la vie à bas salaire n'avait jamais été une réalité très lointaine ; assez proche, en tout cas, pour me faire chérir la vie glorieusement autonome, sinon toujours bien payée, de l'écrivain. Ma sœur était passée d'un emploi mal payé à un autre – représentante pour une compagnie de téléphone, ouvrière d'usine, réceptionniste – luttant constamment contre ce qu'elle appelle « le désespoir de l'esclave salarié ». Mon mari et ami pendant dix-sept ans, qui était employé dans un entrepôt à 4,50 $ de l'heure quand je l'ai rencontré, a fini par s'en sortir, avec beaucoup de soulagement, en devenant dirigeant d'un syndicat de routiers. Mon père avait travaillé dans une mine de cuivre; mes oncles et mes grands-pères avaient travaillé dans les mines et dans les chemins de fer de l'Union Pacific. Pour moi, être assise derrière un bureau à longueur de journée n'était donc pas seulement un privilège, mais un devoir : une dette à l'égard de tous ces gens dans ma vie, vivants et morts, qui auraient tous plus à raconter qu'on ne pourrait en entendre.

Accroissant mes hésitations, certains membres de ma famille ne cessaient de me rappeler que je pouvais, tant bien que mal, me lancer dans ce projet sans avoir à quitter mon bureau. Je n'avais qu'à m'accorder un salaire de base pour huit heures par jour, à payer le gîte et le couvert et quelques dépenses indispensables comme le gaz, et à faire le total pour un mois. Avec des salaires courants de 6 à 7 $ de l'heure dans ma ville et des loyers à 400 $ par mois, cela pouvait, semblait-il, coller du point de vue des chiffres. Mais si la question était de savoir si une mère célibataire vivant de l'aide sociale pouvait survivre sans l'assistance du gouvernement sous forme de tickets d'alimentation, d'assurance maladie, d'allocations familiales et de logement, la réponse était connue avant même d'avoir à quitter le confort de ma maison. Selon la Coalition nationale pour les Sans-Abri, en 1998 – l'année où j'ai commencé à travailler sur ce projet – il fallait en moyenne, à l'échelle nationale, un salaire horaire de 8,89 $ pour pouvoir vivre dans un appartement d'une pièce, et le Préambule du Center for Public Policy estimait que la probabilité pour un bénéficiaire de l'aide sociale de trouver un emploi rémunéré à ce niveau était de 97 contre 1. Pourquoi me serais-je préoccupée de confirmer ces faits affligeants ? A mesure qu'approchait le moment où je ne pourrais plus refuser le reportage, j'ai commencé à me sentir un peu comme ce vieillard que j'avais connu qui utilisait une calculette pour faire ses comptes et en vérifiait ensuite l'exactitude en refaisant tout à la main.

Finalement, la seule manière de surmonter mon hésitation fut de me considérer comme une scientifique, ce qui correspondait d'ailleurs à ma formation. J'ai un doctorat en biologie et je ne l'ai pas obtenu en restant assise derrière un bureau à jouer avec des chiffres. Dans ce genre de travail, on peut penser tant qu'on veut, mais tôt ou tard il faut aller dans le laboratoire et plonger dans le chaos quotidien de la nature, où bien des surprises se cachent derrière les manipulations les plus anodines. Peut-être qu'en me lançant dans le projet, je découvrirais une économie insoupçonnée dans le monde du travailleur sous-payé. Après tout, si 30 % de la main-d'œuvre travaille dur pour 8 $ de l'heure ou moins, comme le rapporte en 1998 The Economic Policy Institute de Washington, c'est qu'elle a sans doute trouvé des expédients qui me sont encore inconnus. Peut-être serais-je même capable de détecter les effets psychologiques vivifiants du travail hors de chez soi, promis par les détraqués qui nous ont apporté l'Etat-providence. Ou bien, à l'inverse, il y aurait peut-être des dépenses inattendues – physiques, financières, affectives – qui ruineraient tous mes calculs. La seule façon de le savoir, c'était d'aller voir et de me salir les mains.

Dans un esprit scientifique, j'établis certaines règles et certains paramètres. Règle n° 1, assez évidente : ne pas m'appuyer, dans ma recherche d'un emploi, sur les compétences qui dérivaient de mon éducation ou de mon travail habituel – les annonces concernant les emplois d'essayiste étant plutôt rares de toute façon. Règle n° 2 : il fallait prendre le boulot le mieux payé qu'on m'offrait et faire de mon mieux pour le garder ; ni déclamations marxistes véhémentes, ni fuites dans les toilettes pour lire des romans. Règle n° 3 : je devais me contenter des logements les moins chers que je pourrais trouver, du moins les moins chers à un niveau acceptable de sécurité et d'intimité, même si mes critères dans ces domaines étaient flous et susceptibles, comme j'allais le constater, de se détériorer avec le temps.

J'ai essayé de m'en tenir à ces règles, mais au

cours du reportage, elles ont toutes été transgressées ou contournées à un moment donné. A Key West, par exemple, où je me suis lancée dans ce projet à la fin du printemps 1998, je me suis un jour flattée auprès d'un employeur, pour obtenir un travail de serveuse, de pouvoir accueillir les touristes européens avec le *Bonjour* ou le *Guten Tag* approprié. Mais c'est la seule fois où je me suis servie d'un vestige de mon éducation. A Minneapolis, ma destination finale, où j'ai vécu au début de l'été 2000, j'ai rompu une autre règle en ne parvenant pas à obtenir l'emploi le mieux payé proposé, et vous aurez à juger vous-même de mes raisons d'avoir agi ainsi. Et enfin, presque à la fin, j'ai craqué et j'ai fulminé – en cachette, cependant, et jamais à portée de mes employeurs.

Se posait aussi le problème concernant la façon de me présenter aux employeurs potentiels et, en particulier, la façon d'expliquer mon lamentable manque d'expérience professionnelle. La vérité, ou du moins la version simplifiée de celle-ci, semblait la solution la plus facile : je me présentais, lors des entretiens, comme une femme au foyer divorcée, entrant dans le monde du travail après des années de vie domestique, ce qui était relativement exact. De temps en temps, je mentionnais quelques travaux de ménage à Key West, citant en référence des gens avec qui j'avais partagé des maisons et un ami que j'avais aidé à débarrasser la table après un certain nombre de dîners. Les formulaires de demande d'emploi s'intéressent à votre éducation et je m'étais dit que le doctorat ne serait d'aucun secours, pourrait même conduire mes employeurs à soupçonner que j'étais une ratée, alcoolique ou pis encore. Je me suis donc limitée à trois années d'université, citant même le nom de celle-ci. En fait, personne ne m'a jamais posé de questions sur mon passé, et un seul employeur sur plusieurs douzaines s'est donné la peine de vérifier mes références. Lors d'un entretien exceptionnellement bavard, à la question du hobby, j'ai répondu « Ecrire » et la femme qui m'interrogeait n'y a rien trouvé d'étrange – en dépit du fait que l'emploi proposé aurait pu être exercé par un illettré.

Enfin, je me suis fixé des limites un peu rassurantes concernant les avanies qu'il me faudrait endurer. D'abord, j'aurais toujours une voiture. A Key West, je conduirais la mienne ; dans les autres villes, j'aurais recours à Epaves-à-Louer et j'utiliserais ma carte de crédit plutôt que mes économies. Oui, j'aurais pu faire un pas de plus et me limiter à des emplois seulement accessibles grâce aux transports en commun. Je me suis dit qu'un reportage consacré à l'attente des bus ne serait pas très intéressant. Ensuite, j'ai écarté la possibilité de vivre comme une sans-abri. L'idée, c'était de passer un mois dans chaque endroit, de voir si je pouvais trouver un travail et économiser un peu d'argent, de quoi payer un second mois de loyer. Si je payais un loyer hebdomadaire et que je me retrouvais à court d'argent, je déclarerais que le projet avait pris fin. Ni asile de nuit, ni voiture-dortoir pour moi. Je n'avais pas non plus l'intention d'avoir faim. Si les choses tournaient mal, au point de voir le prochain repas devenir un problème, je m'étais promis, alors que le début de l'« expérience » approchait, d'exhumer une carte bancaire et de tricher.

Ceci n'est donc pas le récit des aventures clandestines d'une « trompe-la-mort ». Ce que j'ai fait, presque tout le monde aurait pu le faire – chercher des petits boulots, les faire et essayer de s'en sortir. En fait, des millions d'Américains le font tous les jours, sans fanfare et sans hésitation.

Je suis, bien sûr, très différente des gens qui occupent normalement les emplois les moins attirants d'Amérique, et cela à plusieurs égards, ce qui m'a à la fois aidée et limitée. De façon évidente, je ne faisais que passer dans un monde où d'autres vivent en permanence, souvent pendant la totalité de leur existence. Avec tous les avantages matériels que j'ai accumulés au cours d'une vie à moitié écoulée – mes comptes en banque, mes impôts, ma mutuelle de santé, ma vaste maison – veillant avec indulgence en coulisses, il n'était pas question pour moi de « faire l'expérience de la pauvreté » ou de « ressentir vraiment » ce que c'est que d'être sans fin employé au plus bas salaire. Mon but était à la fois plus direct et plus objectif : voir si je pouvais couvrir mes dépenses avec mes revenus, comme doit y parvenir chaque jour celui qui est véritablement pauvre. De plus, j'avais déjà fait assez de rencontres imprévues avec la pauvreté durant ma vie pour savoir que ce n'est pas un lieu d'excursion touristique. On y sent trop l'odeur de la peur.

A la différence de la plupart des gens mal payés, j'ai l'avantage d'être blanche et d'avoir l'anglais pour langue maternelle. Je ne pense pas que cela ait affecté mes chances d'obtenir un emploi, compte tenu du marché du travail entre 1998 et 2000, période pendant laquelle les employeurs étaient prêts à engager n'importe qui. Mais cela a certainement affecté le *genre* d'emplois qu'on m'a proposés. A Key West, je m'étais mis en quête de ce que j'imaginais être un travail assez facile de femme de ménage d'hôtel et j'ai été propulsée vers celui de serveuse, sans aucun doute à cause de ma nationalité et de mes compétences en anglais. En réalité, le métier de serveuse ne procure pas un avantage financier considérable par rapport à celui de femme de ménage, du moins en période de basse saison, et donc de faibles pourboires, qui fut celle où j'ai fait ce travail. Mais l'expérience m'a aidée à déterminer le choix des autres localités dans lesquelles j'allais vivre et travailler. J'ai, par exemple, exclu des endroits comme New York et Los Angeles, où le prolétariat est essentiellement composé de gens de couleur et où une femme blanche, parlant l'anglais sans accent, à la recherche d'un emploi subalterne, sera soupçonnée d'être désespérée ou bizarre.

J'avais d'autres avantages – la voiture, par exemple – qui me distinguaient de bon nombre de mes collègues, sinon tous. Normalement, si je voulais reproduire l'expérience d'une femme cherchant du travail après avoir vécu de l'aide sociale, j'aurais dû avoir deux enfants à charge. Mais les miens étaient adultes et personne ne souhaitait me prêter les siens pour un mois de vacances dans la pauvreté. Outre ma mobilité et ma solitude, je suis probablement en meilleure santé que la plupart des gens employés à bas salaire. J'avais tous les avantages pour moi.

S'il existait certaines choses, plus subtiles, qui me rendaient différente, personne ne les a jamais relevées devant moi. Je n'ai pas joué un personnage ou essayé de me conformer à un stéréotype imaginaire. J'ai porté mes vêtements habituels, lorsque c'était autorisé, et j'ai conservé la même coiffure et le même maquillage. Au cours de mes conversations avec mes collègues de travail, j'ai parlé de mes véritables enfants, de mon statut conjugal et de mes amis. Je n'avais aucune raison d'inventer une autre vie. J'ai cependant modifié mon vocabulaire à certains égards : du moins chaque fois que je commençais dans un nouvel emploi et que je redoutais de paraître effrontée ou irrévérencieuse, je censurais les gros mots qui font partie – principalement à cause des routiers – de mon langage ordinaire. A part ça, je plaisantais, je taquinais, j'émettais mes opinions, mes réflexions et, soit dit en passant, je donnais pas mal de conseils en matière de santé, comme je l'aurais fait dans n'importe quel autre environnement.

Plusieurs fois depuis la fin de cette expérience, des amis m'ont demandé si les gens avec qui j'avais travaillé ne m'avaient pas « démystifiée » – supposant donc que toute personne éduquée est irrémédiablement différente, au sens de supérieure, des abeilles attelées au labeur quotidien. J'aimerais pouvoir dire qu'un chef d'équipe ou un collègue m'a un jour enviée d'être plus intelligente ou mieux éduquée que les autres. Mais cela ne s'est jamais produit, sans doute parce que ce qui me rendait vraiment « différente », c'était mon manque d'expérience. Pour formuler la proposition à l'envers, disons que les employés à bas salaire ne forment pas plus une masse homogène, en termes de personnalité et de compétence, ou bien d'humour ou de vivacité, que les gens qui écrivent pour gagner leur vie. Quiconque fait partie des classes éduquées et pense différemment, devrait élargir le cercle de ses fréquentations.

Bien entendu, il y avait toujours une nuance

dont j'étais seule à être consciente – le fait que je ne travaillais pas pour gagner de l'argent, mais plutôt pour faire une enquête et rédiger un article et un livre par la suite. Je rentrais à la maison tous les soirs, non pas pour retrouver une vie domestique quelconque mais mon ordinateur portable, afin d'y noter deux heures durant les événements remarquables de la journée – avec assiduité, dans la mesure où prendre des notes pendant la journée n'était guère pensable. Cette supercherie, symbolisée par l'ordinateur qui constituait le lien entre mon passé et mon avenir, me gênait, tout du moins dans mes rapports avec les gens que j'estimais et que j'aurais voulu mieux connaître. Je voudrais signaler ici que les noms et les détails personnels ont été modifiés, afin de préserver l'intimité des gens avec qui j'ai travaillé ou que j'ai rencontrés dans d'autres circonstances au cours de mes recherches. Dans la plupart des cas, j'ai aussi changé le nom des endroits où j'ai occupé un emploi et leur situation géographique exacte pour préserver l'anonymat des personnes dont j'ai fait la connaissance.

A chaque endroit, à la fin de mon séjour et après bien des délibérations angoissées, j'ai tout « avoué » à certains de mes collègues de travail. Le résultat a toujours été décevant, ma réaction préférée étant : « Est-ce ça veut dire que tu ne seras pas là pour le service de nuit, la semaine prochaine ? » Je me suis longuement demandé pourquoi la surprise ou l'indignation n'était pas plus grande, et l'explication repose en partie sur l'idée que les gens se font de « l'écriture ». Il y a des années, au moment où j'ai épousé mon deuxième mari, il a annoncé fièrement à son oncle, qui garait des voitures dans un parking à l'époque, que j'étais un écrivain. Son oncle répondit : « Qui ne l'est pas ? » Quiconque est alphabétisé « écrit » et quelques-unes des personnes que j'ai connues ou rencontrées pendant cette enquête tiennent un journal ou écrivent des poèmes – et même, dans un cas, un long roman de science-fiction.

Mais comme je m'en suis rendu compte tardivement au cours de cette enquête, il se peut que je me sois exagéré l'importance de la supercherie. Il n'y a aucun moyen, par exemple, de faire semblant d'être une serveuse : les plats arrivent sur la table ou non. Les gens me connaissaient en tant que serveuse, femme de ménage, aide dans une maison de retraite ou vendeuse, non parce que je jouais ce rôle, mais parce que *je l'étais*, du moins pendant le temps que je passais avec eux. Pour chaque emploi, dans chaque endroit, le travail absorbait toute mon énergie et une bonne partie de mon intelligence. Je ne plaisante pas. Même si je redoutais, depuis le début, que l'arithmétique des salaires et des loyers ne joue contre moi, j'ai fait un effort énorme pour réussir.

Je ne prétends pas que mes expériences aient la

moindre pertinence pour qui que ce soit d'autre, parce qu'il n'y a rien d'universel dans mon histoire. Gardez à l'esprit, quand je piétine, que c'est en fait le meilleur scénario possible : une personne dotée de tous les avantages que la race, l'éducation, la santé et la motivation peuvent conférer, essayant au cours d'une période de prospérité exubérante de survivre au plus bas de l'échelle sociale.

Un

Servir en Floride

En grande partie à cause de ma paresse, je décide de commencer ma vie à bas salaire dans la ville la plus proche de celle de ma résidence actuelle, Key West, en Floride, qui s'efforce d'acquérir avec une population de 25 000 habitants un statut de véritable ville. Choisir un environnement familier entraîne une difficulté de taille, et je m'en suis vite aperçue : passer d'une existence de consommateur, dépensant sans compter pour ses courses, ses films, son essence, à celle d'employé dans le même cadre. Je suis terrifiée, surtout au début, à l'idée d'être reconnue par quelque commerçant amical ou par un voisin d'autrefois et d'avoir à balbutier une explication pour justifier mon projet. Heureusement, mes craintes se révèlent injustifiées : pendant un mois de labeur et de pauvreté, personne ne reconnaît ni mon visage ni mon nom, qui passe totalement inaperçu et reste la plupart du temps imprononçable. Dans cet univers parallèle, au sein duquel mon père n'est jamais sorti de la mine, où je n'ai moi-même jamais terminé l'université, mon nom est « poupée », « chérie », « la blonde », et le plus souvent « petite ».

La première tâche que je m'assigne est de trouver un logement. Je me dis que si je peux gagner 7 $ de l'heure – ce qui, d'après les offres d'emploi, semble faisable – je peux me permettre de dépenser 500 $ de loyer ou peut-être 600 $ en faisant des économies, et de me retrouver avec encore 400 ou 500 $ pour la nourriture et l'essence. Dans les environs de Key West, cela me condamne aux asiles de nuit et aux parcs de caravanes – comme celle qui, à un convenable trajet de quinze minutes en voiture, ne dispose ni de la climatisation, ni de moustiquaire, qui est dépourvue de ventilateur ou de télévision, mais qui propose, en guise de divertissement, le défi d'échapper au doberman du propriétaire. Le gros problème de l'endroit, c'est que le loyer de 675 $ par mois dépasse de loin mes moyens. Bon d'accord, Key West est un endroit cher. Mais comme l'est New York ou la baie de San Francisco, ou encore Jackson dans le Wyoming, Telluride, Boston, et tout autre endroit où les touristes et les fortunés de ce monde se disputent l'espace habitable avec les gens qui nettoient leurs toilettes et font frire leurs pommes de terre sautées. C'est tout de même un choc de s'apercevoir que le statut de « romanichel » est devenu pour moi une chose vers laquelle je dois m'élever.

Je décide donc d'opter pour le compromis habituel entre l'abordable et le pratique : un peu éloignée des offres d'emploi de Key West, je me retrouve avec un meublé à 500 $ par mois, à une cinquantaine de kilomètres sur une route à deux voies – soit un trajet de quarante-cinq minutes si la route n'était pas en travaux et si je n'étais pas coincée derrière des touristes canadiens sonnés par les coups de soleil. Je déteste ce trajet au long duquel sont parsemées des petites croix blanches commémorant les collisions frontales, mais l'endroit lui-même est charmant – une sorte de cabane dans le jardin marécageux d'une caravane convertie en maison, où mon propriétaire, un affable réparateur de télévisions, vit avec sa petite amie, barmaid. D'un point de vue anthropologique, le parc de caravanes aurait été plus intéressant, mais ici j'ai un sol blanc scintillant et un bon matelas, et les insectes en résidence permanente sont faciles à vaincre.

La tâche suivante consiste à passer au peigne fin les offres d'emploi et à trouver un boulot. J'écarte un certain nombre de postes pour une raison ou une autre : réceptionniste d'hôtel, par exemple, qui est considéré, à ma grande surprise, comme un emploi non qualifié et qui n'est rémunéré qu'à 6 ou 7 $ de l'heure, est écarté parce qu'il faut passer huit heures par jour au même endroit, sans pouvoir sortir. Serveuse est un autre emploi que je préférerais éviter, parce que je me souviens que cela m'épuisait quand j'avais dix-huit ans et que des décennies de varices et de douleurs de dos me séparent aujourd'hui de cette époque. Le télémarketing, un des premiers refuges pour celui qui se retrouve brusquement dans l'indigence, peut être éliminé à cause de ma personnalité. Ce qui me limite à quelques emplois dans des supermarchés, comme celui de responsable des plats cuisinés, ou à ceux de femme de ménage dans les hôtels et les pensions, qui sont payés 7 $ de l'heure environ et ne sont pas très différents de ce que j'ai fait chez moi, à temps partiel, toute ma vie.

Et donc j'enfile ce que j'imagine être une tenue correcte – bermuda bien repassé et tee-shirt – et je me lance dans la tournée des hôtels et des supermarchés du coin. Best Western, Econo Lodge et HoJo's me laissent tous remplir des formulaires de candidature et ils sont, à mon grand soulagement, surtout curieux de savoir si je suis une résidente légale aux Etats-Unis et si je n'ai pas commis un délit quelconque. L'arrêt suivant est Winn-Dixie, le supermarché, dont la procédure de candidature se révèle particulièrement lourde, comprenant un « entretien » de vingt minutes sur ordinateur, dans la mesure où, semble-t-il, aucun être humain dans le supermarché n'est jugé capable de représenter le point de vue de la direction. On m'emmène dans une grande pièce décorée d'affiches illustrant ce qu'il convient d'appeler une « allure professionnelle » (il vaut mieux être blanc et, si on est une femme, permanentée) et mettant en garde contre les promesses alléchantes que vous feront miroiter les syndicats. L'entretien est un questionnaire à choix multiples : Ai-je le moindre problème, comme celui de la garde de mes enfants, susceptible de me mettre en retard pour mon travail ? Est-ce que je considère que la sécurité de mon poste est la responsabilité de mon employeur ? Puis, surgissant malicieusement de nulle part : Quel montant en dollars de marchandises volées ai-je acheté l'année dernière ? Dénoncerais-je un collègue de travail si je le surprenais en train de voler ? Et enfin : Etes-vous quelqu'un d'honnête ?

Apparemment, je fais un sans-faute à l'entretien, puisqu'on me dit que tout ce que j'ai à faire, c'est d'aller le lendemain dans un cabinet médical pour un test de dépistage. Cela semble être une règle assez répandue : si vous voulez empiler des boîtes de Corn flakes ou passer l'aspirateur dans des chambres d'hôtel, vous devez être prêt à vous accroupir pour uriner devant un employé de laboratoire (qui a sans aucun doute dû en passer par là) [1]. Le salaire offert par Winn-Dixie – 6,20 $ de l'heure pour commencer – n'est pas suffisant, me dis-je, pour compenser l'humiliation de ce test.

Je déjeune au Wendy's, où dans la section mexicaine du Super-bar vous pouvez, pour la somme de 4,99 $, vous servir à volonté de haricots recuits et d'une sauce au fromage. Un employé tout jeune, qui me voit lire les offres d'emploi, me donne gentiment un formulaire de candidature, que je remplis, même si le salaire, ici aussi, dépasse à peine les 6 $ de l'heure. Puis je me lance dans la tournée des petits restaurants locaux et des pensions de famille dans Old Town, le vieux quartier de Key West, là où sont concentrés le tourisme et la restauration, à trois kilomètres de la zone des hôtels à bas tarif. A The Palms, pour ne pas le nommer, un directeur dynamique me fait voir les chambres et rencontrer les femmes de ménage, qui n'ont pas une

---

1. 81 % des employeurs d'une certaine importance exigent aujourd'hui un test de dépistage de drogues avant l'embauche (ils n'étaient que 21 % à le faire en 1987). Tous employeurs confondus, le pourcentage de test obligatoire est plus élevé dans le Sud. La drogue qui est susceptible d'être détectée le plus fréquemment – la marijuana peut être repérée des semaines après son absorption – est aussi la plus inoffensive. L'héroïne et la cocaïne sont en général impossibles à détecter trois jours après leur absorption. Il n'y a pas de test pour l'alcool qui est éliminé quelques heures après son ingestion.

allure très différente de la mienne – je le note avec satisfaction – genre ex-hippie un peu fanée, avec cheveux longs en tresses. La plupart du temps, toutefois, personne ne prend le temps de me parler ou même de me regarder, si ce n'est pour me tendre un formulaire de candidature. A ma dernière étape, un grandiose Bed & Breakfast, j'attends vingt minutes avant de rencontrer « Max », qui m'annonce n'avoir rien à me proposer pour l'instant, mais que cela ne devrait pas tarder dans la mesure où « personne ne reste jamais plus de deux semaines ».

Trois jours s'écoulent et, à mon grand chagrin, personne, parmi les vingt endroits où j'ai posé ma candidature, ne me rappelle pour un entretien. J'ai assez de vanité pour m'imaginer que j'ai pu paraître trop qualifiée pour les emplois en question, mais personne ne semble même se soucier de le vérifier. Je comprendrai plus tard que les offres d'emploi ne donnent pas une mesure fiable des emplois réellement disponibles à un moment donné. Les offres constituent, j'aurais dû le deviner en entendant les propos de Max, une sorte d'assurance de l'employeur contre l'incessant défilé de main-d'œuvre à bas salaire. La plupart des grands hôtels font passer des annonces constamment dans le seul dessein de constituer des ressources en main-d'œuvre, susceptibles de remplacer les employés qui disparaissent ou sont renvoyés. Trouver un emploi tient donc simplement à la capacité d'être au bon endroit au bon moment et assez flexible pour accepter ce qui se présente ce jour-là. C'est ce qui finit par m'arriver dans une de ces chaînes d'hôtels à bas tarif où je cherche comme d'habitude un emploi de femme de ménage : on m'envoie à l'essai comme serveuse dans le « restaurant de famille » rattaché à l'hôtel – un endroit horrible donnant sur un parking qui propose ce jour-là des « Saucisses polonaises à la sauce barbecue » alors qu'il fait 35 ° à l'ombre. Phillip, le jeune Antillais coquet qui se présente comme le responsable du recrutement, m'interroge avec autant d'enthousiasme qu'une assistante sociale enregistrant ma supplique, son investigation se limitant à la question de savoir quelles tranches horaires me conviennent et quand je peux commencer. Je murmure que je manque terriblement d'expérience comme serveuse, mais il me parle déjà de l'uniforme : je dois me présenter le lendemain en chaussures et pantalon noirs ; il me fournira le tee-shirt de couleur rouille « Hearthside », c'est le nom de l'endroit, mais je préférerai à n'en pas douter porter un tee-shirt à moi pour me rendre à mon travail, ha, ha. Au mot de lendemain, un truc situé entre la peur et l'indignation m'envahit la poitrine. J'ai envie de dire : « Merci, monsieur, du temps que vous m'accordez, mais je faisais seulement une petite expérience, vous comprenez. Ma vie réelle n'a rien à voir avec tout ça. »

SERVIR EN FLORIDE

Ainsi commence ma carrière au Hearthside, où je travaille pendant deux semaines de 2 h de l'après-midi à 10 h du soir, au tarif de 2,43 $ de l'heure plus les pourboires [1]. Les employés n'ont pas le droit d'entrer par la porte principale et j'emprunte donc, le premier jour, la porte de la cuisine où je découvre un homme au visage rouge, aux cheveux longs et blonds, en train de jeter des steaks congelés contre un mur en hurlant « Bordel de merde ! ». Gail, la serveuse entre deux âges qui est chargée de mon initiation, explique : « Ça, c'est Billy tout craché. Il est tout le temps en colère. » Cette fois, c'est à cause du cuisinier de l'équipe du matin qui a oublié de décongeler les steaks. Pendant les huit heures suivantes, je cours derrière l'agile Gail, absorbant des bribes d'instruction ainsi que des fragments de sa tragédie personnelle. Tous les plats doivent

---

1. Selon le Fair Labor Standards Act, les employeurs ne sont pas tenus de payer les « employés qui touchent des pourboires », comme c'est le cas des serveurs de restaurant, plus de 2,13 $ de l'heure de salaire. Toutefois, si la somme des pourboires et du salaire horaire de 2,13 $ tombe au-dessous du salaire minimum de 5,15 $ de l'heure, l'employeur est tenu de combler la différence. Ce règlement n'a été mentionné par aucun des employeurs des restaurants dans lesquels j'ai travaillé, ni signalé d'aucune autre façon.

être servis sur un plateau et si elle est aussi fatiguée aujourd'hui, c'est parce qu'elle s'est réveillée en sueur en pensant à son petit ami qui s'est fait tuer au cours d'une bagarre dans une prison du nord de l'Etat. On ne ressert pas de limonade gratuitement. Et il était en prison à cause d'une série d'arrestations pour « conduite en état d'ivresse », c'est tout, ça aurait pu arriver à n'importe qui. Apporter les pots de crème sur une soucoupe, jamais à la main. Et une fois qu'il est parti, elle a vécu plusieurs mois dans son camion, urinant dans une bouteille et lisant le soir à la lumière d'une bougie. Mais on ne peut pas vivre dans un camion pendant l'été, parce qu'il faut laisser les vitres baissées et alors tout peut entrer, les moustiques et le reste.

En tout cas, Gail calme mes angoisses concernant une éventuelle surqualification. Dès le premier jour, je m'aperçois que parmi toutes les choses que j'ai laissées derrière moi, comme une maison et une identité, celle qui me manque le plus est la compétence. Non que je me sois jamais sentie qualifiée à 100 % pour le métier d'écrivain, dans lequel le succès d'un jour n'est la promesse de rien pour le suivant. Mais, dans ce métier, j'ai au moins une vague idée de la procédure à suivre : faire des recherches, un plan, écrire un premier jet, etc. En tant que serveuse, je suis assaillie de demandes qui me font l'effet d'être attaquée par des abeilles : un thé glacé ici, du ketchup là-bas, un *doggie-bag* à la 14, et où se trouvent les chaises pour les enfants en bas âge? Sur les vingt-sept tables, j'en ai habituellement six à ma charge à tout moment – même si certains après-midi calmes et si Gail est de repos, je dois m'occuper de la salle entière toute seule. Il faut maîtriser le système informatique de commande à écran sensible, qui est censé, j'imagine, réduire les contacts entre la cuisine et les serveurs, mais qui exige, en réalité, des mises au point verbales constantes : « C'est bien de la sauce sur la purée et rien sur le rôti, hein ? », et ainsi de suite. Et puis un truc que j'avais oublié depuis mes dix-huit ans : un tiers du travail de serveuse, tous les « à-côtés », reste invisible pour les clients : balayer, laver, couper, resservir du café ou de l'eau, reconstituer les stocks. Si tout n'est pas fait, jusqu'au moindre détail, l'on risque de se retrouver sans défense au moment de la ruée de 6 h du soir et de probablement tomber en flammes. Je suis à côté de la plaque des dizaines de fois au début, seulement soutenue dans ma honte par Gail – « Ça va, chérie, ça arrive à tout le monde à un moment ou à un autre » – parce que, à ma grande surprise et en dépit de mon détachement scientifique, je fais tout ce que je peux pour sauver les apparences, parce que je me sens *responsable*.

Tout ça serait beaucoup plus facile si je pouvais me glisser comme Lily Tomlin en serveuse dans une de ses pièces satiriques, mais j'ai été élevée conformément à ce précepte de Booker T. Washington qui dit : « Si vous devez faire quelque chose, alors débrouillez-vous pour le faire bien. » En fait, « bien » ne correspond pas à la moitié de la vérité. Faites-le mieux que quiconque l'a fait avant vous, comme disait mon père. Lequel devait savoir de quoi il parlait puisqu'il s'était débrouillé pour se sortir, et nous avec lui, des mines de cuivre de Butte, profondes de deux mille mètres, pour aller vivre dans les banlieues arborées du Nord-Est, passant du chaudron au Martini, avant que l'alcool ne vînt anéantir les ambitions. Dans la plupart des aventures que j'ai connues dans ma vie, je me suis rendu compte que « faire mieux que quiconque » n'était pas un but raisonnable. Pourtant, quand je me réveille en nage à 4 h du matin, je ne pense pas à la date limite pour la remise d'un article à un magazine, je me souviens d'une table où j'ai tout fait à l'envers et où un des enfants a commencé son repas alors que ses parents en étaient déjà au dessert. C'est l'autre motivation puissante – les clients ou les « patients », dans la mesure où je ne peux m'empêcher de penser à eux sans avoir à l'esprit cette mystérieuse vulnérabilité qui semble les avoir rendus temporairement incapables de se nourrir tout seuls. Au bout de quelques jours au Hearthside, je sens l'éthique du service produire en moi les effets de l'ocytocine, l'hormone qui déclenche l'accouchement. La diversité de mes clients qui sont tous des gens travaillant dans le coin – routiers, ouvriers du bâtiment, femmes de ménage de l'hôtel – m'incite à leur procurer le « meilleur dîner » possible compte tenu de l'environnement malpropre. Aucune familiarité de ma part, toute personne de plus de douze ans est « Monsieur » ou « Madame ». Je les abreuve de thé glacé ou de café. Je retourne, au cours du repas, m'enquérir que tout se passe bien. Je bichonne leurs salades avec des champignons émincés, des tranches de courgette ou tout ce que je peux trouver dans le réfrigérateur qui ne soit pas moisi.

Il y a, par exemple, Benny, un petit égoutier musclé, qui est incapable de songer à manger avant d'avoir absorbé pendant une demi-heure de l'eau glacée et de l'air climatisé. Nous parlons d'hyperthermie et d'électrolytes jusqu'à ce qu'il soit prêt à commander méticuleusement une soupe du jour, une salade composée et une assiette de gruau d'avoine. Il y a aussi les touristes allemands qui sont tellement touchés par mes « *Willkommen* » et « *Ist alles gut ?* » approximatifs qu'ils me laissent des pourboires (les Européens, sans doute trop gâtés par leurs systèmes de protection sociale, leurs hauts salaires obtenus à force de revendications syndicales, ne savent pas en général qu'ils sont censés laisser un pourboire). Certains restaurants, dont le Hearthside, permettent à leurs serveurs de « gratter » leurs clients étrangers, c'est-à-dire d'ajouter un pourboire à l'addition. Dans la mesure où ce pourboire est ajouté avant que le client ait eu l'opportunité de donner ou non un pourboire, cette pratique équivaut à une pénalisation automatique d'un anglais imparfait. Il y a encore deux lesbiennes couvertes de poussière, sortant tout juste de leur chantier, qui sont impressionnées par ma façon de me débarrasser de la mouche échouée dans leur piña colada et prennent le temps de chanter ma louange auprès de Stu, le sous-directeur. Il y a Sam, le flic à la retraite qui doit mettre son doigt dans le trou de sa trachéotomie pour permettre à la fumée de sa cigarette de descendre dans les poumons.

Quelquefois, je fantasme que je suis une princesse qui, en punition d'une transgression mineure, a entrepris de nourrir l'un après l'autre chacun de ses sujets. Mais les non-princesses qui travaillent avec moi sont tout aussi généreuses, même si cela les conduit à faire fi des règlements de la direction – concernant, par exemple, le nombre de croûtons à disposer sur une salade (six). « Mets-en autant que tu veux », murmure Gail, « tant que Stu ne te voit pas ». Elle prend sur ses pourboires pour payer les galettes et la sauce d'un mécanicien au chômage qui a dépensé toutes ses économies pour faire soigner ses dents, ce qui m'a incitée à mon tour à payer sa tarte et son lait. Peut-être retrouve-t-on cette intensité de l'« agapé » dans toute « l'industrie de l'hospitalité ». Je me souviens d'une affiche qui décorait un des appartements que j'ai visités et disait : « Si vous cherchez le bonheur pour vous seul, vous ne le trouverez jamais. Ce n'est qu'en le cherchant pour les autres qu'il viendra à vous », ou quelque chose dans ce genre – étrange de ressentir cette impression dans la chambre humide et en sous-sol d'un groom au Best Western. Au Hearthside, nous employons les moindres parcelles d'autonomie dont nous disposons pour procurer aux clients des calories illégales qui sont la marque de notre amour. C'est aux serveuses de préparer les salades et les desserts, de verser les vinaigrettes ou la crème Chantilly. Nous contrôlons aussi les portions de beurre distribuées aux clients, ainsi que la crème fraîche répandue sur leurs pommes de terre au four. Si vous vous demandez pourquoi les Américains sont obèses, gardez à l'esprit le fait que les serveuses expriment leur humanité et gagnent leurs pourboires grâce à la distribution clandestine de matières grasses.

Dix jours déjà et cela commence à ressembler à une vie vivable. J'aime bien Gail, qui a l'air d'avoir cinquante ans, mais bouge si vite qu'elle peut passer d'un endroit à un autre sans qu'on puisse jamais la voir, apparemment, entre les deux. Je fais le clown avec Lionel, le tout jeune garçon de salle haïtien, bien que nous n'ayons pas beaucoup de mots en commun, et je m'attarde près du grand évier pour écouter le créole musical des vieux Haïtiens qui font la vaisselle – le créole, avec leurs voix profondes, ressemble à du français sous testostérone. Je deviens amie avec Timmy, un gamin blanc de quatorze ans, qui fait le garçon de salle le soir, quand je lui dis que je n'aime pas les gens qui posent le siège de leur bébé sur la table : on a l'impression que le bébé est un hors-d'œuvre. Il ricane, ravi et, à son tour, un soir où tout est calme, commence à me raconter les histoires de tous les *Dents de la mer* (qui sont d'éternels succès dans les eaux infestées de requins des Keys) : « Elle regarde autour d'elle et le type qui faisait du ski nautique n'est plus là, et puis CLAC ! Le bateau entier disparaît... »

J'aime tout particulièrement Joan, la fille svelte d'une quarantaine d'années dont la tâche consiste à accueillir les gens, qui se révèle être une féministe militante et me prend à part un jour pour m'expliquer que « les hommes contrôlent tout – que nous n'avons pas la moindre chance si nous ne nous serrons pas les coudes ». Elle m'aide donc quand je suis dépassée par la situation et, pour l'en remercier, je lui donne une partie de mes pourboires ou monte la garde quand elle va fumer une cigarette sans autorisation. Nous l'admirons tous pour sa capacité à tenir tête à Billy et à lui dire, après un de ses commentaires désobligeants sur les serveuses, de « fermer sa gueule ». Je finis même par m'accommoder de Billy lorsque, un soir particulièrement calme, pour se faire pardonner, j'imagine, une attaque injustifiée de mes compétences, il me parle de sa jeunesse glorieuse à « l'école hospitalière » de Brooklyn, à l'époque où il sortait avec une beauté portoricaine... et se corrige, « Je veux dire l'école hôtelière ».

Je termine tous les soirs vers 10 h ou 10 h 30 en fonction du travail invisible que j'ai pu faire pendant mon service, et puis je roule jusque chez moi en écoutant les cassettes que j'ai prises au dernier moment en quittant ma maison – Marianne Faithfull, Tracy Chapman, Enigma, King Sunny Adé, Violent Femmes – suffisamment fatiguée pour que la musique résonne dans mon crâne, mais loin d'être épuisée. Vers minuit, je me fais une petite collation de galettes et de gruyère, accompagnée d'un vin blanc médiocre avec des glaçons et de ce qui passe sur AMC. Couchée vers 1 h 30 ou 2 h, debout à 9 ou 10 h, je lis une heure pendant que mon uniforme tourne dans la machine à laver du propriétaire, et puis c'est de nouveau huit heures passées à obéir au commandement clé de Mao, inscrit dans le *Petit Livre rouge* : Servez le Peuple.

*
* *

L'AMÉRIQUE PAUVRE

Je pourrais me laisser dériver comme ça, dans une sorte de rêve idyllique prolétarien, mais deux choses m'en empêchent. L'une est la direction. Si j'ai laissé ce sujet en marge jusqu'à présent, c'est parce que je tressaille encore à l'idée d'avoir passé toutes ces semaines sous la surveillance d'hommes (et par la suite de femmes) dont le travail était d'observer mon comportement pour y déceler les signes d'une possible fainéantise, d'une tendance au vol, d'un abus de drogues, ou pire encore. Non pas que la direction ou ses subalternes mal payés constituent à proprement parler l'ennemi de classe. La plupart du temps, dans la restauration, ce sont d'anciens cuisiniers encore capables de faire face aux défaillances en cuisine. Dans les hôtels, ce sont d'anciens employés. Et ces gens ne gagnent que 400 $ par semaine. Mais tout le monde sait qu'ils sont passés de l'autre côté, qui est, pour le dire crûment, le côté de l'entreprise et non plus le côté humain. Les cuisiniers veulent préparer des plats qui ont du goût, les serveurs veulent apporter une certaine délicatesse dans le service, mais la direction n'est là que pour s'assurer d'une seule chose – que l'argent est bien encaissé par une entité théorique, l'entreprise, qui existe quelque part du côté de Chicago ou de New York, à supposer qu'une entreprise puisse avoir une existence physique quelconque. En pensant à sa carrière, Gail me dit sur un ton désabusé qu'elle a juré, il y a des années, de ne jamais plus travailler pour une chaîne. « Ils ne relâchent jamais la pression. Tu donnes, tu donnes et ils prennent toujours plus. »

L'encadrement a le droit de s'asseoir – pendant des heures s'ils le désirent – mais leur travail consiste à s'assurer que personne d'autre ne le fait, même lorsqu'il n'y a rien à faire. Raison pour laquelle les temps morts sont, pour les serveurs, aussi épuisants que les périodes d'affluence. On commence alors à faire traîner n'importe quelle petite corvée, de peur d'être surpris inoccupé par le chef qui vous assignera une tâche plus pénible. Alors j'essuie, je nettoie, je remplis les bouteilles de ketchup, je vérifie qu'il reste assez de cheeseburgers, je fais même le tour des tables pour m'assurer que les formulaires d'appréciation des clients sont bien en place – me demandant chaque fois combien de calories je brûle au cours de ces manœuvres purement dilatoires. En désespoir de cause, il m'arrive même de sortir les desserts de leur vitrine, de rafraîchir la garniture de crème Chantilly et de disposer de nouvelles cerises confites. Tout ce qui peut me donner l'air affairé. Un jour, au cours d'un après-midi particulièrement calme, Stu me surprend en train de jeter un coup d'œil sur le *USA Today* qu'un client a abandonné. Il m'ordonne de passer l'aspirateur dans toute la salle. Un aspirateur qui ne fonctionne pas vraiment et dont le manche n'a pas plus de soixante centimètres de long. La seule façon de s'en servir sans se détruire le dos consiste à se mettre à genoux et avancer mètre par mètre.

Au cours de ma première semaine au Hearthside, un vendredi, est annoncée « une réunion obligatoire pour tous les employés du restaurant » à laquelle j'assiste, curieuse de mieux comprendre notre stratégie globale de marketing et quelle niche nous comptons occuper (« La cuisine typique de l'Ohio, agrémentée d'une légère influence tropicale ? »). Mais la direction générale ne se fait pas représenter. Phillip, notre responsable en dehors du « consultant » envoyé de temps en temps par le quartier général, ouvre la réunion avec un commentaire sarcastique : « La salle de repos est dégoûtante. Les cendriers sont pleins, il y a des journaux qui traînent, des miettes partout. » Cette petite pièce sans fenêtre, qui abrite aussi la pointeuse pour tout l'hôtel, est l'endroit où nous entassons nos sacs et nos vêtements personnels, et prenons nos repas en une demi-heure. Mais une pièce de repos n'est pas un droit, nous dit-il, on peut la supprimer. Nous devons aussi savoir que les casiers de la pièce de repos peuvent être fouillés à tout moment. Puis on en vient aux rumeurs. Il y a eu des rumeurs. Les rumeurs (ce qui semble vouloir dire « les employés parlent entre eux ») doivent cesser. Les employés qui ne sont pas de service n'ont par conséquent pas le droit de manger au restaurant, « parce que les autres serveurs s'attardent à leur table et les rumeurs vont bon train ». Lorsque Phillip en a fini avec sa liste de réprimandes, Joan se plaint de l'état des toilettes des dames et j'apporte ma contribution en mentionnant l'état déficient de l'aspirateur. Mais je ne me sens soutenue par aucun de mes collègues qui semblent, chacun à sa manière, se dégonfler. Gail, sujet de mon admiration, fixe tristement un point situé à vingt centimètres de son nez. La réunion prend fin au moment où Andy, un des cuisiniers, se lève en marmonnant qu'on a interrompu sa journée avec toutes ces conneries.

Quatre jours plus tard, nous sommes convoqués à la cuisine à 3 h de l'après-midi, alors même qu'il y a des clients dans la salle. Nous sommes regroupés – environ dix d'entre nous – autour de Phillip, qui annonce sur un ton sinistre qu'on lui a signalé l'usage de drogue parmi l'équipe de nuit et que, par conséquent, il faudra faire passer des tests de dépistage à tous les nouveaux employés et peut-être aussi certains, tirés au sort, dans l'équipe actuelle. Je suis contente que cette partie de la cuisine soit sombre parce que je suis en train de rougir comme si on m'avait surprise à fumer dans les toilettes. Je n'ai pas été traitée de cette façon – en rang dans le couloir, menacée d'une fouille de casier, bombardée d'accusations vagues – depuis mes années de lycée. De retour dans la salle, Joan lâche : « La prochaine fois, ils vont nous annoncer que nous n'avons plus le droit d'avoir des relations sexuelles. » Quand je demande à Stu ce qui s'est passé pour inspirer ces mesures énergiques, il se contente de marmonner quelque chose sur « les décisions de la direction » et en profite pour nous reprocher, à Gail et à moi, d'être trop généreuses avec les petits pains. Dorénavant, on n'en donnera plus qu'un par client et pour un menu seulement, pas pour une simple salade. Il s'en prend aussi aux cuisiniers, ce qui a pour effet de faire sortir Andy de la cuisine – avec l'air serein de celui qui a constamment un couteau de boucher à la main – pour déclarer que « Stu avait envie de mourir aujourd'hui ».

Plus tard dans la soirée, le bruit court que c'est Stu le coupable dans cette histoire de drogue, qu'il utilise le téléphone du restaurant pour commander de la marijuana et envoie une serveuse récemment engagée la chercher. La serveuse s'est fait prendre et elle a peut-être dénoncé Stu, ou du moins en dire assez pour faire peser des soupçons sur lui, ce qui expliquerait son comportement irascible. Qui sait ? Je suis prête à croire toutes les rumeurs désobligeantes concernant Stu, qui ne remplit aucune fonction réelle et se fait des idées sur notre communauté de race, s'approchant de moi un soir pour me confier ses réflexions nationalistes concernant l'immigration haïtienne : « J'ai l'impression que c'est moi l'étranger. Ils sont en train de s'emparer du pays. » Plus tard encore, la drogue en question n'est plus simplement de la marijuana, mais du crack. Lionel, le petit garçon de salle, nous fait mourir de rire en faisant semblant, dans le dos de Stu, de tirer sur une pipe ou un joint imaginaire.

L'autre problème, en plus des manières peu réconfortantes de la direction, c'est que le boulot ne me semble guère viable, financièrement parlant. On pourrait imaginer, depuis un poste d'observation confortable, que les gens vivant année après année sur un salaire de 6 à 10 $ de l'heure ont découvert des stratagèmes de survie inconnus de la classe moyenne. Mais non. Il n'est pas difficile de faire parler mes collègues de travail sur leurs conditions de vie, parce que le logement, dans presque tous les cas, est la principale cause de perturbation de leur existence, la première chose dont ils vous parlent quand ils arrivent pour prendre leur service. Au bout d'une semaine, j'ai accumulé les informations suivantes :

Gail partage une chambre dans un hôtel sordide très connu de la ville pour la somme de 250 $ par mois. Son compagnon de chambre, un ami à elle, a commencé à la harceler, ce qui la rend folle, mais elle ne pourrait pas payer la totalité du loyer seule.

Claude, le cuisinier haïtien, attend désespérément de pouvoir quitter le deux-pièces qu'il partage avec sa petite amie et deux autres personnes. Pour autant que je puisse en juger, les autres Haïtiens vivent aussi dans des appartements surpeuplés.

Annette, une serveuse de vingt ans qui est enceinte de six mois et a été abandonnée par son petit ami, vit avec sa mère, une employée des postes.

Marianne, qui est serveuse pour le petit déjeuner, et son petit ami paient 170 $ par semaine une caravane pour une personne.

Billy, qui est le plus riche d'entre nous avec un salaire horaire de 10 $, vit dans une caravane qui lui appartient et ne paie que 400 $ par mois pour son emplacement.

L'autre cuisinier blanc, Andy, vit sur son bateau en cale sèche qui, pour autant que je puisse en juger d'après ses descriptions énamourées, ne peut mesurer plus de sept mètres. Il me propose de m'emmener faire un tour une fois qu'il est réparé, mais son invitation étant accompagnée de questions concernant mon statut marital, je décline.

Tina, une autre serveuse, et son mari paient 60 $ par nuit pour une chambre au Days Inn. Parce qu'ils n'ont pas de voiture et que le Days Inn est situé à proximité du Hearthside. Lorsque Marianne est renvoyée de sa caravane pour l'avoir sous-louée (ce qui est contraire au règlement), elle quitte son petit ami et s'installe avec Tina et son mari.

Je me suis laissé abuser par les nombreuses tenues élégantes de Joan (les hôtesses portent leurs vêtements personnels). Elle vit dans un minibus garé derrière le centre commercial la nuit et elle prend ses douches dans la chambre de Tina au motel. Les vêtements proviennent de boutiques d'occasion [1].

Ce qui me frappe, dans mon solipsisme de classe moyenne, c'est l'effroyable imprévoyance dans certaines de ces situations. Pendant que Gail et moi enveloppons les couverts dans des serviettes en papier – la seule tâche pour laquelle nous sommes autorisées à nous asseoir –, elle me raconte qu'elle a l'intention d'échapper au harcèlement de son compagnon de chambre en allant s'installer au Days Inn. Je suis sidérée : comment espère-t-elle pouvoir payer une chambre 40 à 60 $ par jour ? J'avais peur de lui faire l'effet d'une assistante sociale, mais je lui apparais sim-

---

1. Je n'ai pas pu trouver de statistiques concernant le nombre de gens ayant un emploi qui vivent dans des voitures ou des minibus. Mais selon le rapport de 1997 de la Coalition nationale pour les sans-abri, « Mythes et faits concernant les sans-abri », près d'un cinquième de la totalité des sans-abri (dans vingt-neuf villes à travers le pays) sont employés à temps plein et à temps partiel.

plement comme une idiote. Elle plisse les yeux, incrédule : « Et où vais-je trouver un mois de loyer et un mois de caution pour pouvoir louer un appartement ? » J'étais assez satisfaite de mon petit meublé à 500 $, mais cela n'a été possible bien sûr que grâce aux 1 300 $ que je m'étais alloués quand j'ai commencé ma vie à bas salaire : 1 000 $ pour le premier mois de loyer et le mois de caution, 100 $ pour les courses et un peu de liquide, 200 $ mis de côté en cas d'urgence. Dans la pauvreté, comme pour certaines propositions en physique, les conditions de départ sont cruciales.

Le pauvre ne dispose pas d'une économie secrète pour se nourrir. Au contraire, il a à faire face à toute une série de dépenses supplémentaires. Si on ne peut pas avoir devant soi deux mois de loyer pour louer un appartement, on finit par payer un prix exorbitant une chambre à la semaine. Si on n'a qu'une chambre, avec au mieux un réchaud, on ne peut pas économiser sur la nourriture en préparant d'énormes plats de lentilles qu'on mettra à congeler pour la semaine. On mange dans les fast-foods ou bien on se nourrit de hot dogs et de soupes dans des verres en polystyrène, réchauffés dans le micro-ondes de n'importe quelle épicerie. Si on n'a pas assez d'argent pour être assuré social – et le plan mesquin de couverture sociale du Hearthside ne prend effet qu'après trois mois de travail – on renonce aux visites médicales de contrôle ou aux médicaments, et on finit par payer le prix fort. Gail, par exemple, s'en tirait, du point de vue de sa santé en tout cas, jusqu'au moment où elle s'est retrouvée sans un sou à cause de pilules d'œstrogènes. Elle est censée bénéficier du plan de protection sociale de son employeur à présent, mais ils prétendent avoir perdu son formulaire de candidature et devoir recommencer toute la procédure. Elle dépense 9 $ par boîte de pilules pour contrôler les migraines qu'elle n'aurait pas, insiste-t-elle, si elle bénéficiait d'une couverture pour ses suppléments d'œstrogènes. De la même façon, le petit ami de Marianne a perdu son boulot de couvreur après avoir multiplié les absences à cause d'une blessure au pied pour laquelle il n'avait pas les moyens de s'acheter l'antibiotique prescrit.

Ma propre situation, quand je prends le temps de m'asseoir pour l'examiner après deux semaines de travail, ne serait guère plus brillante s'il s'agissait de ma vie réelle. Le truc séduisant dans le métier de serveuse, c'est qu'on n'a pas à attendre le jour de paye pour sentir les billets dans sa poche, et les pourboires permettent de couvrir les repas et l'essence, et de constituer une petite cagnotte dans le tiroir de la cuisine qui me sert de banque. Mais avec le ralentissement du tourisme en été à cause de la chaleur, il m'arrive de partir avec seulement 20 $ de pourboire en poche (le montant global est plus élevé, mais les serveurs partagent 15 % de leurs pourboires avec les garçons de salle et les barmen). Avec mon salaire, cela équivaut à 5,15 $ de l'heure, ce qui constitue le minimum légal. L'argent s'accumule dans le tiroir, mais à la cadence actuelle, je vais me retrouver à court de 100 $ pour le loyer du mois suivant. Et je ne vois pas quelles dépenses je pourrais réduire. C'est vrai, je ne me suis pas encore mise aux lentilles, mais c'est parce que je n'ai pas la marmite, ni les manicles ou l'écumoire pour les remuer (ce qui me coûterait 30 $ au Kmart, un peu moins dans une boutique d'occasion). Sans parler des oignons, des carottes et de l'indispensable feuille de laurier. Je me prépare un déjeuner presque tous les jours – en général, un truc à protéines lentes à base de poulet surgelé gratiné au fromage et haricots noirs en boîte. Je dîne au Hearthside qui offre à ses employés le choix entre un sandwich bacon-laitue-tomate, un sandwich au poisson ou un hamburger à 2 $ seulement. Le burger est ce qui tient le mieux au corps, surtout si on l'agrémente de petits piments tord-boyaux. Mais à minuit mon estomac crie famine de nouveau.

Par conséquent, à moins de faire de ma voiture ma résidence permanente, il faut que je trouve un deuxième emploi ou bien un emploi différent. J'appelle tous les hôtels où j'ai rempli des formulaires de candidature pour un poste de femme de ménage, il y a quelques semaines – le Hyatt, le Holiday Inn, l'Econo Lodge, le HoJo's, le Best Western – ainsi que la douzaine de pensions de famille locales. Rien. Puis je recommence à faire mes tournées, perdant des matinées entières à attendre un responsable, m'aventurant même dans des endroits affreux où le réceptionniste vous accueille derrière une vitre blindée et vous vend de l'alcool si vous en voulez. Mais, soit quelqu'un a dévoilé mes compétences de femme de ménage dans la vie réelle qui sont, dirons-nous, médiocres, soit je me trouve à la mauvaise extrémité de l'infaillible équation raciale : la plupart des femmes de ménage en activité (mais pas toutes) que je rencontre au cours de ma prospection sont des Noires, parlent espagnol ou sont des réfugiées de l'ancien bloc communiste en Europe centrale. Les serveuses sont presque toutes des Blanches ne parlant que l'anglais. Lorsque j'obtiens enfin une réponse positive, je suis de nouveau identifiée comme serveuse. Jerry's – de nouveau, ce n'est pas le nom véritable –, qui fait partie d'une chaîne nationale bien connue et qui est physiquement rattaché à un hôtel à tarif modéré, est prêt à m'engager sur-le-champ. La perspective est à la fois alléchante et terrifiante, parce que Jerry's, avec un nombre de tables et de sièges au comptoir à peu près identique à celui du sinistre Hearthside, attire trois à quatre fois plus de clients.

L'AMÉRIQUE PAUVRE

Imaginez l'enfer d'une personne grosse et je ne veux pas parler d'un endroit où il n'y aurait rien à manger. Au contraire, on y trouve tout ce qu'on peut rêver de manger, si manger n'avait pas de conséquences physiques – les frites au fromage, les blancs de poulet frit, les desserts couverts de chocolat. Ici, chaque bouchée doit être payée, d'une façon ou d'une autre, d'un inconfort humain. La cuisine est une caverne, un estomac conduisant à l'intestin que constituent la zone de la plonge et celle des ordures, d'où s'échappent d'étranges odeurs de choses comestibles et d'abats : charogne crémeuse, vomi de pizza et ce parfum unique et énigmatique de Jerry's : pet citronné. Le sol brille de tout ce qui y a été projeté, ce qui nous oblige à traverser la cuisine à tout petits pas, comme Susan McDougal sur ses jambes de fer. Les éviers sont tous bouchés : morceaux de laitues, quartiers de citron en décomposition, croûtons de pain gorgés d'eau. Posez la main sur n'importe quel comptoir et vous risquez d'y rester collé sur la pellicule de sirop fossilisée – incident malheureux puisque les mains sont les ustensiles qui permettent de placer la laitue sur les assiettes, de soulever les parts de tarte et de faire passer les pommes sautées d'un plat à un autre. L'affiche du règlement dans la salle de repos unisexe insiste sur la nécessité pour tout employé de se laver les mains soigneusement et prodigue même des conseils sur la façon d'y procéder. Le problème, c'est qu'il manque toujours un élément essentiel pour le faire correctement – le savon, l'essuie-mains ou le papier hygiénique – et je n'ai jamais vu les trois réunis. On apprend à se remplir les poches de serviettes en papier avant d'y aller et tant pis pour les clients qui, même s'ils ne s'en rendent pas compte, nous mangent littéralement dans les mains.

La salle de repos est un bon condensé de la situation : il n'y en a pas, parce qu'il n'y a pas de repos chez Jerry's. Pendant six à huit heures d'affilée, on ne s'assoit jamais, sauf sur les toilettes. En fait, il y a trois chaises pliantes autour d'une table à la perpendiculaire des toilettes, mais personne ne s'assoit jamais là, dans le rectum de ce système gastro-architectural. La fonction de ces péritoilettes est plutôt d'abriter les cendriers dans lesquels les serveurs et les plongeurs laissent leurs cigarettes se consumer à toute heure, comme des bougies votives, afin de ne pas perdre de temps à les allumer de nouveau quand ils passent à toute vitesse prendre une bouffée. Presque tout le monde fume, comme si leur bien-être pulmonaire en dépendait – le mélange multinational des cuisiniers ; les types de la plonge qui sont tous tchèques ; les serveurs qui sont des Américains d'origine – créant ainsi une atmosphère dans laquelle l'oxygène fait l'effet d'un agent polluant.

Le premier matin chez Jerry's, quand l'hypoglycémie produit son effet, je me plains auprès d'une de mes collègues serveuses et lui demande comment elle fait pour tenir si longtemps sans manger. « Eh bien, moi, je ne comprends pas comment tu fais pour tenir si longtemps sans fumer », me répond-elle sur un ton de reproche. Parce que le travail, c'est ce qu'on fait pour les autres et fumer, ce qu'on fait pour soi. Je ne comprends pas pourquoi les croisés de l'antitabagisme n'ont jamais saisi l'élément de sollicitude arrogante qui rend leur habitude si chère aux victimes du tabagisme – comme si, sur les lieux de travail en Amérique, la seule chose qui appartînt aux gens était leur propre tumeur qu'ils nourrissent et les moments qu'ils consacrent à la faire croître.

Bon, la Révolution industrielle n'est pas une transition facile, tout particulièrement dans mon expérience lorsqu'il vous faut la traverser en deux jours à peine. Je suis passée directement de l'artisanat à l'usine, de la morgue climatisée du Hearthside aux flammes. Les clients arrivent par vagues d'assaut, quelquefois déversés par unités de cinquante par les bus d'excursion, à la fois affamés et geignards. Au lieu de deux « filles » dans la salle, il peut y avoir jusqu'à six d'entre nous courant en tous sens dans nos étincelantes chemises hawaïennes rose et orange. Les conversations, soit avec les clients soit avec les employés, durent rarement plus de vingt secondes. Le premier jour, en fait, je suis choquée par la froideur de mes collègues. Mon mentor pour cette première journée est une fille de vingt-trois ans, extrêmement efficace, sans la moindre émotion apparente. Les autres qui bavardent un peu pour connaître la raison réelle de l'absence de l'une d'elles et le montant de la caution qu'il faut payer pour faire sortir une autre de prison, toutes m'ignorent complètement. Le deuxième jour, je comprends pourquoi. « Ah, ça fait plaisir de te revoir », me dit l'une d'elles en m'accueillant. « Presque personne ne revient après le premier jour. » J'ai le sentiment d'être homologuée – en tant que survivante – mais il me faudrait sans doute beaucoup de temps, probablement des mois, avant que je ne puisse espérer être acceptée dans cette confrérie féminine.

Je démarre avec l'idée magnifique, héroïque, de faire deux boulots à la fois et pendant deux jours j'y arrive presque : le service du petit déjeuner et du déjeuner chez Jerry's de 8 h du matin à 2 h de l'après-midi, l'arrivée au Hearthside quelques minutes plus tard, à 2 h 10, et puis la tentative de tenir jusqu'à 10 h du soir. Pendant les quelques minutes dont je dispose entre les deux boulots, je passe prendre un sandwich au poulet épicé au Wendy's du coin, l'avale en conduisant, change mon pantalon kaki pour le noir et ma chemise hawaïenne pour le tee-shirt rouille. Il y a un petit problème tout de même. Entre 3 et 4 h, à l'heure creuse, quand je m'assois enfin pour envelopper les couverts dans les serviettes, ma chair semble adhérer au siège. J'essaie de me sustenter en prenant une soupe de clams, comme j'ai vu Gail le faire des douzaines de fois, mais Stu me surprend et siffle « On ne mange pas pendant le service ! », en dépit du fait qu'il n'y ait pas un client à la ronde pour être choqué à la vue d'une serveuse portant de la nourriture à ses lèvres. J'annonce donc à Gail que je vais donner ma démission. Elle me serre dans ses bras et me dit qu'elle va peut-être me suivre chez Jerry's.

La probabilité est faible. Elle a fui l'hôtel sordide et le harcèlement de son compagnon de chambre pour retourner vivre dans sa camionnette. Mais, devinez quoi, elle me raconte, avec une grande excitation dans la voix, que Phillip lui a donné la permission de se garer dans le parking de l'hôtel, pour autant qu'elle ne se fasse pas remarquer. Et le parking est complètement sûr puisqu'un garde de l'hôtel y fait sa patrouille ! Si le Hearthside lui offre de tels avantages, comment pourrait-elle envisager de partir ? C'est en tout cas le raisonnement que doit faire Phillip. Il accepte ma démission avec un haussement d'épaules, son principal souci étant de récupérer mes deux tee-shirts et mes deux tabliers.

Gail aurait fait un triomphe chez Jerry's, j'en suis sûre, mais pour moi c'est un cours intensif dans l'art de gérer l'épuisement. Il y a bien longtemps, le gentil cuisiner qui m'avait appris les rudiments du métier de serveuse dans un routier de Los Angeles me disait toujours : Ne fais jamais un voyage inutile ; si tu n'as pas besoin d'aller vite, ne le fais pas ; si tu n'as pas besoin de te déplacer, ne bouge pas. Mais, chez Jerry's, distinguer ce qui est nécessaire de ce qui ne l'est pas serait en soi bien trop épuisant. La seule chose à faire, c'est de considérer chaque service comme un état d'alerte : vous avez cinquante personnes affamées, disséminées sur le champ de bataille, alors foncez les nourrir ! Oubliez que vous aurez à le refaire demain, oubliez que vous aurez à être vigilant sur le chemin du retour, cette nuit, pour éviter les ivrognes au volant – foncez, foncez, foncez ! L'idéal, c'est de parvenir à un moment donné à ce que les serveurs appellent le « rythme » et les psychologues, un « état flottant », où les signaux passent directement des organes sensoriels aux muscles, sans passer par le cerveau – état pendant lequel un vide tout à fait zen se met en place. J'ai pris le service de 2 h de l'après-midi à 10 h du soir à présent, et un serveur de l'équipe du matin me parle du jour où il a fait « les trois huit » – trois services d'affilée, le tour du cadran – et puis il est allé boire un verre, a rencontré une fille, et bon, il ne devrait peut-être pas me raconter ça, mais ils ont fait l'amour le soir même et c'était, comment dire, *fabuleux*.

Le système neuromusculaire dispose d'une autre ressource : la douleur. Je commence à avaler des analgésiques vendus en pharmacie comme s'il s'agissait de vitamine C, quatre avant chaque service, parce qu'une douleur de dos ancienne, liée au temps passé devant mon ordinateur, s'est réveillée et provoque des spasmes chaque fois que je soulève un plateau. Dans ma vie ordinaire, une telle douleur requerrait un jour d'exercices d'assouplissement et un sac de glace. Ici je me réconforte en pensant à la publicité pour Aleve où l'on voit un adorable ouvrier demander : Si vous abandonnez après quatre heures de travail, qu'est-ce que va dire votre patron ? Et l'ouvrier pas très mignon, qui trimbale une barre de fer sur son dos, répond : Il va me virer, voilà ce qu'il va faire. Mais heureusement, comme nous l'apprend la publicité, nous pouvons, nous ouvriers, avoir la même autorité sur nos analgésiques que celle que nos patrons exercent sur nous. Si Tylenol ne veut pas travailler plus de quatre heures, virez-le et engagez Aleve.

Pour être honnête, je m'accorde des vacances de temps en temps et je retourne dans ma véritable maison pour lire mes courriers électroniques et voir mon conjoint (même si je prends soin de « payer » tout ce que je mange, à raison de 5 $ par repas, que je dépose dans une tirelire), pour aller au cinéma voir *The Truman Show* avec des amis à qui je laisse complaisamment le soin de payer mon billet. Et je passe encore par des moments au travail où je me demande « Mais qu'est-ce que je fais ici ? », devenant tellement nostalgique de la lecture, au point de lire et de relire infatigablement les six pages du menu. Mais le temps passant, ma vie antérieure commence à me paraître formidablement étrange. Les courriers électroniques et les messages sur mon répondeur adressés à mon ancien moi proviennent d'une tribu lointaine, dont les soucis me semblent exotiques et l'emploi du temps vacant. Le marché dans lequel j'avais l'habitude de faire mes courses me fait l'effet repoussant d'une épicerie fine pour *yuppies* de Manhattan. Et lorsqu'un matin je me retrouve chez moi à régler des factures de ma vie d'autrefois, je m'aperçois que je suis sidérée par les sommes que je dois à mon club de gym, Body Tech, et à Amazon.com.

La direction chez Jerry's est en général plus calme et plus « professionnelle » que celle du Hearthside, à deux exceptions près. La première, c'est Joy, une femme ronde à l'aspect négligé, d'une trentaine d'années, qui m'a consacré quelques minutes de son temps pour me montrer la seule façon de porter un plateau d'une main. Son humeur, toutefois, change considérablement d'un service à l'autre, et même au cours d'un service. La seconde, c'est B.J., dite B.J. la Garce, dont la fonction essentielle est de se tenir près du comptoir de la cuisine pour crier « Nita, ta commande est prête, grouille-toi ! » ou bien « Barbara, tu n'as pas vu que tu avais une autre table à servir ? Accélère, petite ! ». Parmi bien d'autres choses, elle est détestée pour avoir fait remplacer les bonbonnes de chantilly par des grands sacs en plastique qu'il faut presser à deux mains – parce que, dit-on, elle avait vu ou pensait avoir vu des employés inhaler le gaz des bonbonnes, imaginant que c'était de l'oxyde nitreux. Le troisième soir, elle me prend à part et colle son visage si près du mien qu'elle semble avoir l'intention de me donner un coup de tête. Mais au lieu de me dire « Tu es virée », elle déclare : « Tu t'en sors bien. » Le seul problème, c'est que je perds du temps à bavarder avec les clients : « C'est comme ça que tu te fais avoir. » De plus, je les laisse « profiter de moi », ce qui signifie qu'ils me harcèlent avec des demandes répétées : tu leur apportes du ketchup et c'est à ce moment-là qu'ils décident de commander un autre Thousand Island ; tu le leur apportes et ils te demandent un supplément de frites, et ainsi de suite jusqu'à ce qu'ils t'aient entièrement accaparée. Pour finir, elle me demande de ne pas prendre mal ce qu'elle me dit. Elle essaie de le dire aussi gentiment que possible, mais « tu sais, on est pris dans une routine, parce que tout doit se faire tellement vite [1] ».

---

1. Dans *Workers in a Lean World : Unions in the International Economy* (Verso, 1997), Kim Moody cite des

Je marmonne un remerciement pour les conseils, avec l'impression d'avoir été entièrement déshabillée par une folle chargée de l'application d'une antique loi somptuaire : pas de bavardage, petite. Pas de service raffiné pour les serfs. Bavarder avec les clients, c'est bon pour les jolis serveurs qui sont à l'université et qui travaillent dans les restaurants chic du coin, les gamins qui peuvent se faire de 70 à 100 $ par soir. Qu'est-ce que j'avais en tête ? Mon travail consiste à faire passer les commandes des tables à la cuisine et les plateaux de la cuisine aux tables. Les clients sont en fait l'obstacle majeur à la transformation rapide de l'information en nourriture et de la nourriture en argent – bref, ce sont eux, l'ennemi. Et le plus pénible, c'est que je commence, moi aussi, à voir les choses comme ça. Il y a les emmerdeurs traditionnels – les étudiants qui sifflent bière sur bière et font ensuite un scandale à propos des steaks pas assez épais ou des portions de frites pas assez copieuses – et puis il y a ceux qui sont affectés par leurs

---

études qui indiquent une augmentation des blessures et des maladies liées au stress sur le lieu de travail entre le milieu des années 80 et le début des années 90. Il affirme que l'augmentation du stress est le produit d'un nouveau système de « gestion par le stress », dans lequel les travailleurs d'un certain nombre d'industries sont contraints à des niveaux de productivité accrus au détriment de leur santé.

différentes infirmités – dues à l'âge, au diabète, à l'analphabétisme – et exigent une attention et une patience toutes particulières. Les pires, pour je ne sais quelle raison, sont les Chrétiens Militants – la typique table de dix, tous joyeux et sanctifiés après la messe du dimanche soir, qui me font courir sans pitié et me laissent 1 $ de pourboire pour une addition de 92 $. Ou bien le type au célèbre tee-shirt avec la crucifixion (QUELQU'UN VERS QUI LEVER LES YEUX), qui trouve sa pomme de terre trop dure et son thé glacé trop glacé (je satisfais allègrement ses requêtes) et qui ne me laisse aucun pourboire. En règle générale, les gens qui portent une croix ou des boutons marqués du QFJ (« Que ferait Jésus ? ») nous regardent d'un œil désapprobateur, quoi que nous fassions, comme s'ils confondaient le métier de serveuse avec celui de Marie-Madeleine.

Avec le temps, je deviens copine avec les autres « filles » de mon service : Nita, la fille d'une vingtaine d'années, tatouée, qui se moque de nous en disant d'une voix haut perchée : « Alors, on a commencé à gagner de l'argent ? » Ellen, dont le fils encore adolescent travaille comme cuisinier dans l'équipe de nuit, a été directrice d'un restaurant dans le Massachusetts autrefois, mais ne voudrait pas l'être ici parce qu'elle préfère être « comme tout le monde » et « ne pas avoir à donner des ordres ». L'accommodante Lucy, petite cinquantaine, rire rauque, qui boite à la fin de son service à cause d'un truc qui cloche avec sa jambe, dont on ne peut pas très bien déterminer la nature puisqu'elle n'a pas d'assurance sociale. Nous parlons des sujets habituels entre filles – les hommes, les enfants, l'allure sinistre de la tarte au beurre de cacahuètes et chocolat de chez Jerry's. Mais personne, j'en prends note, n'évoque les sujets susceptibles d'entraîner des dépenses : les courses, le cinéma, par exemple. Tout comme au Hearthside, la seule distraction à laquelle il soit fait référence, c'est faire la fête, ce qui n'exige guère plus qu'un peu de bière, un joint et quelques amis intimes. En tout cas, personne n'est sans domicile ou menacé de l'être, en général grâce au mari ou au petit ami qui travaille. Tout compte fait, nous formons un groupe qui se serre les coudes : si l'une de nous ne se sent pas bien ou est submergée, une autre « se tapera » une table supplémentaire ou bien portera les plateaux pour elle. Si l'une de nous est allée fumer en douce, les autres feront de leur mieux pour dissimuler son absence au regard des défenseurs de la rationalité économique [1].

---

[1]. Jusqu'en avril 1998, il n'y avait pas de loi fédérale protégeant le droit à l'usage des toilettes pendant les heures de travail. Selon Marc Linder et Ingrid Nygaard, les auteurs de *Void Where Prohibited : Rest Breaks and the Right to Urinate on Company Time* (Cornell University Press, 1997) : « Le droit au repos et à l'usage des toilettes pendant le travail ne fait pas partie des priorités des pro-

Mais le contact humain qui me sauve – mon récepteur d'ocytocine, pour ainsi dire –, c'est George, le Tchèque de dix-sept ans qui fait la plonge et qui vit aux Etats-Unis depuis une semaine. Nous nous parlons pour la première fois lorsqu'il me demande, dans un anglais alambiqué, combien coûtent les cigarettes chez Jerry's. Je fais de mon mieux pour lui expliquer que cela coûte au bas mot un dollar de plus que chez le buraliste du coin et je suggère qu'il en prenne dans les paquets à moitié vides qui traînent sur la table de la zone de repos. Mais c'est absolument impensable. A l'exception d'une minuscule boucle d'oreille qui signale une vague allégeance à un style non conventionnel, George est un modèle de rectitude – cheveux en brosse, dur à la tâche, regard droit.

---

grammes politiques ou sociaux défendus par les dirigeants ou les cadres, qui bénéficient de libertés sur leur lieu de travail dont des millions d'ouvriers d'usine n'osent même pas rêver. Alors que nous étions consternés d'apprendre que ces ouvriers ne disposaient pas d'un droit à l'usage des toilettes pendant les heures de travail, eux-mêmes étaient sidérés par la naïveté des observateurs prêts à croire que leurs employeurs leur permettaient d'accomplir ces fonctions naturelles quand le besoin s'en faisait sentir... Une ouvrière d'usine, qui n'avait pas le droit à une interruption pendant six heures d'affilée, portait des couches sous son uniforme ; une maîtresse de jardin d'enfants, dans une école où elle ne bénéficiait d'aucune aide, devait emmener avec elle les vingt enfants et les faire attendre en rang devant la porte des toilettes. »

« De la République tchèque ou de Slovaquie ? » lui ai-je demandé et il paraît enchanté que je fasse la distinction. Je poursuis : « Vaclav Havel, Révolution de velours, Frank Zappa ? » Il répond : « Oui, oui, 1989. » Et je m'aperçois que c'est déjà de l'histoire pour lui.

Je fais le projet d'apprendre l'anglais à George. « Comment vas-tu aujourd'hui, George ? » dis-je tous les jours en commençant mon service. « Je vais bien et comment vas-tu aujourd'hui, Barbara ? » J'apprends qu'il n'est pas payé par Jerry's, mais par l'agent qui l'a fait venir ici de son pays – 5 $ de l'heure et l'agent touche le dollar de différence qui correspond à ce qu'on donne aux types qui font la plonge chez Jerry's. J'apprends aussi qu'il partage un appartement avec toute une bande de « plongeurs » tchèques, comme il dit, et qu'il ne peut pas se coucher avant qu'un autre soit parti prendre son service. Nous sommes au beau milieu d'un cours intensif de langue en fin d'après-midi, lorsque B.J. nous surprend et donne l'ordre à « Joseph » de ramasser les tapis en caoutchouc près des éviers et de passer la serpillière. « Je croyais que tu t'appelais George ? » dis-je assez fort pour que B.J., qui est déjà repartie vers le comptoir, puisse m'entendre. Est-elle gênée ? Peut-être un peu, car elle m'accueille à mon retour au comptoir avec un « George, Joseph... Ils sont tellement nombreux ! ». Je ne dis rien, je ne hoche pas la tête, je ne souris pas, et c'est pourquoi je suis punie un peu plus tard, au moment où je suis prête à partir et qu'elle m'annonce que j'ai cinquante couverts de plus à préparer et qu'il est peut-être temps que je prépare douze litres de vinaigrette au roquefort. Que tu vieillisses dans cet endroit, B.J., voilà le sort que je lui jette quand je suis finalement autorisée à partir. Que le sirop d'érable te colle les pieds à ce sol !

Je décide de déménager plus près de Key West. Tout d'abord à cause du trajet. Ensuite et enfin à cause du trajet : je paie 4 à 5 $ d'essence par jour et, même si le chiffre d'affaires chez Jerry's est le plus élevé qu'on puisse espérer, la moyenne des pourboires ne dépasse pas 10 %, et pas seulement pour une nouvelle comme moi. Entre le salaire de base de 2,15 $ de l'heure et l'obligation de partager les pourboires avec les garçons de salle et ceux qui font la plonge, on tourne à 7,50 $ de l'heure en moyenne. Et puis il y a les 30 $ que j'ai dû dépenser sur le pantalon beige obligatoire des serveurs de Jerry's – un trou dans le budget qu'il va falloir des semaines pour résorber (j'avais ratissé les deux grands magasins de seconde zone de la ville en espérant quelque chose de moins cher, mais j'ai finalement opté pour un Dockers démarqué, à 49 $ initialement, qui résisterait mieux aux lavages quotidiens). Parmi mes collègues, toutes celles qui n'ont pas un mari ou un petit ami au travail semblent avoir un deuxième boulot. Nita fait quelque chose sur un ordinateur huit heures par jour. Une autre fait de la soudure. Sans le trajet de quarante-cinq minutes, j'imagine pouvoir faire face à deux emplois en ayant encore un peu de temps pour me doucher entre les deux.

Je récupère donc la caution de 500 $ auprès de mon propriétaire, j'y ajoute les 400 $ que j'ai économisés pour le loyer du mois prochain, plus les 200 $ mis de côté en cas d'urgence, et avec ces 1 100 $ je paie la caution et le premier mois de loyer d'une caravane (n° 46) du Overseas Trailer Park – à deux kilomètres de la série d'hôtels à bas tarif qui constituent en quelque sorte la zone industrielle de Key West. La n° 46 ne fait pas plus de deux mètres cinquante de large, elle a vaguement la forme d'haltères avec une partie étroite – pour l'évier et le four – séparant la chambre de ce qu'on pourrait appeler avec optimisme la « zone de séjour », équipée d'une table pour deux et d'un demi-sofa. La salle de bain est si petite que mes genoux touchent la douche quand je suis assise sur les toilettes. Et il est impossible de sauter du lit, il faut descendre prudemment pour trouver le petit espace sur lequel atterrir. Je suis à quelques dizaines de mètres d'un débit d'alcool, d'un bar qui annonce « Demain, bière gratuite », d'une épicerie ouverte jour et nuit et d'un Burger King. Mais pas de supermarché, hélas, ou de laverie. Overseas Park a la réputation d'être un foyer du crime et du trafic de crack. J'espérais que cela me donnerait droit au spectacle d'un quartier multiculturel animé. Mais la désolation règne jour et nuit, si l'on exclut le mince filet de piétons en route pour leur travail au Sheraton ou le 7-Eleven. D'ailleurs, ce ne sont pas vraiment des gens mais plutôt de la main-d'œuvre en boîte, que l'on protège de la chaleur entre les services.

En parfaite adéquation avec mes conditions de vie réduites à rien, une nouvelle forme d'horreur se met en place chez Jerry's. Nous sommes tout d'abord informés – par un message sur l'écran des ordinateurs qui nous servent à passer les commandes – du nouveau règlement conformément auquel le bar de l'hôtel, le Driftwood, est dorénavant fermé aux employés du restaurant. Le coupable – m'apprend la rumeur – est la fille de vingt-trois ans superefficace qui m'a guidée le premier jour – elle aussi vivant dans une caravane et mère de trois enfants. Quelque chose l'a contrariée un matin et elle est allée au bar siffler un ou deux verres, revenant dans la salle légèrement éméchée. Cette restriction affecte essentiellement Ellen, qui a l'habitude d'enlever le bandeau qui retient ses cheveux à la fin de son service, avant d'aller y boire les deux cocktails qui lui permettent de rentrer chez elle. Mais nous ressentons tous le coup de froid. Le lendemain, quand je vais chercher des pailles dans la réserve, je m'aperçois que la porte est verrouillée. Elle ne l'a jamais été auparavant. Nous passons la journée à aller et venir dans la réserve pour y prendre des serviettes, des pots de confiture, des gobelets en polystyrène. Vic, le corpulent sous-directeur qui vient m'ouvrir la porte, explique qu'il a surpris un des types de la plonge en train de voler et malheureusement il va falloir le garder jusqu'à ce qu'il puisse être remplacé – d'où la porte verrouillée. Je néglige de demander ce qu'il a essayé de voler, mais Vic me dit qui c'est – le gamin avec les cheveux en brosse et la petite boucle d'oreille, tu sais, celui qui est au fond, là.

J'aimerais pouvoir dire que j'ai couru vers George pour obtenir sa version des faits. J'aimerais pouvoir dire que j'ai insisté auprès de Vic pour qu'on fît venir un traducteur et permît à George de s'expliquer, ou dire que j'ai trouvé un avocat qui s'occuperait de lui gratuitement. J'aurais pu au moins témoigner de l'honnêteté du gamin. Ce qui me paraît mystérieux, c'est qu'il n'y a pas grand-chose à voler dans la réserve, rien en tout cas qu'on puisse revendre : « Gyorgi, tu es là, je te prends 200... peut-être 250 paquets de ketchup. Qu'est-ce que tu en dis ? » J'imagine qu'il a pris – s'il a effectivement pris quelque chose – des petites galettes salées ou une boîte de conserve de cerises et qu'il l'a fait parce qu'il avait faim.

Alors pourquoi ne suis-je pas intervenue ? Certainement pas parce que j'étais retenue par une sorte de paralysie morale qui peut prendre le masque de l'objectivité journalistique. Au contraire, j'étais contaminée par quelque chose de nouveau – de répugnant et de servile –, en plus des odeurs de cuisine que je pouvais encore sentir sur mon soutien-gorge en l'enlevant avant de me coucher. Dans ma vie réelle, je suis modérément courageuse. Mais bien des gens courageux ont perdu leur courage dans les camps de prisonniers et peut-être qu'un phénomène du même ordre se produit dans le monde infiniment plus supportable du travail à bas salaire en Amérique. Peut-être qu'au bout d'un mois ou deux chez Jerry's j'aurais retrouvé mon esprit combatif. Mais aussi, en un ou deux mois, j'aurais pu devenir une tout autre personne – le genre de personne qui aurait dénoncé George.

Mais ce n'est pas une chose que j'étais destinée à découvrir. A la fin de mon premier mois de plongée dans le monde de la pauvreté, j'ai fini par obtenir mon boulot de rêve : femme de ménage. J'y suis parvenue en entrant dans le bureau du personnel du seul endroit où j'imaginais avoir une vague crédibilité, l'hôtel rattaché à Jerry's, et en confessant que j'avais besoin d'un second boulot pour payer mon loyer et que, non, ce ne pouvait être un emploi de réceptionniste. « Très bien », lâche la responsable du personnel, « alors ce sera *femme de ménage* ». Et elle m'escorte pour rencontrer Millie, responsable du ménage, une petite femme frénétique, d'origine hispanique, qui m'appelle immédiatement « chérie » et me donne un prospectus insistant sur la nécessité d'une attitude positive. Le salaire est de 6,10 $ de l'heure et le travail commence à 9 h du matin pour finir à... qui sait? J'espère en tout cas que ce sera avant 2 h de l'après-midi. Je n'ai plus de questions à poser concernant la couverture sociale, une fois que j'ai rencontré Carlotta, une Noire entre deux âges qui va me transmettre les rudiments du métier. Carlie, comme elle me demande de l'appeler, n'a plus une seule dent sur le devant de sa mâchoire supérieure.

Pour ce premier jour de femme de ménage et dernier – même si je ne le sais pas encore – de ma vie de salariée de misère à Key West, Carlie est d'une humeur massacrante. On nous a donné dix-neuf chambres à nettoyer, des clients ayant quitté l'hôtel ce matin-là dans la plupart des cas, ce qui signifie le grand chambardement : refaire le lit, passer l'aspirateur partout et nettoyer la salle de bain à fond. Lorsqu'une des rares chambres placées sur la liste des gens qui restaient se révèle être un départ, elle appelle Millie pour se plaindre, mais cela ne sert à rien. « Alors tu fais ce putain de lit », m'ordonne-t-elle et je fais donc les lits pendant qu'elle patauge dans la salle de bain. Quatre heures durant, sans la moindre interruption, je défais et refais des lits, prenant environ quatre minutes et demie pour un lit double, que je pourrais réduire à trois minutes s'il y avait la moindre raison de le faire. Nous essayons d'éviter de passer l'aspirateur en ramassant les plus grosses saletés à la main, mais souvent nous n'avons pas le choix : il faut traîner l'engin monstrueux – il pèse environ quinze kilos – depuis notre chariot et essayer de le faire circuler dans la chambre. De temps en temps, Carlie me tend un aérosol de « BAM » (un acronyme pour un truc qui commence, de façon menaçante, par le mot « butyrique » – le reste a été effacé) et me laisse faire une salle de bain. L'éthique du service ne me pousse guère à améliorer mes records dans ce domaine. Je me concentre simplement sur l'élimination des poils pubiens dans les baignoires ou du moins de ceux assez foncés pour que je les voie.

J'attendais avec impatience l'aspect cambriolage dans les chambres encore occupées, la possibilité d'examiner l'existence secrète de parfaits inconnus. Mais le contenu des chambres est toujours banal et, à ma grande surprise, ordonné – trousses de toilette fermées, chaussures alignées contre le mur (il n'y a pas de placards), dépliants pour des plongées en scaphandre autonome, peut-être une bouteille de vin vide ou deux. C'est la télévision qui nous stimule, de Jerry à Sally en passant par *Hawaï Five-O*, et puis les feuilletons. S'il y a quelque chose de particulièrement palpitant, par exemple un « Je n'accepterai pas un non pour réponse » pendant l'émission de Jerry, nous nous asseyons sur le bord du lit et nous gloussons un moment, comme si nous étions à une soirée déguisée en pyjama plutôt qu'en train de faire un travail voué au néant. Les feuilletons, c'est ce qu'il y a de mieux et Carlie met le volume à fond pour ne rien rater pendant qu'elle est dans la salle de bain ou bien lorsque l'aspirateur fonctionne. Dans la chambre 503, Marcia demande des explications à Jeff au sujet de Lauren. Dans la 505, Lauren se moque de la pauvre Marcia odieusement trompée. Dans la 511, Helen offre 10 000 $ à Amanda pour qu'elle cesse de voir Eric, faisant surgir Carlie de la salle de bain pour observer le visage troublé d'Amanda. « Prends cet argent, chérie », conseille-t-elle. « Moi, je le ferais. »

Les chambres des touristes que nous nettoyons et, au-delà d'elles, les intérieurs beaucoup plus soignés des feuilletons finissent au bout d'un moment par se confondre. Nous sommes entrées dans un monde meilleur – un monde de confort où chaque jour est un jour de vacances, attendant d'être rempli par une quelconque intrigue sexuelle. Nous sommes seulement des intruses dans ce rêve, toutefois, forcées de payer notre présence de douleurs dorsales et d'une soif perpétuelle. Les miroirs, et il y en a beaucoup trop dans les chambres d'hôtel, renvoient l'image d'une personne qu'on pourrait normalement rencontrer en train de pousser un chariot de supermarché dans une rue d'une grande ville – vêtue d'un tee-shirt humide deux fois trop grand, débraillée, la sueur coulant sur son menton comme si elle avait bavé. Je suis soulagée quand Carlie annonce notre pause d'une demi-heure pour déjeuner, mais je perds tout appétit quand je m'aperçois que le sac de hot dogs qu'elle a trimbalé sur notre chariot ne contient pas des restes récupérés dans les chambres mais son déjeuner.

Entre la télévision et le fait que je ne suis pas en position, le premier jour, pour lancer un sujet de conversation, je n'apprends pas grand-chose sur Carlie, en dehors du fait qu'elle souffre et de bien des façons. Elle se déplace lentement dans son travail, marmonnant quelque chose à propos de douleurs articulaires et sur le fait que cela va lui être fatal, dans la mesure où les jeunes femmes de ménage immigrées – polonaises et salvadoriennes – aiment finir leur tournée vers 2 h de l'après-midi, tandis qu'elle fait traîner son ménage jusqu'à 6 h. Cela n'a aucun sens de se presser, observe-t-elle, quand on est payé à l'heure. La direction a déjà fait venir une femme pour faire des études sur la relation geste-temps et ils parlent de changer de politique et de payer à la chambre [1]. Elle rumine aussi à propos de toutes

---

[1]. Quelques semaines après mon départ, j'entends des annonces à la radio pour des postes de femme de ménage à des tarifs incroyables pouvant aller jusqu'à « 9 $ de

les preuves de l'insolence qu'on lui manifeste, et pas seulement du côté de la direction. « Ils se fichent pas mal de nous », me dit-elle en parlant des clients de l'hôtel. En fait, ils ne nous remarquent même pas, jusqu'au moment où on vole quelque chose dans une chambre – « Alors là, ils se ruent sur nous ». Nous déjeunons, assises l'une à côté de l'autre, dans la salle de repos, quand un Blanc en uniforme du service d'entretien passe devant nous. Carlie crie : « Hé toi », d'une voix amicale, « comment tu t'appelles ? ».

« Peter Pan », dit-il, nous tournant déjà le dos. « Ce n'était pas drôle », dit Carlie en me regardant. « Ce n'était pas une réponse, ça. Pourquoi se croyait-il obligé d'être drôle ? » Je suggère qu'il est peut-être prétentieux et elle approuve de la tête comme si j'avais fait un diagnostic impeccable. « Ouais, on peut dire qu'il est prétentieux. »

« Peut-être qu'il est dans un mauvais jour », dis-je pour élaborer un peu ma réponse. Pas tant pour satisfaire un désir de défendre la race blanche qu'en raison du visage de Carlie tordu de douleur.

Quand je demande la permission de partir vers 3 h 30, une collègue m'avertit que personne n'a

---

l'heure ». Quand je me suis renseignée, j'ai découvert que l'hôtel avait effectivement commencé à les payer à la chambre. Et je suppose que Carlie, si elle a tenu le coup, était encore payée l'équivalent de 6 $ de l'heure ou même moins.

encore réussi à combiner un emploi de femme de ménage avec celui de serveuse chez Jerry's : « Une gamine l'a fait une fois pendant cinq jours, mais tu n'es plus une gamine. » Cette information utile en tête, je retourne à toute vitesse à la caravane n° 46, j'avale quatre Advil (c'est la marque du moment), je me douche, un peu recroquevillée pour tenir dans la cabine, et j'essaie de me préparer pour le service qui m'attend. Voilà ce que Marx a appelé « la reconstitution de la force de travail », c'est-à-dire les choses que doit faire une ouvrière pour être prête à travailler de nouveau. Le seul obstacle imprévu pour une transition aisée d'un boulot à l'autre, c'est que mon pantalon beige de chez Jerry's, qui avait l'air plutôt propre à la lumière de 40 watts hier soir, lorsque je l'ai lavé à la main avec ma chemise hawaïenne, présente en plein jour une constellation de taches de ketchup et de vinaigrette. Je passe l'essentiel de mon heure de pause à essayer de retirer à l'éponge tout ce qui est comestible sur mon pantalon, avant de le faire sécher au soleil sur le capot de ma voiture.

Je peux faire ces deux boulots si – c'est ma théorie – je bois assez de caféine et ne me laisse pas distraire par les souffrances de plus en plus patentes du jeune George [1]. Au cours des pre-

---

1. En 1996, le nombre de personnes ayant deux emplois ou plus était de 7,8 millions, soit 6,2 % de la main-d'œuvre

miers jours qui ont suivi le prétendu vol, il n'avait pas l'air de comprendre dans quel pétrin il était, et nos petites conversations pétillantes s'étaient poursuivies. Mais lors de deux derniers services, il avait été apathique, ne se rasait plus, et ce soir il ressemble au fantôme que nous le soupçonnons tous d'être, avec de sombres cernes sous les yeux. A un moment donné, alors que je suis brièvement immobilisée par la tâche qui consiste à remplir des petits pots en papier glacé de crème fraîche pour accompagner les pommes de terre au four, il s'approche de moi et a l'air de vouloir explorer les limites de notre vocabulaire commun, mais on m'appelle à une table dans la salle. Je décide de lui donner tous mes pourboires ce soir et au diable mon expérience de gestion de l'argent péniblement gagné. A 8 h, Ellen et moi prenons une petite collation, debout à l'extrémité méphitique de la cuisine, mais je ne peux avaler que deux ou trois bâtonnets de mozzarella panés, et mon déjeuner s'était limité à une poignée de Chicken McNuggets. Je me rassure en me disant

---

totale. Le pourcentage était identique ou presque pour les hommes et les femmes (6,1 % contre 6,2 %). Environ deux tiers des personnes concernées avaient un emploi à plein temps et un autre à temps partiel. Seule une minorité héroïque – 1 % des hommes et 2 % des femmes – avaient deux emplois à plein temps (John F. Stinson Jr., « New Data on Multiple Jobholding Available from the CPS », *Monthly Labor Review*, mars 1997).

que je ne suis pas du tout fatiguée, même s'il se peut qu'il n'y ait plus de « je » pour mesurer l'état de fatigue. Si j'étais un peu plus alerte, je m'apercevrais que les forces de destruction sont déjà massées contre moi. Il n'y a qu'un cuisinier de service, un jeune homme nommé Jésus (prononcez « Ré-sus ») et c'est un nouveau. Et puis il y a Joy, qui arrive, vêtue d'une petite robe blanche moulante et perchée sur des talons hauts, sentant la cigarette comme si elle sortait d'un bar, et qui vient prendre la suite du service.

C'est alors que la tempête se déclenche. Quatre de mes tables se remplissent au même moment. Quatre tables, ce n'est rien pour moi à présent, pour autant qu'elles soient convenablement décalées dans le temps. Quand je prends les commandes des boissons de la 27, la 25, la 28 et la 24 m'observent avec impatience. Quand je prends celles de la 25, la 24 me lance des regards noirs parce qu'ils n'ont toujours pas commandé les leurs. A la 28, il y a quatre types du genre *yuppie*, ce qui veut dire tous les assaisonnements à part et des instructions à n'en plus finir pour les salades César. A la 25, il y a un couple de Noirs entre deux âges qui se plaignent, non sans raison, du fait que le thé glacé n'est pas assez froid et que le dessus de la table est collant. Mais la 24 est le phénomène météorologique du siècle : dix touristes anglais qui semblent avoir décidé d'absorber la totalité de l'expérience américaine par la bouche. Chacun d'entre eux commande au moins deux boissons – thé glacé et milk-shake, Michelob et eau (avec une rondelle de citron, s'il vous plaît) – et une énorme orgie de nourriture, comprenant nos spécialités du petit déjeuner, des bâtonnets de mozzarella panés, des blancs de poulet, des quesadillas, des hamburgers avec ou sans fromage, des pommes de terre sautées avec du cheddar, des oignons, de la sauce, des frites assaisonnées, des frites simples, des banana split. Pauvre Ré-sus ! Pauvre de moi ! Parce que, au moment où j'arrive avec leur premier plateau de nourriture – après déjà trois allers-retours pour leur resservir à boire –, la Princesse Diana refuse de manger ses blancs de poulet avec ses pancakes et ses saucisses, puisqu'elle avait commandé, m'annonce-t-elle, le poulet en entrée. Peut-être que les autres auraient accepté leurs plats, mais Diana, qui en est à sa troisième bière, insiste pour que tout reparte pendant qu'ils mangent leurs entrées. Pendant ce temps-là, les *yuppies* me font de grands signes pour que je vienne leur resservir du décaféiné et le couple de Noirs semble prêt à porter plainte auprès de l'Association de Défense des Droits Civiques.

L'essentiel de ce qui se passe ensuite est perdu dans le brouillard du champ de bataille. Ré-sus commence à couler. La petite imprimante qui se trouve devant lui crache des commandes plus vite qu'il ne peut les détacher, pour ne rien dire de leur exécution. Une impatience menaçante gronde au-dessus des tables qui sont toutes occupées. Même l'invincible Ellen est blême de stress. J'apporte à la 24 leurs plats principaux réchauffés qu'ils refusent immédiatement, parce qu'ils les trouvent soit encore froids, soit fossilisés par le micro-ondes. Quand je reviens à la cuisine avec leurs trois plateaux (trois plateaux, donc trois voyages), Joy, les poings sur les hanches, me demande des explications : « Mais qu'est-ce que c'est que ça ? » Elle parle de la nourriture – des assiettes refusées de pancakes, de pommes de terre sautées et de leurs assaisonnements, de toasts, de hamburgers, de saucisses, d'œufs. « Euh, des œufs brouillés au cheddar », dis-je, hésitante. « Et ça, c'est... » Le visage collé au mien, elle hurle : « Non ! Je te demande si c'est un ratage normal, une foirade colossale ou bien une révélation ? » Je fais semblant de regarder ma commande pour comprendre, mais l'entropie continue à faire des siennes, non seulement dans les plats mais encore dans ma tête, et je dois admettre que la commande initiale est devenue indéchiffrable. « Tu ne connais pas la différence entre une révélation et un ratage normal ? » me demande-t-elle sur un ton outragé. Ce que je sais, c'est que mes jambes ont perdu tout intérêt pour ce qui est en train de se passer et ont annoncé leur intention de se dérober. Je suis sauvée par un *yuppie* (heureusement, pas l'un des miens) qui arrive à cet instant-là devant la cuisine pour clamer qu'il attend sa commande depuis vingt minutes. Joy lui ordonne, en hurlant, de sortir de sa cuisine, *s'il vous plaît*. Puis, toujours furieuse, elle s'en prend à Ré-sus, jetant un plateau vide à travers la cuisine pour marquer le coup.

Je pars. Je ne sors pas. Je pars tout simplement. Je ne finis pas mon travail invisible, je ne récupère pas mes pourboires sur cartes de crédit, si tant est qu'il y en ait, à la caisse. Et, bien sûr, je ne demande pas à Joy la permission de partir. Et le plus surprenant, c'est qu'on peut partir sans permission, que la porte s'ouvre, que l'air tropical du soir s'écarte pour me laisser passer, que ma voiture est toujours là où je l'ai garée. Rien ne justifie cette sortie, pas même le soulagement d'un « Allez vous faire foutre ! », seulement une irrépressible impression d'échec, humide et froide, qui s'abat sur moi et sur le parking. Je me suis lancée dans cette aventure avec des dispositions de scientifique, pour vérifier une proposition mathématique. Mais en cours de route ou plutôt au milieu du tunnel créé par les longues heures de service et la concentration incessante, c'est devenu une expérimentation sur moi-même et j'ai clairement échoué. Non seulement j'ai explosé en tant que femme de ménage/serveuse, mais j'ai oublié de donner mes pourboires à George. Et pour des raisons sans doute bien connues de gens qui travaillent dur et sans compter, comme Gail et Ellen, cela fait mal. Je ne pleure pas, mais je suis à même de sentir que, pour la première fois depuis des années, mes glandes lacrymales fonctionnent et sont encore capables de jouer leur rôle.

*
* *

Quand j'ai déménagé de ma caravane, j'ai donné la clef de la n° 46 à Gail et je me suis débrouillée pour que ma caution soit transférée à son nom. Elle m'a raconté que Joan vivait toujours dans son minibus et que Stu s'était fait virer du Hearthside. Selon les dernières rumeurs, la drogue qu'il avait commandée depuis le restaurant était du crack et il s'est fait piquer en train de voler dans la caisse. Je n'ai jamais su ce qui était arrivé à George.

Deux

Frotter dans le Maine

J'ai choisi le Maine en raison de sa blancheur. Quelques mois plus tôt, au printemps, je m'étais rendue dans la région de Portland pour une conférence dans une université locale et j'avais été frappée par ce qui semblait être un cas extrême d'albinisme démographique. Non seulement les professeurs et les étudiants étaient Blancs, ce qui n'est, bien entendu, pas exceptionnel, mais les femmes de ménage l'étaient aussi, et les mendiants, et les chauffeurs de taxi – tous Blancs et parlant l'anglais de surcroît ou du moins sa variante sans *r*, typique de la Nouvelle-Angleterre. Cela ne ferait pas du Maine l'endroit idéal pour venir s'y terrer longtemps, mais c'était la destination parfaite pour une Blanche aux yeux bleus, parlant l'anglais et voulant infiltrer le monde des bas salaires, sans se faire repérer. Attraction supplémentaire, j'avais noté au cours de mon séjour au printemps que la communauté active de Portland réclamait à cor et à cri de la chair fraîche employable. Les nouvelles locales à la télévision encourageaient les spectateurs à essayer une entreprise de télémarketing, offrant « un créneau horaire spécial pour les mamans »; la station de radio diffusant du rock faisait la promotion des « foires de l'emploi », où on peut circuler entre les stands des employeurs et faire affaire avec le plus offrant. Avant de décider de retourner dans le Maine pour trouver un emploi au niveau le plus bas, j'ai transféré sur mon ordinateur toutes les petites annonces du site du *Portland Press Herald*, et mon modem a chauffé. Au moins trois annonces sur les mille environ que j'ai parcourues promettaient des conditions de travail « amusantes et décontractées ». J'ai imaginé des équipes en chemise de pilou plaisantant à propos de leur pause de l'après-midi autour d'un verre de cidre et de beignets. Peut-être que lorsqu'on donne aux Blancs un Etat entier, avais-je raisonné, ils sont capables de traiter les gens décemment.

Le soir du mardi 24 août – c'était encore l'été, mais les soldes de rentrée des classes battaient leur plein dans tous les centres commerciaux –, j'arrive à la gare routière du Trailways à Portland et je prends un taxi, parce qu'il est trop tard pour prendre ma voiture à Epaves-à-Louer. Je me rends au Motel 6 qui va être ma base, en attendant que je remplisse les conditions qui définissent le citoyen normal – un emploi, un logement. C'est, tout le monde en conviendra, une étrange situation pour quiconque n'est pas un habitué des procédures de protection des témoins à charge : quitter son foyer et son compagnon, disparaître dans un endroit situé à trois mille kilomètres de là, où je ne connais à peu près personne et dont j'ignore tout, à commencer par la géographie, le climat et les coins où l'on mange bien. Pourtant, me dis-je, ce brusque départ vers un Etat inconnu n'est pas sans rappeler les déménagements constants qui segmentent les vies de ceux qui sont vraiment pauvres. On perd son boulot, sa voiture ou sa baby-sitter. Ou bien on perd peut-être sa maison parce qu'on vivait avec sa mère ou sa sœur, et elle vous fout dehors parce qu'elle a besoin du sofa sur lequel vous dormiez pour un parent difficile, ou parce que son petit ami est de retour. Et vous voilà dehors. Et me voilà – plus seule et désemparée que jamais au cours de ma vie adulte.

Parmi d'autres mesures, Alcooliques Anonymes demande à ses membres de faire « un inventaire moral, fouillé et sans complaisance ». Et maintenant, seule dans ma chambre de motel, je m'aperçois que je suis assez obsédée par mon *truc*, par l'importance et par la durée de cette histoire. J'ai mon ordinateur portable et une valise qui contient des tee-shirts, des jeans, des pantalons kaki, trois chemises à manches longues, un short, des vitamines et une trousse de toilette. J'ai un sac fourre-tout, rempli de livres qui sont, avec les chaussures de marche pour les week-ends, les trucs les plus inutiles de mon inventaire. J'ai emporté 1 000 $, plus quelques petits billets froissés au fond de mes poches. Et pour la somme un peu alarmante de 59 $ par nuit, j'ai un lit, une télévision, un téléphone et une vue presque dégagée sur la Route 25. Il y a deux sortes de motels à bas tarif en Amérique : le genre Hampton Inn, qui est de toute évidence *calibré*, plutôt que décoré, pour produire une atmosphère de stérilité menaçante – et l'autre type, dans lequel on a permis à l'histoire de s'accumuler sous la forme de taches sur le tapis, de traces indélébiles de cigarettes et de miettes sous le lit. Le Motel 6 appartient à la deuxième catégorie, ce qui le rend plus hospitalier, si l'on peut dire, ou tout simplement plus hanté. En sortant par la porte principale, en traversant le parking de VIP Pièces Détachées Automobiles, on tombe sur la station-service Texaco et son petit supermarché attenant, Clipper Mart. En passant sous l'échangeur depuis la station-service – un exploit qui, à pied, exige à la fois des nerfs et de la vitesse – on arrive dans une zone où les ressources pour s'alimenter deviennent plus substantielles, avec un Pizza Hut et un Shop-n-Save.

C'est une situation nettement plus enviable que celle qui est décrite dans *Concrete Island*, ce roman terrifiant de J.G. Ballard, dans lequel le héros se retrouve sur un terre-plein central et y reste bloqué à cause de la circulation, contraint de vivre de ce qu'il trouve dans sa voiture et des débris d'aliments jetés par les automobilistes. Je rapporte une pizza et une salade dans ma chambre pour dîner, en disant que tout a meilleur goût quand on a risqué sa peau pour l'obtenir, comme le chevreuil qu'on a chassé.

Combien de personnes, si l'on excepte les fugitifs et les réfugiés, ont l'occasion de vivre une expérience pareille – laisser tomber toutes les relations et les habitudes passées, dire adieu à des piles de lettres laissées sans réponse et quantité de messages sur le répondeur, et tout recommencer ailleurs, sans beaucoup plus qu'un permis de conduire et un numéro de sécurité sociale pour ne pas rompre le fil qui relie au passé ? Cela devrait être aussi exaltant, me dis-je, qu'un plongeon dans l'eau glacée de l'océan en Nouvelle-Angleterre, suivi d'une nage à la fois lente et facile au-delà des rouleaux. Mais au cours de ces premiers jours à Portland, les angoisses de ma classe sociale réelle l'emportent sur le reste. Les gens éduqués et salariés de la classe moyenne ne se jettent jamais dans le futur sur un coup de tête, en se rendant vulnérables à tout ce qui pourrait leur sauter à la gorge. Nous avons toujours un plan ou du moins une liste des choses à faire. Nous aimons à croire que tout a été prévu, que nos vies ont été en quelque sorte prévécues. Alors qu'est-ce que je peux bien faire ici et dans quel ordre devrais-je procéder ? J'ai besoin d'un travail et d'un logement, mais pour obtenir un emploi, il me faut une adresse et un numéro de téléphone, et pour avoir un appartement, il est préférable de faire la preuve qu'on a un emploi stable. Le seul plan que j'arrive à former, c'est de tout faire en même temps en espérant que les gamins du standard du Motel 6 seront assez fiables pour me servir de répondeur automatique.

Le journal que j'achète au Clipper Mart m'apprend, chose inattendue, qu'on ne trouve pas d'appartements à Portland. En fait, il y a pas mal d'appartements de luxe, « pour professions libérales et dirigeants d'entreprises », à 1 000 $ par mois et plus, mais les loyers modérés ne semblent exister que dans une zone au sud de la ville, à trente minutes en voiture, dans la ville au nom délectable d'Old Orchard Beach. Même là, les loyers sont du même ordre que ceux de Key West – au-dessus de 500 $ pour le moindre meublé. Après quelques coups de fil, j'ai la nette impression que les possibilités de logement en hiver pour les pauvres se limitent aux chambres de motel qu'occupent des gens plus riches en été [1].

---

[1]. A Cape Cod aussi, l'augmentation des loyers pour les

Les loyers baissent après Labor Day (premier lundi de septembre) et le bail expire en général en juin. Et en partageant un logement ? Glenwood Apartments (ce n'est pas le nom véritable) à Old Orchard Beach fait de la publicité pour une chambre à 65 $ par semaine, avec cuisine et salle de bain à partager avec une femme qu'on me décrit au téléphone comme étant « un personnage, mais propre » – et je me dis, hé, cela pourrait être moi ou bien ma nouvelle amie. M'orientant grâce à ma carte Clipper Mart, je finis par arriver, vers 10 h du matin, dans une petite ville, dépourvue du moindre verger, au bord d'une plage en pente douce, et Earl me fait visiter Glenwood. Il répète l'histoire du « personnage, mais propre » concernant ma future compagne potentielle, en ajoutant qu'ils lui accordent « une dernière chance ». Je demande si elle travaille et, oui, elle est femme de ménage. Mais je ne la rencontrerai jamais parce que l'endroit est réellement effrayant, pas même conforme à la réglementation. Nous descendons dans la cave de cette

---

appartements et les maisons pousse les ouvriers à vivre dans les motels, où une chambre peut se louer jusqu'à 880 $ par mois en hiver, mais grimpe à 1 440 $ par mois en haute saison. Le *Cape Cod Times* décrit des familles de quatre personnes entassées dans une pièce, faisant la cuisine au micro-ondes et mangeant assises sur les lits (K.C. Myers, « Of Last Resort », *Cap Code Times*, 25 juin 2000).

combinaison délabrée de motel et de pension, où Earl me montre une porte fermée – la cuisine, dit-il –, mais nous ne pouvons pas y entrer parce que quelqu'un y dort pour le moment. Il glousse, comme si dormir dans les cuisines était une excentricité de plus que les propriétaires voulaient bien tolérer. Alors comment je fais la cuisine ? Eh bien, la personne ne passe pas sa vie à dormir là-dedans. La chambre elle-même, au bout du couloir, fait la moitié de mon bastion du Motel 6 et contient deux petits lits défaits, une commode à deux tiroirs, deux ampoules au plafond et rien d'autre. Il n'y a pas de fenêtre. On trouve une sorte d'ouverture près du plafond, mais elle donne sur de la terre bien tassée, comme celle qu'on verrait depuis une tombe.

Je repars à pied vers la rue principale de la ville et j'installe mon « bureau » dans un téléphone public près de la jetée. Je confirme quelques rendez-vous pour voir d'autres appartements. Je laisse tomber toutes les cohabitations. Au Seabreeze, je visite en compagnie d'un gros type méprisant qui me dit qu'il n'y a aucun problème par ici parce qu'il est flic à la retraite, que son gendre est flic lui aussi et que tout le monde le sait. Mais je ne sais pas si je dois me sentir rassurée ou menacée. Autre avantage putatif : il s'arrange pour qu'il n'y ait pas trop d'enfants et que ceux qui vivent ici se tiennent à carreau, on peut compter sur lui. Mais le loyer est de 150 $

par semaine et donc j'enchaîne vers le Biarritz, où une fille joviale me fait visiter un meublé à 110 $ par semaine – pas de télévision, pas de draps, pas de vaisselle. Ce que je n'aime pas, c'est le fait que ce soit un rez-de-chaussée sur une rue très commerçante, ce qui implique de choisir entre l'intimité et la lumière. Enfin, ce n'est pas la seule chose qui me déplaît, mais ça suffit. Je suis sur le chemin du retour vers Portland avec un sentiment de défaite, quand je remarque que le Blue Heaven Motel sur la Route 1 propose des appartements à louer. L'endroit a l'air si charmant – une sorte de refuge alpin, avec son alignement de cottages blancs sur un fond de sapins bleus – que je décide de m'arrêter. Pour 120 $ par semaine, je peux avoir une chambre avec une sorte de séjour et une cuisine dans le prolongement, draps compris et télévision câblée jusqu'au moment où la compagnie du câble s'apercevra que l'occupant précédent ne paie plus sa facture. Mieux encore, la caution n'est que de 100 $. Que je dépose immédiatement.

En cherchant quelques jours ou semaines de plus, j'aurais pu faire mieux. Mais le compteur tourne à 59 $ par jour pour ma chambre du Motel 6, qui ressemble de plus en plus à une invention de Ballard. Au cours de l'après-midi du troisième jour, j'y retourne et découvre que ma clé ne fonctionne plus. Il s'avère que c'est la méthode employée par la direction pour attirer l'attention sur le fait qu'on lui doit de l'argent. C'est un mauvais moment à passer, qui dure assez longtemps toutefois pour donner une petite idée d'un futur sans brosse à dents ou sans pouvoir se changer.

Maintenant, trouver du travail. De mon expérience à Key West, j'ai appris qu'il fallait déposer sa candidature partout, dans la mesure où une annonce d'emploi ne signifie pas qu'un emploi soit immédiatement disponible. Les emplois de serveuse ne sont pas très nombreux avec la saison touristique qui prend fin et, de toute façon, je suis à la recherche de nouveaux défis. Les emplois de bureau sont exclus à cause de ma garde-robe. Je n'ai pas dans ma valise – ou même dans mon placard à la maison – assez de tenues adaptées au travail dans un bureau pour pouvoir tenir ne serait-ce qu'une semaine. J'appelle donc pour les annonces de femme de ménage (pour des bureaux ou des particuliers), pour un travail dans un entrepôt et un autre dans une maison de retraite, un encore dans l'industrie, et un poste intitulé « assistante à compétences multiples », qui a l'air sympa et altruiste. Cela rend humble, cette recherche d'emplois à bas salaire, puisqu'elle consiste à s'offrir soi-même – son énergie, son sourire, son expérience réelle ou prétendue – à une série de gens qui ne trouvent pas l'ensemble très intéressant. Dans une fabrique de tortillas, où mon travail consiste à placer des boules de pâte sur un tapis roulant, l'entretien a lieu avec une secrétaire écrasée d'ennui qui ne prend même pas la peine de vous dire « Bonjour, comment allez-vous ? ». Je vais chez Goodwill, que je suis curieuse de connaître parce que je sais, grâce à des recherches faites autrefois, qu'ils se sont présentés dans tout le pays comme l'employeur idéal pour les pauvres sans couverture sociale, ainsi que pour les handicapés. Je remplis le formulaire et on me dit que le salaire est de 7 $ de l'heure et qu'on me rappellera d'ici à deux semaines. Pendant toute la durée de cet échange, qui a lieu dans un entrepôt où peut-être une trentaine de personnes des deux sexes trient des vêtements d'occasion, personne ne me regarde dans les yeux. Enfin, une seule le fait. Alors que je cherche la sortie, je remarque un type maigre, difforme, debout sur une jambe, l'autre pied coincé derrière le genou, les bras exécutant des mouvements de natation, soit pour rester en équilibre, soit pour me tenir à distance.

Une pareille nonchalance ne règne pas partout. Dans un Wal-Mart de la banlieue qui annonce une « foire de l'emploi », je suis assise à une table décorée avec des ballons (c'est le côté « foire ») et j'attends Julie. Elle arrive, le visage congestionné, avec dix minutes de retard parce que, m'explique-t-elle, elle n'a jamais interviewé personne de sa vie. Heureusement pour elle, l'entretien consiste essentiellement en une « enquête d'opinion » de quatre pages, « sans bonnes ou mauvaises réponses », m'assure Julie, seulement mon opinion personnelle, graduée de « en accord total » à « en désaccord total »[1]. Tout comme dans le test de pré-embauche du Winn-Dixie que j'ai passé à Key West, sont posées les questions habituelles concernant le fait de savoir si l'on pardonne ou l'on dénonce le collègue surpris en train de voler, si la direction est responsable lorsque quelque chose ne va pas, s'il est normal d'être en retard quand on a une « bonne excuse ». La seule chose qui soit différente dans ce test, c'est son insistance sur les problèmes d'usage de la marijuana, ce qui laisse penser qu'il a été conçu par un sérieux usager qui s'efforçait de s'adapter à la vie d'entreprise. Parmi les propositions pour lesquelles on me demande d'exprimer mon opinion, je retiens « Certaines personnes travaillent mieux lorsqu'elles sont un peu parties », « Tout le monde a essayé la marijuana », et le déroutant « La marijuana, c'est la même chose qu'un verre ». Hum, quel genre de verre ? ai-je envie de demander. « La même chose », comment... chimiquement ou moralement ? Ou devrais-je écrire quelque chose de plus

---

[1]. Margaret Talbot rapporte dans le *New York Times Magazine* que « les tests de personnalité sur le lieu de travail sont un succès sans précédent » et représentent aujourd'hui une industrie de 400 millions de dollars par an (17 octobre 1999, p. 28).

désinvolte, du genre « Je ne sais pas, je ne bois pas » ? Le salaire est de 6,50 $ de l'heure, me dit Julie, mais peut grimper rapidement à 7. Elle me dit qu'elle me verrait bien au rayon femmes, et je lui réponds que moi aussi.

Il est difficile d'imaginer ce que ces tests révèlent aux employeurs de leurs employés potentiels, dans la mesure où les « bonnes » réponses devraient être évidentes pour quiconque a fait l'expérience du fonctionnement hiérarchique et de la subordination. Est-ce que je travaille bien avec les autres ? Tu parles, mais jamais au point de me faire hésiter à les dénoncer à la moindre infraction. Suis-je capable de prendre des décisions de manière autonome ? Oh oui, mais je sais bien que je ne devrai pas laisser cette capacité me détourner de ma disposition à obéir comme une esclave aux ordres donnés. Dans une société appelée The Maids, on me fait passer le « test de personnalité Accutrac », qui commence par « Accutrac dispose de plusieurs mesures de détection des tentatives de distorsion et de subversion du questionnaire ». Naturellement, je n'ai jamais de mal à « contrôler ma propension à m'apitoyer sur moi-même ». De même que je n'imagine pas que les autres parlent de moi dans mon dos et que je ne crois pas que « la direction et les employés sont toujours en conflit parce qu'ils ont des objectifs radicalement différents ». La véritable fonction de ces tests, j'en suis convaincue, est de transmettre une information non pas à l'employeur, mais à l'employé potentiel, et l'information qui est transmise est toujours : vous n'aurez aucun secret pour nous. Nous ne voulons pas seulement vos muscles et cette portion de votre cerveau qui y est connectée, nous voulons votre moi le plus intime.

La chose principale que j'ai apprise au cours de ce processus de recherche d'un emploi, c'est qu'en dépit des annonces et des foires, Portland est une autre ville à 6 ou 7 $ de l'heure. Cela devrait être aussi saisissant pour les économistes que peut l'être le surgissement d'une radiation exotique pour des astronomes. Si l'offre de main-d'œuvre est faible par rapport à la demande, les prix devraient monter, n'est-ce pas ? C'est la « loi ». A l'une des entreprises de ménage où je dépose ma candidature – Merry Maids – mon employeur potentiel me retient pendant une heure et quart, dont l'essentiel est consacré à l'écouter se plaindre de la difficulté de trouver des gens fiables. Il est assez simple de trouver une solution, puisqu'ils offrent de « 200 à 250 $ » par semaine pour quarante heures de travail en moyenne. « N'essayez pas de calculer le salaire horaire », m'avertit-elle en me voyant froncer les sourcils pendant que je fais la division assez simple. « Nous ne calculons pas comme ça. » Moi oui. Et 5 à 6 $ de l'heure, pour ce que cette dame définit spontanément comme un travail pénible, où les risques de microtraumatismes répétés sont élevés, est à coup sûr un moyen de rebuter tous les chercheurs d'emploi capables de faire une division. Mais je me rends compte que, tout comme à Key West, un emploi ne suffira pas. Dans la nouvelle version de la loi de l'offre et de la demande, le travail est si misérable – à l'aune de ce qu'il est payé – que c'est un encouragement à prendre le plus grand nombre de boulots possible.

Après deux jours passés à remplir des formulaires de candidature dans la région de Portland, je me force à m'asseoir dans ma chambre du Motel 6, où je suis coincée jusqu'au dimanche où je pourrai prendre possession de mon appartement au Blue Heaven. J'attends que le téléphone sonne. Cela représente un effort plus grand que vous ne croyez, parce que la pièce est trop petite pour faire les cent pas et trop minable pour rêver éveillé, si j'avais été assez calme pour essayer. Heureusement, le téléphone sonne deux fois avant midi et – plus par claustrophobie qu'en raison d'un calcul économique sérieux –, j'accepte les deux premiers emplois qui me sont offerts. Une maison de repos a besoin de moi pendant les week-ends pour 7 $ de l'heure, et je commence demain ; The Maids a le plaisir de m'annoncer que j'ai « réussi » le test Accutrac et que je peux commencer lundi matin à 7 h 30. C'est l'entreprise de ménage la plus sympathique que j'ai contactée et celle qui paie le mieux – 6,65 $ de l'heure, même si ce chiffre tombe à 6 $ pendant deux semaines en guise de punition, au cas où je manquerais un jour [1]. Je ne comprends pas bien ce que font les entreprises de ménage et en quoi elles diffèrent de simples agences de placement, mais Tammy, qui dirige le bureau, m'assure que le travail sera simple et facile, puisque « de toute façon nous avons le ménage dans le sang ». Je ne suis pas tout à fait convaincue pour ce qui est de la facilité, après les avertissements de Merry Maids, mais je suppose que mon dos tiendra le coup pendant une semaine. Nous sommes censées terminer vers 3 h 30, ce qui me laissera assez de temps pour chercher du travail l'après-midi. J'ai repéré une usine de pommes de terre chips à dix minutes en voiture du Blue Heaven, par exemple, et je peux toujours aller voir L.L. Bean et m'occuper des commandes sur catalogue sur un siège qui, je l'espère, sera ergonomique. Tout cela commence à avoir l'allure d'un plan : de l'entreprise de ménage à quelque chose de mieux, avec la maison de repos en guise de dépannage pendant la transition. Pour fêter ça, je dîne à Appleby's – un hamburger et un verre de vin rouge pour 11,95 $

---

[1]. Le Bureau of Labor Statistics a établi que les « employés de maison et les serviteurs à plein temps » gagnaient en moyenne 223 $ par semaine en 1998, ce qui représente 23 $ au-dessous du seuil de pauvreté pour une famille de trois personnes. Pour une semaine de quarante heures, notre salaire hebdomadaire à The Maids s'élève à 266 $, soit 20 $ au-dessus du seuil de pauvreté.

plus le pourboire, consommés au bar en regardant d'un œil distrait ESPN.

Le quatrième jour de mon séjour à Portland, je me lève à 4 h 45 pour être sûre d'arriver au Woodcrest Residential Facility (ce n'est pas le véritable nom) à temps pour le début de mon service à 7 h. Je suis officiellement infirmière-assistante, ce qui paraît important et très technique, et au début le travail semble assez agréable. Je peux porter mes propres vêtements, c'est-à-dire tee-shirt et pantalon kaki ou jean, complétés par le filet à cheveux et un tablier de mon choix. Je n'ai pas besoin d'apporter mon déjeuner, puisque nous pouvons consommer tout ce qui n'a pas été mangé après le repas des résidents, comme nous les appelons avec respect. Linda, ma supérieure – une femme d'une trentaine d'années à l'air gentil – prend même le temps de me faire connaître mes droits : je n'ai pas à tolérer le moindre harcèlement sexuel, en particulier de la part de Robert, bien qu'il soit le fils du propriétaire. Je ne dois pas hésiter à venir la voir au premier incident. J'ai l'impression qu'elle serait très contente d'entendre une plainte au sujet de Robert. Mais la discipline est stricte pour tous les manquements qui pourraient mettre des vies en danger, comme ce fut le cas avec ces adolescents qui travaillaient le week-end et se sont amusés à mettre des plaquettes de beurre dans un plafonnier : le beurre avait fondu et coulé sur le sol, le transformant en patinoire – non qu'elle redoute ce genre de choses de ma part. Aujourd'hui, nous allons travailler dans le pavillon fermé des patients atteints de la maladie d'Alzheimer. Il s'agit de descendre le petit déjeuner depuis la cuisine principale à la cuisine, plus petite, du pavillon, de servir les patients, de nettoyer et de se préparer pour leur déjeuner.

Pour une ancienne serveuse comme moi, c'est du gâteau. Les patients commencent à arriver quarante minutes avant que le petit déjeuner ne soit prêt. En déambulateur, en chaise roulante, en marchant d'un pas raide. Ils se disputent un peu pour le choix des places autour de la table. Je cours en tous sens servir du café – du décaféiné uniquement, m'avertit Linda, sans quoi les choses peuvent mal tourner – et prendre les « commandes », un peu comme si j'étais dans un restaurant. Je ne peux pas m'empêcher de penser que, dans un restaurant, peu de clients vous imposent une odeur qui laisse penser qu'ils se sont oubliés, sans mauvais jeu de mots sur la maladie d'Alzheimer. Si l'un d'eux refuse le pain perdu que nous leur proposons, Linda et moi pouvons y substituer un toast ou une tartine de beurre de cacahuètes, l'idée étant qu'il faut leur donner, tout particulièrement au petit déjeuner, leur dose de sucre pour ne pas les voir s'effondrer sur l'assiette à cause d'une hypoglycémie ou s'enfuir dans le couloir. Il faut pas mal courir, mais il n'y a pas trop de soucis à se faire pour ne rien oublier – nos « clients » eux-mêmes sont beaucoup plus déficients pour ce qui est de la mémoire. Je fais l'effort de retenir leurs noms : Marguerite, qui arrive dans la salle à manger avec un ours en peluche dans les bras et ne portant rien d'autre, à partir de la taille, qu'une couche ; Grace, qui me suit à la trace avec un œil accusateur et exige que je remplisse de nouveau sa tasse qu'elle n'a pourtant pas encore touchée ; Letty, une diabétique qu'il faut surveiller de près parce qu'elle vole des beignets dans les assiettes de ses voisins. Ruthie, qui ramollit encore son pain perdu en y versant du jus d'orange qui finit par déborder sur la table, est une des femmes qui a encore un peu sa tête. Elle me demande mon nom et quand je le lui dis, elle crie : « Barbara Bush ! » En dépit de ma vive protestation, elle répète la plaisanterie deux fois pendant le service du petit déjeuner.

Le ménage constitue la partie répugnante du travail. Je ne m'étais pas rendu compte qu'une infirmière-assistante était, dans une large mesure, un lave-vaisselle. Il faut nettoyer les restes de quarante personnes environ – en comptant les infirmières et leurs assistantes diplômées qui ont parasité le petit déjeuner des résidents. Il faut chasser à la main les aliments laissés sur les assiettes dans la poubelle, rincer les assiettes, les mettre à tremper, les installer sur le râtelier et placer celui-ci dans le lave-vaisselle, ce qui oblige à se plier pratiquement jusqu'au niveau du sol avec ce râtelier plein, qui pèse sans doute une dizaine de kilos, à bout de bras. Quand la vaisselle est faite et que les assiettes ont refroidi, il faut vider la machine et la recharger – et continuer à nettoyer les tables et aller chercher des plats pour les retardataires. L'astuce, c'est d'avoir toujours un râtelier prêt à laver dès que le dernier chargement est propre. Je fais la vaisselle depuis l'âge de six ans – ma mère m'avait assigné cette tâche afin de pouvoir fumer tranquillement sa cigarette après le repas. J'aime travailler les mains dans l'eau, mais pour l'heure je n'ai pas le choix si je veux suivre le rythme du lave-vaisselle d'un côté et l'afflux des assiettes sales de l'autre. Une fois le problème de la vaisselle réglé, Linda me fait passer l'aspirateur sur la moquette de la salle à manger, ce qui n'est guère efficace sur les taches un peu collantes. Et m'oblige donc à me mettre régulièrement à quatre pattes sous les tables pour gratter les toasts écrasés avec mes ongles.

Au moment de la pause du milieu de la matinée, je rejoins Pete, un des deux principaux cuisiniers de service dans la cuisine principale, pour fumer une cigarette avec lui. Nous nous sommes parlé quand je suis arrivée vers 7 h, avant que Linda ne fasse son apparition, et il m'a posé trois questions : D'où est-ce que j'étais ? Où est-ce que j'habitais ? Etais-je mariée ? Je réponds non à la dernière question, laissant de côté le petit ami pour le moment, parce que, tout d'abord, cela n'a aucun sens de parler de « l'homme avec qui je vis » alors que je ne vis pas avec lui pour le moment ; ensuite, je dois l'admettre, parce que je désire un peu lâchement faire de Pete un allié, dans les conditions qui se présenteront. Une fille de salle, si je comprends bien le boulot, dépend autant du cuisinier qu'une serveuse. Il peut lui faciliter la vie ou, s'il est mal disposé, précipiter sa chute. Je vais donc avec lui sur le parking et je fume ses Marlboro assise dans sa voiture, ce qui a des allures un peu gênantes de rendez-vous galant, si ce n'est que les portières sont grandes ouvertes à cause de la fumée. Comment est-ce que je trouve l'endroit ? Ça va, lui dis-je, et dans la mesure où mon père a fini ses jours avec la maladie d'Alzheimer dans un pavillon du même genre, je me sens presque chez moi – ce qui est, c'est horrible à dire, la vérité. Bon, fais gaffe à Molly, m'avertit-il. Elle est efficace dans le travail, mais elle n'hésitera pas à te poignarder dans le dos. Linda est sympa, mais elle a fait une scène à Pete la semaine dernière parce qu'il avait, par mégarde, mis un dessert sur le plateau d'un diabétique (les résidents qui ne peuvent pas descendre dans la salle à manger mangent dans leur chambre des plateaux préparés en cuisine). Où est-ce qu'elle se croit, dans un hôpital ?

Ecoute, personne ne sort d'ici vivant. Fais aussi attention avec Leon, qui a l'habitude de suivre ses collègues de sexe féminin dans les vestiaires. En fait, fais attention avec tout le monde, parce que tout le monde parle dans le dos de tout le monde, ici. Tout ce que tu racontes sera de notoriété publique en quelques heures. Et qu'est-ce que je fais pour m'amuser ? « Oh, je lis », dis-je. Tu ne bois pas, tu ne fais pas la fête ? Je fais non de la tête, avec un petit air coincé, me faisant l'effet d'une sainte-nitouche ou d'une personne dépourvue de tout intérêt pour les cancans et pour mon compagnon de récréation.

Je devrais préciser que nous ne parlons pas ici d'un éventuel petit ami. Pete a probablement dix ans de moins que moi (même s'il n'a pas l'air de s'en rendre compte et je ne vois aucune raison de le lui signaler) et, en dépit de sa ressemblance frappante avec un acteur comique populaire ces temps-ci, il ne paraît pas avoir le sens de l'humour. Si je dois en croire l'histoire qu'il me raconte, il est tout autant que moi un imposteur (ce dont il n'a pas conscience, bien entendu). Il ne gagne, me dit-il, que 7 $ de l'heure, même s'il a gagné beaucoup plus que ça dans des restaurants, mais il s'en fiche parce qu'il s'est fait pas mal de fric au jeu, il y a quelques années, et l'a bien placé. S'il est si riche, me dis-je, pourquoi roule-t-il dans cette bagnole pourrie et comment se fait-il qu'il lui manque des dents ? Et que fait un cuisinier digne de ce nom dans un environnement sans saveur, où un tiers, sinon la moitié, des repas sont passés à la moulinette? Mais je lui pose une tout autre question : Alors pourquoi travailler si tu as de l'argent? Oh, il a bien essayé de rester chez lui, mais on finit par devenir dingue, on se sent exclu. Et, pour une raison quelconque, ce qu'il dit me touche, plus que le mensonge probable concernant sa fortune : cet endroit, qu'il a décrit comme étant chaotique et morbide, constitue pour lui une communauté réelle et attachante. Est-ce que j'aimerais aller me promener un jour, après le boulot? Ouais, OK – et je repars pour aller affronter le déjeuner.

Curieusement, quelques-uns des résidents encore doués de sensations ont l'air de me reconnaître pendant le service du déjeuner. L'un d'entre eux m'agrippe le bras lorsque je lui apporte sa tranche de jambon et murmure à mon oreille : « Vous êtes quelqu'un de bon, vous savez? » Et me le répète chaque fois que je m'approche d'elle. Un autre me dit que je suis « superbe » et une des infirmières diplômées se souvient de mon nom. Cela pourrait marcher, me dis-je, je deviendrais le fanal dans l'obscurité croissante de la démence, compensant ainsi, au sein d'un ordre cosmique de justice, le traitement impersonnel dispensé à mon père dans un environnement bien moins chaleureux. Je réponds avec joie aux sollicitations diverses et j'apporte croque-monsieur et glaces supplémentaires. Je ris de la plaisanterie Barbara Bush qui revient sans cesse. Cette humeur de sainte dure jusqu'au moment où je viens remplir le verre de lait d'une minuscule vieille dame aux cheveux blancs en bataille, qui donne l'impression d'avoir été pliée dans sa chaise roulante et écrasée. « J'ai envie de vous jeter quelque chose à la figure », semble-t-elle vouloir dire et lorsque je me penche pour vérifier l'improbabilité d'une telle aspiration, la vieille bique me jette tout le contenu du verre sur le pantalon. « Ha, ha », jacassent mes tout nouveaux admirateurs, « elle a fait pipi dans sa culotte ! ». En tout état de cause, je ne suis plus une étrangère, comme dirait Pete, dans cet étrange Etat blanc. J'ai été admise dans un monde rempli de cancans et d'intrigues, et je viens d'être baptisée à l'aide du plus blanc des liquides.

Je refuse de passer ma dernière nuit au Motel 6, celle du samedi au dimanche, enfermée dans ma chambre. Mais que peut faire une personne aux moyens limités, quand elle n'aime pas de surcroît faire la fête ? Plusieurs fois pendant la semaine, je suis passée en voiture devant l'église de la « Délivrance » dans le centre de la ville, et le nom exerce une attirance un peu inquiétante. Se peut-il qu'une congrégation entière n'ait jamais entendu parler du roman de James Dickey et du film qui en a été tiré ? Ou, pire encore, cette assemblée de chrétiens est-elle parfaitement au courant de cette histoire de viol homosexuel dans les bois? Le panneau devant l'église annonçait pour samedi soir une « tente du renouveau de la foi », ce qui me paraît constituer la distraction idéale pour une athée esseulée. Je roule dans un quartier inquiétant d'entrepôts déserts – va-t'en, Dickey! – jusqu'à ce que la tente surgisse dans la pénombre. Malheureusement, du point de vue de la distraction, seule une soixantaine de chaises sur les trois cents alignées sont occupées. Je compte trois ou quatre personnes de couleur – des Noirs et, je crois, des Mexicains. Tous les autres ont cette allure tragique de paysans du Sud, dont je suis moi-même originaire, génétiquement (Ehrenreich est mon nom de femme mariée; mon nom de jeune fille, Alexander, vient du Kentucky).

Je bavarde avec une femme assise à côté de moi – « Belle soirée », « Vous venez de loin? », des trucs dans ce genre – et elle me prête sa Bible puisque je suis la seule personne dans l'assistance, semble-t-il, à ne pas avoir la sienne. Je suis soulagée lorsque l'un des quelque dix hommes sur l'autel nous prie de nous lever et de chanter, parce que la chaise pliante torture mon pauvre dos surmené. Je m'associe même aux claquements de mains et au balancement en cadence, qui représentent le niveau de participation minimal. Je remarque la présence de quelques adeptes authentiques qui dansent extasiés, yeux fermés et bras levés, attendant de toute évidence le début de la glossolalie.

Mais avant même que des choses intéressantes aient pu se produire, le prêche commence. Un homme en bras de chemise nous explique quel livre merveilleux est la Bible et déplore le fait que les gens achètent tant d'ouvrages médiocres quand un seul suffit. Quelqu'un à la télévision vous dit d'acheter un livre (profane) et « le voilà qui grimpe dans les... vous savez, quel est le mot ? ». Je suppose que *ventes* est le terme qu'il cherche, mais personne ne sait apparemment comment lui venir en aide. En tout cas, « le livre » pourrait être présent sur trois cents chaises, mais le taux de remplissage n'est que de 20 %. Euh ? Ensuite, un type d'origine mexicaine prend le micro, ferme les yeux et résume à toute vitesse l'histoire de notre dette à l'égard du Christ crucifié. Puis un Blanc un peu âgé s'en prend « à cette ville pervertie » et à sa contribution d'une faiblesse hérétique au renouveau de la foi – qui n'est pas gratuite, savez-vous, cette tente ne s'est pas dressée toute seule. Nous parlons des frais généraux, poursuit-il, pas de bénéfices, et quand on pense à ce que Jésus a donné afin que nous jouissions avec lui de la vie éternelle au Ciel...

Je ne peux pas m'empêcher de laisser mon esprit divaguer à propos des implications de la maladie d'Alzheimer sur la théorie de l'immortalité de l'âme. Qui veut d'une vie éternelle si celle qui la précède est passée cramponné à une chaise roulante, la tête basculée en arrière, les yeux écarquillés et la bouche grande ouverte mais muette, comme tant de mes patients à Woodcrest ? « L'âme » qui vit éternellement est-elle celle que nous possédons au moment de notre mort, auquel cas le Ciel doit ressembler à Woodcrest, avec des infirmières et des aides pour prendre soin de ceux qui sont morts dans un état de décomposition mentale absolue ? Ou bien est-ce notre âme à son apogée – celle qui se déploie en nous lorsque nos capacités de connaître et nos aspirations morales sont au plus haut ? Dans ce cas, savoir si les diabétiques déments mangent ou non une génoise n'a plus aucun intérêt, puisque du point de vue de la pure sotériologie, ils sont déjà morts.

Le prêche continue, interrompu par des « amen » consciencieux. Ce serait bien si quelqu'un lisait à cette assistance mélancolique le Sermon sur la Montagne, accompagné d'un commentaire exaltant sur les inégalités de revenus et la nécessité d'une excursion dans le monde du salaire minimum. Mais Jésus n'apparaît ici que sous la forme d'un cadavre ; l'homme vivant, le buveur de vin et le socialiste avant l'heure, n'est pas mentionné une seule fois, ni rien de ce qu'il a pu dire. Le Christ a crucifié les règles et il est peut-être vrai que le souci du christianisme moderne ait été de le crucifier inlassablement afin qu'il ne prononce plus un mot. J'aimerais rester pour les entendre parler en langues, si jamais cela devait se produire, mais les moustiques, rendus frénétiques par toute cette évocation de Son sang, lancent une attaque à grande échelle. Je me lève pour partir, calculant ma sortie sur les mouvements de métronome de la tête du prêcheur et sur l'instant où elle est tournée de l'autre côté, et je me dirige vers ma voiture, m'attendant à tomber sur Jésus bâillonné et ligoté dans l'obscurité à un piquet de la tente.

Le dimanche, je m'installe enfin au Blue Heaven, tellement ravie de quitter le Motel 6 que les défauts de mon nouveau foyer me paraissent négligeables, presque attachants. Tout d'abord, il est plus petit que je ne croyais dans la mesure où une remise à outils utilisée par les propriétaires occupe une partie de l'espace de mon cottage. Ce qui conduit à une promiscuité malencontreuse des fonctions biologiques. Les toilettes étant situées à un mètre de la minuscule table de cuisine, il faut que la porte de la salle de bain soit constamment fermée pour qu'on n'ait pas l'impression de manger dans les latrines. Le fait que la tête du lit soit à deux mètres de la cuisinière signifie que l'odeur du poisson que je fais frire pour ma pendaison de crémaillère s'installe, elle aussi, durablement. La friture est, hélas, la seule chose que je puisse faire puisque la cuisine n'est équipée que d'une poêle, d'un plat, d'un petit saladier, d'une cafetière et d'un verre – sans même la vieille casserole proverbiale pour faire une bonne soupe. Il faut donc improviser : les barquettes en aluminium des salades à emporter peuvent servir d'assiettes et l'unique plat faire office de planche à découper (la partie concave pouvant être remplie par une serviette pliée). Je n'ai plus à me faire de soucis – j'ai une adresse, deux boulots et j'ai pris possession de ma voiture chez Epaves-à-Louer. L'angoisse qui m'étreignait pendant ces premiers jours au Motel 6 est en train de se desserrer.

Il se trouve que le simple fait d'avoir un cottage pour moi seule me transforme en aristocrate au sein de la communauté du Blue Heaven. Les autres résidents à long terme, que je rencontre devant la machine à laver commune, sont des ouvriers qui lavent des uniformes et des salopettes, et qui se couchent de bonne heure. La plupart d'entre eux sont des couples avec des enfants, qui font penser aux gens de la classe ouvrière qu'on aperçoit de temps en temps dans les feuilletons télévisés. Mes voisins vivent à trois ou quatre dans un meublé, doté d'une chambre séparée dans le meilleur des cas. Un jeune type me demande où j'habite et me dit qu'il y vivait autrefois – avec des amis. Une femme entre deux âges, accompagnée de sa petite-fille de trois ans, me dit sur un ton qui se veut réconfortant que les débuts sont toujours difficiles dans un motel, surtout quand on avait l'habitude de vivre dans une maison. Mais on finit par s'habituer, si on adopte le bon état d'esprit. Elle vit maintenant depuis onze ans au Blue Heaven.

Je suis bien reposée et prête à toute éventualité lorsque j'arrive au bureau de The Maids à 7 h 30, le lundi matin. Je ne sais rien des entreprises de ménage comme celle-ci qui, selon la brochure qu'on m'a donnée, compte trois cents succursales à travers le pays. Tout ce que je sais des problèmes de domesticité, je l'ai appris dans des romans anglais du XIXe siècle et dans *Upstairs, Downstairs* [1]. De manière un peu prophétique, je suis

---

1. Les entreprises de ménage, à l'échelle nationale ou même internationale, comme Merry Maids, Molly Maids ou The Maids International, qui sont toutes nées dans les années 70, contrôlent aujourd'hui 20 à 25 % du marché. Dans un article de 1997 consacré à Merry Maids, le *Franchise Times* rapportait de façon laconique que « cette catégorie d'entreprises était en plein boum, était un créneau très porteur, dans la mesure où les Américains souhaitaient que même le travail domestique soit accompli par des entreprises de service » (« 72 Merry Maids », *Franchise Times*, décembre 1997). Les entreprises de ménage ne s'en sortent pas toutes bien, avec un taux d'échec important pour les entreprises familiales, comme celle que j'ai appelée pour poser ma candidature et qui n'a même pas posé de questions – on m'a simplement demandé de me présenter le lendemain matin à 7 h. Le « boum » concerne essentiellement les chaînes nationales et internationales – comme Merry Maids, Molly Maids, Mini Maids,

tombée sur une rediffusion de cette émission sur PBS pendant le week-end. J'ai été frappée par l'aspect extrêmement correct des domestiques dans leurs tenues noir et blanc et leur sagesse par rapport à leurs maîtres égoïstes et maladroits. Nous avons nous aussi des uniformes, même s'ils nous donnent une allure plus fruste qu'impeccable – mal coupés et dans des couleurs criardes, avec un pantalon vert vif et un polo d'un jaune tournesol aveuglant. Et, comme on nous l'apprend au cours de la journée et demie d'instruction, nous avons à respecter un certain nombre de convenances. Il est interdit de fumer dans la maison, et même dans les quinze minutes qui précèdent notre arrivée. Il est interdit de boire, de manger et de mâcher du chewing-gum dans la maison. Il est interdit de dire des gros mots, même si les propriétaires sont absents, et – sans doute pour nous entraîner – tout geste obscène est formellement prohibé, même dans le bureau. Voilà donc l'Amérique d'en bas, me dis-je gaie-

---

Maid Brigade et The Maids International – qui, curieusement, portent toutes un nom rappelant un aspect un peu désuet de ce métier, quand bien même les « femmes de ménage » sont parfois des hommes. Merry Maids prétendait connaître une croissance de 15 à 20 % en 1996, tandis que Molly Maids et The Maids International déclaraient, au cours d'entretiens que j'ai eus après mon départ du Maine, que leur chiffre d'affaires augmentait de 25 % chaque année.

ment. Mais je n'ai pas la moindre idée, naturellement, du tréfonds vers lequel je me dirige.

Quarante minutes s'écoulent avant qu'on ne remarque ma présence d'un hochement de tête rapide. Pendant ce temps-là, les autres employées arrivent, une vingtaine, déjà vêtues de leurs uniformes éclatants, et prennent leur petit déjeuner : le café, les bagels et les beignets sont gracieusement offerts par The Maids. Ce sont des femmes, à l'exception d'un homme, dont l'âge moyen doit tourner autour de la petite trentaine, depuis la fille qui sort du lycée à celle qui a vécu quelques années sur ses allocations familiales. Il s'installe une sorte d'effervescence avec toutes ces femmes qui prennent leur petit déjeuner et remplissent leur seau de chiffons et de produits d'entretien. Mais, chose curieuse, les conversations sont rares, en dehors des brèves mentions concernant les repas du week-end (pizza et gelée de fruits notamment). Comme la pièce où nous sommes rassemblés ne contient que deux chaises pliantes, occupées, l'autre nouvelle et moi sommes assises par terre en tailleur, silencieuses et sur le qui-vive. Les anciennes sont réparties en équipes de trois ou quatre et envoyées dans les maisons qui figurent au programme de la journée. Une des femmes m'explique que les équipes ne retournent pas nécessairement dans les mêmes maisons d'un jour à l'autre. C'est, j'imagine, un des privilèges pour les clients qui ont recours aux entreprises de ménage : pas de relations durables et marquées par la culpabilité puisque les clients ne traitent qu'avec Tammy, qui dirige le bureau, ou Ted, le propriétaire de la succursale, notre patron [1]. L'avantage pour la femme de ménage est plus difficile à définir, puisque le salaire horaire est sans comparaison avec celui d'une femme de ménage indépendante – qui peut aller jusqu'à 15 $ de l'heure, d'après ce que j'ai entendu dire. Pendant que j'attends qu'on me donne un uniforme dans la pièce où se trouvent le téléphone et le bureau de Tammy, je l'entends dire à un client potentiel que The Maids prend 25 $ de l'heure. Ils prennent 25 $ et nous sommes payés 6,65 $ de l'heure ? Je pense que j'ai dû mal comprendre, mais quelques minutes plus tard j'entends la même information donnée à un autre client. Le seul avantage de travailler ici et de ne pas être indépendant, c'est qu'on n'a pas besoin

---

1. Les salaires des femmes de ménage, leur sécurité sociale, leurs cartes de résidence, leurs douleurs de dos et leurs problèmes de garde des enfants – tout cela ne concerne que l'entreprise, c'est-à-dire le propriétaire de la succursale. En cas de plainte du client ou de la femme de ménage, c'est lui qui règle le différend. Le client et la femme de ménage ne sont jamais directement en contact. Dans la mesure où le propriétaire de la succursale est en général un Blanc de la classe moyenne, les entreprises de ménage constituent la solution idéale pour toute personne qui trouve moralement délicate la relation traditionnelle avec un domestique.

d'avoir une clientèle ou même une voiture. On peut passer de chômeur à salarié sans transition [1].

Enfin, après que tous les autres employés sont partis dans les voitures aux couleurs criardes de la société, on m'emmène dans une pièce pas plus grande qu'un placard, de l'autre côté du bureau, pour m'apprendre mon métier grâce à une cassette vidéo. Le directeur d'une autre entreprise où j'avais déposé ma candidature m'avait dit qu'il ne souhaitait pas engager des gens qui avaient déjà fait le ménage : ils avaient du mal à adopter la méthode de l'entreprise. Je me prépare donc en vidant mon esprit de toutes les expériences de ménage antérieures. Il y a quatre cassettes – poussière, salle de bain, cuisine et aspirateur – dans lesquelles une jeune et jolie star, d'origine hispanique probablement, suit sereinement les instructions données par une voix mâle : pour passer l'aspirateur, commencez par la chambre principale ; quand vous faites la poussière, commencez par la pièce qui se trouve le plus près de la cuisine ; quand vous entrez dans une pièce, divisez-la mentalement en sections qui ne sont

---

1. Je ne sais pas quelle est la proportion de mes collègues de The Maids à Portland qui étaient au chômage, mais le propriétaire de la succursale d'Andover dans le Massachusetts m'a confié au téléphone que la moitié de ses employés étaient des gens qui avaient bénéficié d'indemnités diverses, ce qui faisait d'eux des personnes relativement fiables.

pas plus larges que votre envergure et commencez par la section qui se trouve à gauche, en vous déplaçant ensuite de gauche à droite et du haut vers le bas dans chaque section. Ainsi vous n'oublierez jamais rien.

J'aime beaucoup la cassette *Poussière*, à cause de son indéniable logique et d'une certaine beauté austère. Quand on entre dans une maison, il faut pulvériser du Windex sur un chiffon blanc et le placer dans la poche gauche de son tablier vert. Un autre chiffon, imprégné de désinfectant, est placé dans la poche du milieu, le chiffon imprégné de cire étant toujours dans la poche droite. Un chiffon sec, pour les surfaces à lustrer, est placé dans la poche droite du pantalon. Les surfaces brillantes sont nettoyées au Windex, le bois à la cire et tout le reste est épousseté avec le chiffon imprégné de désinfectant. De temps à autre, Ted fait une apparition pour regarder le programme avec moi, mettant parfois sur pause pour souligner un moment dramatique : « Vous voyez comment elle travaille autour de ce vase ? C'est la catastrophe assurée. » Si Ted était dans une vidéo, il faudrait que ce soit un dessin animé, parce que son visage rond a pour seules caractéristiques des yeux en boutons de culotte et un petit nez en trompette ; son ventre, enveloppé dans un polo, retombe par-dessus la taille de son short. « Vous savez, tous ces gestes ont été chronométrés », me dit-il avec une sorte de fierté.

Quand la voix de la vidéo met en garde contre les chiffons trop imprégnés de produits d'entretien, il met sur pause pour mettre en garde contre le danger de ne pas imprégner assez : cela peut me retarder. « Les produits d'entretien coûtent moins cher que votre temps. » Je suis contente d'apprendre qu'il existe quelque chose de moins coûteux que mon temps ou que je suis placée plus haut que le Windex dans la hiérarchie des valeurs de l'entreprise.

Aspirateur est la plus troublante des vidéos, un film en deux parties qui commence par une présentation de l'aspirateur portable que nous devons utiliser. Oui, l'aspirateur se porte en fait sur le dos, un engin assez rond que nous découvre son inventeur. Il l'enfile, serrant bien fort les attaches sur la poitrine et sur le ventre, avant de déclarer fièrement à la caméra : « Vous voyez, je *suis* l'aspirateur. » Il ne pèse que cinq kilos, dit-il, mais je vais rapidement découvrir qu'avec les accessoires fixés à la taille, on approche plutôt des sept kilos. Et qu'en est-il de mon dos fragile qui fait l'objet de tant de soins ? L'inventeur revient sur le thème de la fusion corps/machine : lorsqu'elle sera correctement attachée, nous aussi, nous serons des aspirateurs, seulement contraints par le fil qui nous relie à la prise électrique, et les aspirateurs n'ont pas de problèmes de dos. Pour je ne sais quelle raison, toutes ces informations m'épuisent et je mets donc la deuxième cassette qui m'explique comment passer l'engin. Je la regarde avec le détachement d'un cinéaste professionnel. L'actrice est-elle une véritable femme de ménage et la maison une résidence véritable ? Et qui sont ces gens qui pensent décorer avec des reproductions de canards en vol et dont la maison semble à la fois dépourvue de caractère et impeccable avant même que la femme de ménage idéale ne se soit mise au travail ?

Au début, les vidéos consacrées à la cuisine et à la salle de bain me rendent perplexe et il me faut plusieurs minutes pour comprendre pourquoi : il n'y a pas d'eau, ou très peu, utilisée. C'est ma mère qui m'a appris à faire le ménage. Elle en était obsédée, employant en quantité illimitée de l'eau si chaude qu'il fallait des gants de caoutchouc pour la toucher, éliminant les microbes par noyade, avant même que le savon ait pu agir. Mais les germes ne sont jamais mentionnés dans les vidéos fournies par The Maids. Nos adversaires n'existent que dans le monde visible – dépôts de savon, poussière, débris d'aliments, poils de chien, taches, traînées de graisse – et doivent être attaqués au chiffon humide ou, dans les cas désespérés, au Dobie (la marque de notre éponge à récurer). Nous frottons uniquement pour enlever les impuretés détectables à l'œil ou au toucher par un client ; sinon nous nous contentons d'essuyer. Pas la moindre information sur la possibilité de transporter des bactéries, sur un chiffon ou une main, depuis la salle de bain à la cuisine, et même d'une maison à une autre. Ce que soulignent les vidéos, c'est « l'aspect cosmétique » et c'est sur ce point que Ted, lorsqu'il passe dans la pièce, attire régulièrement mon attention. Gonfler les coussins et les disposer de manière symétrique. Faire briller les éviers en acier. Remettre en place tous les flacons et toutes les bouteilles de shampoing avec leurs étiquettes bien visibles. Peigner les franges des tapis. Passer l'aspirateur de manière à créer un motif sur les tapis. L'extrémité du rouleau de papier hygiénique ou du rouleau d'essuie-tout doit être pliée d'une manière particulière (comme dans les salles de bain d'hôtel). Les papiers, les vêtements ou les jouets en « désordre » doivent être remis dans un « désordre soigné ». Enfin, la maison doit être parfumée avec le désodorisant aux senteurs florales qui est la signature de The Maids, signalant aux propriétaires, dès leur retour, que leur maison a été « nettoyée [1] ».

---

1. Lorsque j'ai décrit les méthodes employées par The Maids à une experte du ménage, Cheryl Mendelson, auteur de *Home Comforts*, elle est restée incrédule. Un chiffon imprégné de désinfectant ne suffira pas pour nettoyer un comptoir de cuisine, m'a-t-elle assuré, parce que la plupart des désinfectants sont rendus inactifs par le contact avec des matières organiques – c'est-à-dire avec les saletés –, de sorte que leur efficacité décline à chaque passage du chiffon. Il faut un détergent et de l'eau chaude, et un

Après une journée d'instructions, je suis jugée apte à suivre une équipe et je découvre rapidement que la vie n'a rien à voir avec les films, en tout cas avec un film comme *Poussière*. A commencer par le fait que, en comparaison avec la situation réelle, les vidéos d'instruction font l'effet d'avoir été passées au ralenti. Le matin, nous ne marchons pas vers les voitures avec nos seaux remplis de produits d'entretien et d'ustensiles, nous y courons. Et lorsque nous nous arrê-

---

rinçage ensuite. Pour les sols, elle a estimé que la quantité d'eau utilisée – un petit seau d'eau à une température n'excédant guère celle de la pièce – était tout à fait inadéquate. De fait, l'eau que je répandais sur les sols était souvent d'une couleur grise un peu repoussante. J'ai aussi soumis ces méthodes de nettoyage au jugement de Don Aslett, auteur de nombreux livres sur le sujet et « numéro un du ménage en Amérique », selon lui. Il a hésité à critiquer ouvertement The Maids, sans doute parce qu'il est, de son propre aveu, un conférencier souvent sollicité par les propriétaires de leurs succursales. Mais il m'a expliqué comment il nettoierait un comptoir de cuisine. Tout d'abord, il faut pulvériser abondamment un liquide nettoyant quelconque, puis le laisser agir pendant trois ou quatre minutes et enfin l'essuyer avec un chiffon sec. Passer simplement un chiffon humide, m'a-t-il dit, ne fait que répandre la saleté. Mais le but d'une société comme The Maids n'est pas tant de nettoyer que de donner l'apparence d'un nettoyage, non pas tant de désinfecter que de créer un décor pour la vie de famille. Et le décor que les Américains semblent préférer n'est stérile que dans un sens métaphorique, comme dans une chambre de motel ou dans les faux intérieurs des feuilletons télévisés.

tons devant une maison, nous nous y précipitons. Liza, une femme d'une trentaine d'années, au tempérament sympathique, qui est le chef de ma première équipe, m'explique que nous ne disposons que d'un temps limité pour chaque maison, allant de soixante minutes pour un appartement avec une demi-salle de bain à deux cents minutes et plus pour un appartement doté de plusieurs salles de bain que l'on « fait » pour la première fois. J'aimerais savoir pourquoi tout le monde se préoccupe des limitations de temps imposées par Ted si nous sommes payées à l'heure. Mais j'évite de manifester tout ce qui pourrait être considéré comme une mauvaise attitude. En arrivant dans chaque maison, Liza assigne sa tâche à chacune de nous et je croise les doigts pour ne pas me voir attribuer les salles de bain ou l'aspirateur. Même faire la poussière devient une sorte de séance d'aérobic et, au bout d'une heure – se mettre sur la pointe des pieds pour atteindre le dessus des portes, ramper pour essuyer les plinthes, monter sur mon seau pour attaquer les étagères les plus élevées –, je ne serais pas mécontente de pouvoir m'asseoir devant un grand verre d'eau. Mais dès que la tâche assignée est accomplie, il faut demander à son chef qui aider. Une ou deux fois, lorsque l'évaporation naturelle est jugée trop lente, on me charge de sécher un sol astiqué en patinant sur des chiffons autour de la pièce. En général, au moment où je vais rejoindre la voiture après avoir vidé mon seau et essoré mes chiffons, toute l'équipe est déjà à bord et le moteur tourne. Liza me rassure en me disant qu'elles n'ont jamais abandonné personne, même une nouvelle que personne ne connaît.

Au cours de mon entretien d'embauche, on m'avait promis une pause d'une demi-heure pour le déjeuner, mais il s'avère qu'elle ne dure pas plus de cinq minutes : l'arrêt que nous faisons dans une épicerie. J'apporte mon sandwich – blanc de dinde et fromage, tous les jours – comme le font une ou deux autres ; les autres mangent ce qu'elles ont gardé du petit déjeuner gratuit, un bagel ou un beignet, ou rien du tout. Les deux femmes mariées les plus âgées avec lesquelles je fais équipe mangent bien – des sandwichs et des fruits. Pour les femmes les plus jeunes, le déjeuner consiste en une pizza ou même une « pizza de poche » (de la sauce de pizza dans un rouleau de pâte), ou encore en un petit sachet de chips. Il faut garder à l'esprit que nous ne travaillons pas tranquillement dans un bureau, avec un métabolisme au ralenti. Une affiche dans le bureau de The Maids indique le nombre de calories que nous perdons à la minute au cours de nos différentes tâches, de 3,5 pour la poussière à 7 pour l'aspirateur. Si on prend le chiffre moyen de 5 calories à la minute pendant 7 heures de travail (huit heures moins les trajets d'une maison à l'autre), on a besoin de 2 100 calories en plus du minimum de conservation de 900 calories environ. J'insiste auprès de Rosalie, qui est nouvelle comme moi et sort tout juste du lycée dans un coin rural du nord de l'Etat : ses repas sont trop frugaux (elle ne mange en effet que des chips – la moitié d'un paquet acheté la veille et un petit sachet aujourd'hui). Elle n'avait rien chez elle, me dit-elle (bien qu'elle vive avec son petit ami et sa mère), et elle n'a pas assez d'argent pour s'acheter de quoi déjeuner, puisque au moment où je lui propose de lui prendre un soda au Quick Mart, elle m'avoue qu'elle n'a pas 89 cents sur elle. Je lui offre le soda, tout en me disant, en bonne maman, que j'aurais préféré la voir boire du lait. Et comment tient-elle le coup pendant huit ou neuf heures par jour ? « Euh, il m'arrive d'avoir la tête qui tourne », concède-t-elle.

Quel est le degré de pauvreté de mes collègues ? Le simple fait de faire ce travail peut être considéré comme la preuve évidente d'un certain désespoir ou du moins d'une série d'erreurs et de déceptions, mais je ne peux pas leur poser de questions. Dans les films sur les prisons qui me procurent une sorte de ligne directrice pour mon comportement, le nouveau ne se balade pas pour serrer des mains et demander : « Salut, et toi qu'est-ce que t'as fait ? » Alors je me contente d'écouter, dans la voiture et dans le bureau quand nous sommes toutes ensemble. J'apprends tout d'abord qu'aucune d'entre elles n'est sans foyer. Elles ont des familles assez étendues ou artificiellement étendues par la présence de colocataires. J'entends parler de visites aux grands-parents dans les hôpitaux ou de cartes à envoyer pour l'anniversaire du mari d'une nièce ; des mères célibataires vivent avec leur propre mère ou bien partagent leur appartement avec une collègue de travail ou un petit ami. Pauline, la plus âgée d'entre nous, est propriétaire de sa maison, mais elle dort sur le sofa dans la salle de séjour, parce que ses quatre enfants adultes et ses trois petits-enfants occupent les chambres à coucher [1].

---

[1]. Les femmes avec lesquelles j'ai travaillé étaient toutes blanches, à l'exception d'une seule, Anglo, comme c'est le cas de la grande majorité des femmes de ménage en Amérique ou du moins de celles qui sont répertoriées par le Bureau of Labor Statistics. Parmi « les femmes de ménage et domestiques indépendants » que le BLS a été en mesure de répertorier, 36,8 % étaient d'origine hispanique, 15,8 % étaient des Noires et 2,7 % « autres ». Toutefois, le lien établi entre ménage et origine minoritaire est solidement ancré dans l'inconscient des employeurs blancs. Lorsque ma fille Rosa a été présentée un jour au père d'un de ses riches camarades de Harvard, il a suggéré que son prénom lui venait sans doute d'une domestique très aimée. Et Audre Lorde a fait le récit d'une expérience de 1967 : « Dans un supermarché, je poussais mon chariot dans lequel j'avais assis ma fille âgée de deux ans, et une petite fille blanche, passant près de nous dans le chariot de sa mère, crie tout excitée : "Oh regarde, Maman, une femme de ménage bébé" » (cité par Mary Romero, *Maid in the*

Même si aucune d'entre elles, apparemment, ne dort dans sa voiture, il y a cependant des signes, visibles tout de suite, de difficultés réelles, pour ne pas dire de misère. Les cigarettes qui ne sont pas entièrement fumées sont replacées dans le paquet. On discute ferme pour savoir qui va donner les 50 cents pour un péage et si on peut compter sur Ted pour être remboursé rapidement. Une des filles de mon équipe devient frénétique à cause d'une dent de sagesse incluse et, dans chaque maison où nous passons, elle téléphone pour trouver un centre de soins gratuits. Lorsque

---

U.S.A. : Perspectives on Gender, New York, Routledge, 1992, p. 72). Mais la composition de la main-d'œuvre ancillaire est loin d'être stable et a évolué avec les fortunes diverses des différents groupes ethniques. A la fin du XIXe siècle, les immigrants irlandais et allemands étaient les domestiques de la grande et de la moyenne bourgeoisie urbaine. Positions qu'ils abandonnèrent aussitôt qu'ils le purent pour aller travailler en usine. Les femmes noires les remplacèrent, représentant 60 % des domestiques dans les années 40, et cette situation se prolongea jusqu'à ce que d'autres emplois leur fussent ouverts. De la même manière, les femmes de ménage étaient en majorité japonaises sur la côte ouest jusqu'à ce que des options plus agréables se présentent (voir Phyllis Palmer, *Domesticity and Dirt : Houswives and Domestic Servants in the United States, 1920-1945*, Temple University Press, 1989, pp. 12-13). Aujourd'hui, la couleur de la main qui passe l'éponge varie d'une région à l'autre : Sud-Américaines dans le Sud-Ouest, Antillaises à New York, Hawaïennes d'origine à Hawaï, Blanches d'extraction rurale dans le Middle West et, bien sûr, dans le Maine.

mon équipe – enfin, celle de Liza – découvre qu'il n'y a plus une seule éponge à récurer dans nos seaux, je suggère de passer en acheter une dans une droguerie plutôt que de retourner au bureau. Mais il se trouve que je n'ai pas d'argent sur moi et nous ne pouvons réunir, à quatre, les 2 $ nécessaires.

Le vendredi de ma première semaine, il fait une chaleur exceptionnelle pour le début du mois de septembre dans le Maine – 35° selon les affiches digitales des banques devant lesquelles nous passons. Je fais équipe avec Rosalie à la triste figure et Maddy, notre chef, dont l'air maussade est, dans ces conditions climatiques, un soulagement après la bonne humeur inépuisable de Liza. J'ai appris que Liza était la femme de ménage la plus cotée, une sorte de contremaître en réalité, qui a aussi la réputation d'être une moucharde. Maddy, elle, mère célibataire de vingt-sept ans, ne travaille que depuis trois mois et se fait du souci à cause des problèmes de garde de son enfant. La sœur de son petit ami, me raconte-t-elle pendant le trajet vers la première maison, prend soin de son bambin de dix-huit mois pour 50 $ par semaine, ce qui entame sérieusement le salaire accordé par The Maids. De plus, elle n'a pas confiance en cette fille, mais une crèche lui coûterait 90 $ par semaine. Une fois la première maison expédiée, nous allons manger un morceau – des chips pour Rosalie et un paquet de biscuits salés en forme de petits poissons pour Maddy – et en route pour la grande banlieue où nous attend, dit le programme du jour, un palais à cinq salles de bain que nous faisons pour la première fois. La taille de la maison nous laisse un instant interdites, seaux à la main, avant de nous mettre en quête de l'entrée des artistes [1]. La maison ressemble à un paquebot échoué, dont la proue fend les vagues de pelouse verte et les fenêtres sont aussi nombreuses que des hublots. « Bien, bien », dit Maddy en lisant le nom du propriétaire sur la feuille d'instruction, « Mrs. W. et sa grande maison à la con. J'espère qu'elle va nous donner à déjeuner ».

Mrs. W. n'est pas du tout contente de nous voir et elle nous gratifie d'une grimace exaspérée lorsque la gouvernante noire nous fait entrer dans la salle de séjour, la véranda ou l'antre – peu im-

---

1. Chez les gens riches, la taille des maisons n'a cessé de croître, sans limites apparemment. La superficie des maisons neuves a augmenté de 39 % entre 1971 et 1996, incluant désormais des salles de séjour immenses, des salles de cinéma, des bureaux, des chambres et des salles de bain pour chaque membre de la famille (« Détente in the Housework Wars », *Toronto Star*, 20 novembre 1999). Au cours du deuxième trimestre de 1999, 17 % des maisons neuves avaient une superficie supérieure à 300 m^2, ce qui est en général considéré comme un seuil, la maison devenant ingérable pour ses occupants et une aide ménagère indispensable (« Molding Loyal Pamperers for the Newly Rich », *New York Times*, 24 octobre 1999).

porte le nom exact – dans laquelle elle est assise. Après tout, elle a déjà la gouvernante, une sorte de cuisinière et toute une équipe d'hommes qui apportent les dernières touches à la construction en cours. Non, elle ne veut pas nous faire faire le tour de la maison, puisqu'elle a déjà tout expliqué par téléphone. Mais Maddy reste sans bouger, avec Rosalie et moi derrière elle, jusqu'à ce que Mrs. W. veuille bien se calmer. Nous devons tout déplacer, nous recommande-t-elle pendant la visite, et ne pas hésiter à nous baisser pour nettoyer les kilomètres – je fais le calcul – de plinthes. Et nous devons faire très attention au bébé, qui dort et ne supporte pas l'odeur des produits d'entretien.

Je suis chargée de faire la poussière. Dans une situation de ce genre, où je ne sais même pas comment nommer les différentes pièces où je me trouve, la méthode inculquée par The Maids se révèle d'une grande utilité. Tout ce que j'ai à faire, c'est de me déplacer de gauche à droite, à l'intérieur des pièces et d'une pièce à l'autre, en essayant de repérer des détails qui m'éviteront de faire deux fois la même pièce ou le même couloir. Les responsables de la poussière sont celles qui bénéficient du panorama le plus vaste sur la biographie familiale, en raison de la nécessité de soulever chaque objet, chaque bibelot. J'apprends donc que Mrs. W. était étudiante dans une très célèbre université pour jeunes filles. Elle s'occupe aujourd'hui de gérer ses investissements et le transit intestinal de son bébé. Pour cette dernière mission, je découvre des graphiques sur lesquels sont inscrits heures du jour, fluides ingérés, consistance et couleur. Dans la chambre à coucher principale, j'époussette toute une étagère de livres consacrés à la grossesse, à l'allaitement, aux six premiers mois, à la première année, aux deux premières années – et je me demande ce qu'en penserait Maddy qui ne peut s'occuper de son enfant. Peut-être qu'il existe une partition secrète du monde des femmes, avec des éleveuses et des bourdons, et celles qui se trouvent encore au niveau de domestique ne sont plus censées se reproduire. C'est peut-être pourquoi Tammy, qui dirige le bureau et était autrefois femme de ménage, porte des faux ongles interminables et des petits ensembles étudiés – pour montrer qu'elle fait partie désormais de la caste des éleveuses et ne peut plus être assignée au ménage.

Il fait plus chaud dedans que dehors, la climatisation ne fonctionnant pas à cause du bébé, j'imagine, mais je m'en accommode jusqu'au moment où je tombe sur un alignement de portes vitrées qui occupent le côté et le fond du rez-de-chaussée. Chacune d'elles doit être pulvérisée de Windex, essuyée et polie – à l'intérieur et à l'extérieur, de haut en bas, de gauche à droite, jusqu'à ce qu'elle soit débarrassée de la moindre traînée et aussi invisible que peut l'être une vitre.

Dehors, je vois les types du chantier en train de siffler soda sur soda, mais le règlement impose à une femme de ménage de ne pas boire et de ne pas manger pendant qu'elle travaille. Transpirer, même dans des proportions inconvenantes, n'est pas une chose nouvelle pour moi. Je vis dans une région subtropicale où, même en restant inactif, on doit s'attendre à être humide de transpiration neuf mois par an. Je fais aussi de la gymnastique dans ma vie réelle et je tire une certaine fierté de macho des marques de sueur sur mon tee-shirt après dix minutes de StairMaster. Mais dans la vie normale, les fluides perdus sont immédiatement remplacés. Au pays des *yuppies* – dans les aéroports, par exemple – tout le monde a l'air d'un bébé au biberon ces temps-ci, avec sa bouteille d'eau minérale obligatoire. Ici, sans me réhydrater et sans me reposer, je transpire non pas à grosses gouttes mais à grandes vagues qui trempent mon tee-shirt et dégoulinent le long de mes jambes. L'eye-liner que j'ai mis ce matin – frivole comme je suis – a depuis longtemps coulé sur mes joues et je pourrais, si je voulais, essorer ma tresse. En progressant dans la (les) salle(s) de séjour, je me demande si Mrs. W. se rendra compte un jour que chaque babiole ou objet, grâce auquel elle peut exprimer son moi unique et profond, n'est, vu sous un autre angle, qu'un obstacle entre un verre d'eau et une personne assoiffée.

Lorsque je ne trouve plus de surfaces à nettoyer et que j'ai épuisé le stock de chambres, Maddy me confie le sol de la cuisine. D'accord, sauf que Mrs. W. s'y trouve, dans cette cuisine, et que je dois me mettre à quatre pattes pratiquement à ses pieds. Nous n'utilisons pas un de ces balais-éponges, comme celui que j'ai chez moi. Le nettoyage à quatre pattes est un élément très vendeur pour les entreprises de nettoyage comme The Maids. « Nous lavons les sols à l'ancienne – *à genoux* » (vante, en italique, la brochure). En fait, quels que soient les avantages de la méthode à l'ancienne – on est en effet plus près du sol et à même de repérer la moindre trace de crasse –, la méthode de « lavage à sec » imposée par The Maids gâche tout. En effet, on nous impose d'utiliser un petit seau d'eau tiède pour une cuisine et tous les sols des pièces adjacentes (coin-repas et autres zones de repas) – ce qui signifie qu'en quelques minutes nous ne faisons rien d'autre qu'étaler la crasse sur les sols. De temps en temps, un client se plaint de la qualité du nettoyage – par exemple, un homme qui avait essuyé ce qu'il avait renversé sur un sol nettoyé par nos soins et découvert que son chiffon était noir de crasse. Une serpillière et un grand seau d'eau chaude et savonneuse seraient non seulement plus efficaces, mais surtout moins humiliants que la posture à quatre pattes. Cette position de soumission – et pour tout dire d'accessibilité anale –

semble satisfaire les clients des entreprises de ménage [1].

Je ne sais pas pourquoi, mais les sols de Mrs. W. sont particulièrement durs – en pierre, je crois, ou du moins dans une matière proche de la pierre – et nous n'avons pas pris de genouillères. Dans mon innocence petite-bourgeoise, j'avais cru que les genouillères n'étaient qu'un des fantasmes lubriques de Monica Lewinsky, mais non, c'est un accessoire qui existe vraiment et fait partie de notre équipement courant. Me voilà donc à genoux, tournant autour de la pièce comme une pénitente fanatique exécutant son chemin de croix, quand je m'aperçois que Mrs. W. me regarde fixement – à un point tel que je me demande un instant si je n'ai pas un jour fait une conférence dans son université et si elle n'essaie pas de se souvenir où elle m'a déjà vue. Si j'étais reconnue, serais-je virée ? Aurait-elle l'idée de me proposer à boire ? Parce que j'ai décidé que, si on m'offrait un verre d'eau, je le boirais, règlement ou pas. Si l'incident était rapporté à Ted, je lui dirais simplement qu'il aurait été impoli de refuser. Mais il n'y a pas de souci à se faire de ce côté-là. Elle s'assure tout simplement que je ne

---

1. Dans *Home Comforts : The Art and Science of Keeping House* (Scribner, 1999), Cheryl Mendelson écrit : « Ne demandez jamais à une femme de ménage de nettoyer les sols à genoux ; ce sera probablement considéré comme une requête dégradante » (p. 501).

néglige pas le moindre centimètre carré. Au moment où je me relève avec peine, battant des paupières pour chasser la sueur, elle me dit : « Pourriez-vous frotter le sol de l'entrée pendant que vous y êtes ? »

Je fonce au Blue Heaven à la fin de la journée, je baisse les stores, j'enlève mon uniforme dans la cuisine – la salle de bain n'est pas assez pas grande pour contenir une personne et les vêtements qu'elle a enlevés – et je reste sous la douche pendant une bonne dizaine de minutes, en me disant que toute cette eau est *à moi*. Je l'ai payée, en fait, je l'ai gagnée. J'ai travaillé pendant une semaine sans incident, sans blessure et sans rébellion. Je n'ai pas mal au dos, ce qui veut dire que je ne le sens pas du tout ; même mes poignets, affectés, il y a quelques années, de syndrome carpien, n'émettent pas la moindre plainte. Mes collègues m'avaient avertie que la première fois qu'elles avaient porté l'aspirateur sur le dos, elles ne s'étaient pas senties bien. Mais ce n'est pas le cas pour moi. Je me sens forte et, plus encore, je me sens bien. Est-ce que j'ai vidé mon seau d'eau sale sur la tenue blanche de Mrs. W. ? Non. Est-ce que j'ai détruit d'un coup de manche d'aspirateur les statuettes en porcelaine de Chine ou les figurines Hummel d'un client ? Pas une fois. J'ai été tout le temps enthousiaste, énergique, serviable et aussi compétente que peut l'être une personne qui vient d'être engagée. Si j'ai pu faire une semaine, je peux en faire une autre. Et je ferais bien de continuer dans la mesure où je n'ai pas eu une minute pour chercher du travail. La fin de la journée de travail à 3 h 30 n'est qu'un mythe; la plupart du temps, nous ne sommes pas de retour au bureau avant 4 h 30 ou 5 h. Qu'est-ce que je croyais? Que j'allais pouvoir passer un entretien dans mes vêtements trempés de sueur? En guise de récompense, je décide d'aller marcher au soleil couchant à Old Orchard Beach.

A cause de la chaleur exceptionnelle, on voit encore quelques baigneurs sur la plage, mais je suis parfaitement heureuse, en short et tee-shirt, de contempler l'océan qui martèle le sable. Le soleil une fois couché, je retourne dans la ville où je me suis garée et je suis sidérée d'entendre un son que j'associe spontanément à des villes comme New York ou Berlin. Deux Péruviens jouent de la musique sur un petit carré d'herbe au milieu de la rue, près de la jetée. Une cinquantaine de personnes – des gens du coin et des vacanciers – se sont rassemblées autour d'eux et écoutent avec cet air un peu absent si caractéristique de la fin de l'été. Je me glisse dans la foule et je trouve un endroit où m'asseoir pour voir les musiciens de près – un jeune et beau guitariste et un type plus grand qui joue de la flûte. Que font-ils dans cette station balnéaire ringarde pour prolétaires? Et que peut bien penser l'auditoire de cette visite-surprise des peaux mates d'Amérique du Sud? La mélodie jouée par la flûte par-dessus la rythmique est à la fois étrange et familière, comme si elle avait été gravée dans les esprits de mes ancêtres paysans, il y a des siècles, et oubliée jusqu'à cet instant précis. Tout le monde a l'air aussi fasciné que je le suis. Les musiciens se font des clins d'œil et se sourient en jouant, et je comprends alors qu'ils sont les émissaires secrets d'une conspiration mondiale des classes défavorisées, décidés à arracher de la joie à la dégradation et à la saleté. Quand la chanson prend fin, je leur donne un dollar, l'équivalent de dix minutes de sueur.

Le moral de superwoman ne dure pas. D'abord parce que, si les muscles et les articulations se portent bien, la peau a décidé de se rebeller. J'ai commencé par croire que les petites cloques rouges et irritantes sur mes bras et mes jambes avaient été provoquées par le contact avec du sumac vénéneux. Parfois, le propriétaire oublie que nous venons, néglige de laisser la clé sous le paillasson, ou renonce à nous employer sans penser à prévenir Ted. Pour nous, ce n'est pas une occasion de nous réjouir, comme si l'école était bloquée par la neige, parce que Ted nous rend toujours responsables de l'irresponsabilité de ses clients. Quand ils oublient que nous venons, il nous explique au cours de la réunion du matin que « cela signifie quelque chose », à savoir qu'ils ne sont pas satisfaits et trop hypocrites pour nous le dire. Un jour, je suis dans l'équipe de Pauline, elle appelle Ted pour lui dire que nous sommes coincées dehors et il lui répond, nous dit-elle d'une voix triste, « Ne me faites pas un coup pareil ». Donc, avant d'abandonner, nous cherchons comme des cambrioleurs un autre endroit par où entrer, ce qui implique parfois de marcher dans les herbes hautes pour jeter un coup d'œil à l'intérieur et voir si une porte n'est pas ouverte. Je n'ai pas vu de sumac vénéneux, mais qui sait quelle autre plante vénéneuse se cache dans la flore du Maine ?

Ou alors ce sont les produits d'entretien qui sont en cause, si ce n'est que l'irritation aurait dû commencer par les mains. Après deux jours d'allergie modérée, c'est une panique épidermique généralisée. Je me couvre d'une pommade pour calmer les démangeaisons, mais je ne parviens à dormir qu'une heure et demie, avant que la torture ne reprenne. Au réveil, j'ai l'impression que je pourrais travailler mais que je ne devrais pas, ne serait-ce que parce que je ressemble à une lépreuse. Ted ne manifeste pas beaucoup de sympathie à l'égard des gens malades, semble-t-il. Une de ses « conférences » était consacrée à la nécessité « d'en sortir le plus vite possible ». Une personne – il n'allait pas donner de nom – était absente à cause d'une migraine. « Bon, si j'ai la migraine, j'avale deux aspirines et je continue. C'est ce que vous devez faire – vous en sortir le plus vite possible. » C'est donc avec le sentiment de me livrer à une expérience scientifique que je me présente au bureau, en me demandant si ma physionomie boutonneuse et irritée suffira à me faire renvoyer dans mes foyers. Je ne voudrais pas voir quelqu'un dans mon état manipuler les jouets de mes enfants et les savonnettes dans les salles de bain. Mais non, pas de problème. Cela doit être une allergie au latex, diagnostique Ted. Ne mettez pas les gants en latex que nous utilisons pour les tâches particulièrement dangereuses. Il va me donner des gants dans une matière différente.

Je devrais, pour me conformer à mon personnage, trouver un service d'urgence après le travail et essayer d'obtenir des soins gratuits. Mais c'est au-dessus de mes forces. Les démangeaisons sont tellement violentes la nuit que je fais des minicrises de nerfs, agitant les bras, tapant des pieds pour m'empêcher de gratter et de hurler. Je me rabats donc sur le réseau de soutien de ma classe sociale réelle : j'appelle un dermatologue que je connais à Key West et je le somme de me prescrire quelque chose à l'aveuglette. C'est une histoire – une crème antidémangeaison, de la cortisone, du Cortancyl, une crème à la cortisone, et du Phénergan pour pouvoir dormir – qui me coûte 30 $. Il fait encore une chaleur exceptionnelle et il m'arrive assez souvent de contempler une piscine pendant que je passe l'aspirateur ou frotte le sol dans un état frénétique parce que je ne peux pas me gratter. Même les parties qui ne sont pas touchées par la démangeaison sont irritées par la juxtaposition de la chaleur et de la piscine fraîche et inaccessible. Dans la voiture, au cours d'une des journées les plus chaudes, après avoir fait le nettoyage d'une maison avec piscine et gloriette, Rosalie, Maddy et moi devenons totalement obsédées par l'immersion sous toutes ses formes – eau de mer contre eau douce, lacs contre piscines, vagues contre eau lisse. Nous n'avons pas le droit de nous laver les mains dans les maisons, du moins après que les éviers ont été séchés et lustrés. Même lorsque je parviens à me laver les mains avant l'instant fatidique, il y a toujours un truc dégoûtant à faire à la dernière minute, comme essorer les chiffons utilisés pour les sols. Peut-être ai-je attrapé un virus dans une maison ou suis-je allergique au désinfectant que j'utilise pur, dans un souci d'efficacité accrue. Après trois jours de démangeaisons, je vais de nouveau à Old Orchard Beach et je me trempe dans l'eau tout habillée (je n'ai pas pensé à prendre un maillot de bain pour venir dans le Maine), faisant comme si de rien n'était lorsqu'une vague déferle sur moi. Je ne veux pas qu'on me prenne pour un de ces pauvres clochards qui font de la mer leur baignoire.

Il y a autre chose qui s'oppose à mon état

d'allégresse musculaire. J'ai jubilé, intérieurement, en pensant à ma capacité à égaler et même à dépasser des femmes qui ont vingt ou trente ans de moins que moi. Mais cet avantage relatif en dit moins sur moi que sur elles. Nos relations, si tant est qu'il y en ait, sont physiques. L'infirmité d'une personne peut être un fardeau supplémentaire pour sa coéquipière. Les échanges d'analgésiques en vente libre, de remèdes de bonne femme, sont constants. Si je ne sais pas comment mes collègues survivent avec le salaire qu'on leur donne ou se sortent de cette condition infernale, je sais ce qu'il en est de leurs douleurs de dos, de leurs crampes et de leurs attaques d'arthrite. Lori et Pauline sont dispensées de l'aspirateur à cause de leur dos, ce qui signifie que chacune de nous redoute d'être en équipe avec elles. Helen s'est blessé le pied, ce que Ted, pour expliquer son absence, impute à ses chaussures bon marché qui n'étaient pas à sa taille – et qu'elle portait donc, sous-entend-il, par pure perversité. L'arthrite de Marge transforme le moindre mouvement pour frotter en torture. Une autre femme est suivie par un chiropracteur pour pouvoir tourner le poignet. Quand Rosalie me raconte que son problème d'épaule remonte à l'époque où, « gamine » (elle l'est toujours à mes yeux), elle ramassait des myrtilles – une scène de mon enfance me revient brusquement à l'esprit, une chaude journée de juillet à ramasser des baies dans les champs.

Rosalie, elle, travaillait dans les champs du nord du Maine quand elle était petite et son épaule blessée est un accident du travail.

Notre petit monde est donc un monde de douleur – traitée à l'Excedrin et à l'Advil, neutralisée avec les cigarettes et, dans un ou deux cas, et seulement le week-end, avec l'alcool. Les clients ont-ils la moindre idée de la misère générée pour la transformation de leur maison en motel idéal ? Seraient-ils gênés s'ils savaient ? Ou bien tireraient-ils un plaisir sadique de ce qu'ils ont payé, en se vantant devant leurs amis pendant un dîner du fait que leurs sols sont lavés avec les plus pures larmes humaines ? Au cours d'une de mes rares conversations avec la propriétaire d'une maison, une femme espiègle et musclée dont le bureau m'a révélé qu'elle donnait, à mi-temps, des cours particuliers de gymnastique, je passe l'aspirateur et elle remarque que je transpire. « Une vraie séance de gym, hein ? » observe-t-elle sans méchanceté. Elle m'offre d'ailleurs un verre d'eau et elle est la seule à l'avoir jamais fait au cours de mon expérience. Me moquant du règlement concernant l'absorption de fluides pendant le travail, je l'accepte et le bois, en laissant un fond pour éviter qu'elle ne m'en propose un second. « Je le dis à tous mes clients », me confie-t-elle, « si vous voulez être en forme, commencez par virer votre femme de ménage et faites le travail vous-même. » Je me contente de répliquer, « Ho, ho », dans la mesure où nous ne sommes pas en train de bavarder dans une salle de gymnastique et où je ne peux pas lui expliquer que ce type d'exercice est totalement asymétrique, répétitif et brutal, et plus susceptible de détruire l'ensemble musculaire et osseux que de le renforcer.

Le contrôle de soi devient un véritable défi lorsque la propriétaire d'un appartement d'un million de dollars (c'est ce que j'imagine, parce que c'est un triplex avec une vue imprenable sur une côte rocheuse légendaire), une amie de la véritable Barbara Bush (si j'en crois une photo accrochée au mur), m'accompagne dans la chambre à coucher principale pour m'expliquer les problèmes qu'elle a avec sa cabine de douche. On dirait que le marbre a « saigné » sur la robinetterie en cuivre jaune. Est-ce que je peux frotter vraiment fort pour enlever ça ? Ce n'est pas votre marbre qui a saigné, ai-je envie de lui dire, c'est la classe ouvrière du monde entier – les gens qui ont taillé le marbre, ceux qui ont tissé vos tapis persans jusqu'à en devenir aveugles, ceux qui ont récolté les pommes qui ornent votre centre de table si joliment automnal, ceux qui ont fondu le métal pour les clous, conduit les camions, construit cet immeuble, ceux qui à présent se penchent, s'accroupissent et transpirent pour le nettoyer.

Non pas que je m'imagine, même lorsque je

suis un parfait histrion, faire partie de la classe ouvrière opprimée. Ma capacité à travailler sans relâche pendant des heures et des heures est le résultat de plusieurs décennies de soins médicaux excellents, d'un régime alimentaire riche en protéines et de séances de gymnastique dans un établissement qui me coûte 400 ou 500 $ par an. Si je suis à mon âge un faux membre actif de la classe ouvrière, c'est précisément parce que je n'ai pas travaillé (au sens d'un travail physique pénible) assez longtemps pour détruire mon corps. Mais je tiens à dire ceci : je n'ai jamais employé de femme de ménage ni d'entreprise de nettoyage (sauf à deux occasions, afin de préparer ma maison avant l'arrivée d'un locataire), quand bien même divers compagnons et maris m'ont harcelée pendant des années pour que je le fasse. A l'époque où j'en aurais eu besoin, quand les enfants étaient petits, je n'en avais pas les moyens ; et par la suite, quand j'ai eu assez d'argent pour le faire, l'idée me répugnait encore. Cela vient en partie du fait que ma mère pensait qu'une maison bien tenue était le sceau de la vertu féminine. Et en partie parce que j'ai un travail sédentaire qui me permet de prendre soin de ma maison par petites tranches de quinze minutes par-ci et trente minutes par-là – qui me procurent de véritables récréations. Mais surtout parce que j'ai rejeté l'idée, même lorsque tous mes amis de la grande bourgeoisie engageaient, avec discrétion et culpabilité, des domestiques. Ce n'est tout simplement pas le genre de relations que je veux avoir avec un autre être humain [1].

Parlons de la merde, par exemple. La merde, c'est la merde, lisait-on autrefois sur des auto-

---

1. En 1999, entre 14 et 18 % des ménages employaient quelqu'un pour faire le ménage. Ces chiffres augmentent de façon spectaculaire. Mediamark Research fait état d'une augmentation de 53 %, entre 1995 et 1999, pour les ménages qui emploient une femme de ménage ou une entreprise une fois par mois ou plus. Maritz Marketing a établi que 30 % des ménages qui avaient eu recours à une aide ménagère en 1999 le faisaient pour la première fois cette année-là.
Les dirigeants des nouvelles entreprises de nettoyage, comme celle pour laquelle j'ai travaillé, attribuent leur succès à l'afflux des femmes sur le marché du travail, mais aussi aux tensions qui naissent au sujet de l'entretien du foyer depuis que les femmes travaillent. Quand la tendance à employer une aide ménagère a commencé à s'amplifier, en 1988, le propriétaire d'une succursale de Merry Maids à Arlington dans le Massachusetts a déclaré au *Christian Science Monitor* : « Je dis en plaisantant à certaines femmes, "Nous sauvons même des mariages. Depuis le début des années 80, vous attendez plus de votre partenaire masculin, mais très souvent vous n'obtenez pas la coopération que vous souhaitiez. L'alternative, c'est de payer quelqu'un qui le fasse à votre place" » (« Ambushed by Dust Bunnies », *Christian Science Monitor*, 4 avril 1988). Un autre propriétaire d'une succursale de Merry Maids a appris à capitaliser directement sur les querelles ménagères ; il fait 30 à 35 % de son chiffre d'affaires en faisant des appels de suivi le samedi matin entre 9 h et 11 h – ce qui est « l'heure de pointe pour les disputes concernant l'état de la maison » (« Homes Harbor Dirty Secrets », *Chicago Tribune*, 5 mai 1994).

collants à l'arrière des voitures. La merde, c'est la merde pour une femme de ménage tous les jours. La première fois que je suis tombée, en tant que femme de ménage, sur des toilettes souillées de merde, j'ai éprouvé un choc, comme si on m'avait imposé une intimité dont je ne voulais pas. Quelques heures plus tôt, un cul bien nourri poussait sur le siège de ces toilettes et j'étais maintenant en train d'essuyer. Pour ceux qui n'ont jamais nettoyé des toilettes vraiment sales, je devrais expliquer qu'il existe trois types de salissures de merde. Il y a les restes d'un glissement de terrain dégoulinant sur les parois de la cuvette. Il y a les restes des éclaboussures sous la lunette des toilettes. Et peut-être le plus répugnant, la croûte brune sur le bord de la lunette, là où un étron est entré en collision. Vous ne voulez pas en entendre parler ? Eh bien, ce n'est pas un sujet sur lequel j'aurais choisi de m'appesantir, mais les différents types de salissures requièrent différentes méthodes de nettoyage. On préfère celles qui se trouvent à l'intérieur de la cuvette, dans la mesure où on peut les attaquer à la balayette, qui constitue une arme à action distanciée. Et on redoute les croûtes sur la lunette des toilettes, surtout lorsqu'elles requièrent l'intervention d'une éponge à récurer et d'un chiffon.

Ou peut-être pourrions-nous parler de la grande Némésis de la femme de ménage dans une salle de bain – le poil pubien ? Je ne sais pas ce qui se passe dans la haute société américaine, mais ils ont l'air de perdre leurs poils pubiens à une cadence alarmante. On en trouve des quantités dans les cabines de douche, les baignoires, les Jacuzzi, les descentes d'eau et même un nombre incalculable dans les lavabos. J'ai passé, un jour, un quart d'heure accroupie dans un énorme Jacuzzi pour quatre personnes, à me rendre folle pour ramasser tous les petits serpentins noirs, invisibles sur la faïence aubergine, tout en restant fascinée à l'idée de voir les poils pubiens de l'élite économique, qui doit être chauve à l'heure qu'il est.

Bien entendu, les clients peuvent faire des choses bien pires que de chier ou de perdre leurs poils. Ils peuvent nous espionner, par exemple. Quand je demande à une fille de mon équipe à quoi rime ce règlement concernant l'interdiction des gros mots pendant le travail, elle me répond que certains clients sont réputés pour laisser des magnétophones en marche pendant que nous travaillons. Les caméras vidéo font aussi partie du rituel et sont placées près des objets rares pour prendre les femmes de ménage en flagrant délit de vol. Que cela soit vrai ou non, Ted nous encourage à penser que nous sommes sous une surveillance constante dans toutes les maisons [1].

---

1. A l'époque, j'avais considéré cette histoire comme une rumeur destinée à faire peur, mais j'ai depuis découvert des publicités pour des caméras vidéo, comme la

Certains clients posent même des pièges. Dans une maison, ma chef d'équipe me réprimande parce que je n'ai pas passé l'aspirateur assez loin sous les tapis persans qui couvrent le parquet : le propriétaire a l'habitude de laisser des petits tas de poussière pour contrôler que la pièce a été scrupuleusement nettoyée. Généralement, les propriétaires s'arrangeront pour être présents quand nous venons, pour s'assurer que nous faisons bien notre travail. Je passe l'aspirateur dans la maison d'un couple de retraités et je jette un coup d'œil dans une pièce que je viens de faire, lorsque je vois l'énorme derrière vêtu de violet de la propriétaire qui, pour ainsi dire, me fait face. Je n'aurais jamais cru qu'elle était encore assez agile pour se glisser sous le bureau à la recherche de grains de poussière que je n'ai pas aspirés.

Je pourrais en dire plus concernant les maisons même, mais le vocabulaire me fait défaut pour décrire les différentes sortes d'apprêts des tissus muraux, de matériaux pour les sols, d'éclairages, d'ustensiles pour les cheminées, de vérandas et de statues que nous découvrons. Sur le sujet de la décoration intérieure, j'ai toujours trouvé regrettable que nous ne fussions pas couverts de poils

---

Tech-7, « incroyable caméra pas plus grande qu'une pièce de monnaie », conçue « pour fournir un rapport visuel permanent sur les agissements de votre baby-sitter » et « pour surveiller vos employés et les empêcher de voler ».

et capables de vivre dehors. Les conséquences diverses de cette infirmité – qui se manifestent dans l'architecture, le mobilier, etc. – n'ont jamais pu attirer durablement mon attention. Pour comprendre les tics, les prétentions et le manque d'assurance de la classe possédante, les livres et tous les artefacts imprimés me sont beaucoup plus utiles. J'apprends qu'un de nos clients est membre de l'Eglise de Scientologie; un autre a la prétention de descendre du clan écossais auquel appartenaient mes ancêtres. Une autre a fait encadrer un certificat attestant qu'elle est répertoriée dans le *Who's Who of American Women*. Quant aux livres, au bas de l'échelle de l'alphabétisation, là où se trouvent la plupart de nos clients, je trouve Grisham et Limbaugh; au sommet, pas mal d'Amy Tan et je tombe même un jour sur Ondaatje. Le plus souvent, toutefois, les livres ne sont là que pour la frime, et la vie réelle – à en juger par la quantité de taches de nourriture et de vêtements jetés – se déroule dans la pièce qui abrite la télévision à écran géant. Les seuls livres qui m'offensent véritablement sont les ouvrages anciens, sans doute achetés par lots et parfois empilés sur un coin de bureau pour donner du cachet et de « l'authenticité » – comme si les propriétaires consacraient leur temps de loisir à lire ce livre de 1920, par exemple, *Bobsleigh dans le Vermont : les aventures d'un petit garçon*. Mais les contraintes de temps m'empêchent de poursuivre mes investigations littéraires. La seule question qui se pose pour une femme de ménage, c'est de savoir combien on a de livres sur chaque étagère : si le nombre dépasse douze, nous pouvons les traiter comme une masse unique et épousseter autour du bloc ; sinon, chaque livre doit être déplacé et épousseté séparément.

Tous les clients ne sont pas des gens riches. Un quart ou un tiers peut-être des maisons semblent appartenir à la petite bourgeoisie et certaines d'entre elles – parce qu'elles ne sont pas entretenues entre nos visites hebdomadaires, à mon avis – sont extrêmement sales. Mais l'appartenance de classe est une chose relative. Après avoir, un jour, astiqué deux maisons dans lesquelles le nombre d'occupants était de toute évidence supérieur à celui des salles de bain – signe caractéristique d'une certaine déchéance financière, révélée aussi par la présence d'ours en peluche comme objets de décoration –, j'ai demandé à Holly, ma chef d'équipe ce jour-là, si la maison suivante était une « maison de riches ». Elle m'a répondu : « Si on fait leur maison, c'est qu'ils sont riches. »

L'automne est bien arrivé quand je me retrouve affectée dans l'équipe de Holly, jour après jour. Il y a du brouillard le matin et les stands des fermes au bord de la route proposent déjà des citrouilles. Dans la voiture, la station de rock célèbre le changement de saison en passant plusieurs fois par jour « Maggie May » – *It's late September and I really should be BACK at school*. Les gens retournent à leurs bureaux et dans leurs écoles. Nous, nous restons comme des Cendrillon dans leurs maisons désertées. Sur la station de pop, c'est Pearl Jam qu'on entend, leur hypnotique « Last Kiss », ce morceau si beau et si triste qu'il fait du deuil une condition presque enviable. En dehors des maisons que The Maids nous envoie nettoyer, nous ne faisons pas de commentaires sur ce que la radio nous fait entendre ou le monde nous fait voir. Dans cette équipe, qui est la plus sérieuse et la plus consciencieuse que j'ai connue, la conversation du matin tourne toujours autour du travail et des maisons qui nous attendent. *Murphy – ce n'est pas celle qui nous a pris quatre heures la première fois qu'on y est allé ? Ouais, mais ça va une fois que la grande salle de bain est faite, c'est-à-dire quand on a enlevé la crasse au marteau-piqueur...* Et ainsi de suite. Ou bien nous faisons passer la feuille d'instructions et nous étudions les « points sensibles » des différents clients de la journée, soulignés par Tammy. Les « points sensibles » typiques sont les plinthes, le rebord des fenêtres, les ventilateurs de plafond – jamais, bien entendu, la pauvreté, le racisme ou le réchauffement de la planète.

Le point important en ce qui concerne Holly, c'est qu'elle n'est visiblement pas bien – un peu plus pâle chaque jour. Je ne parle pas de peau rosée. Je pense plutôt à un blanc de robe de mariée, de tuberculeuse, de morte. Les deux ou trois choses que je sais d'elle, c'est qu'elle a vingt-trois ans, qu'elle est mariée depuis presque un an, qu'elle parvient à faire vivre son mari, un parent âgé et elle-même avec 30 à 50 $ par semaine, ce qui représente à peine un peu plus que ce que je dépense pour me nourrir. Je serais surprise que son poids dépasse les quarante-cinq kilos avant le petit déjeuner, à supposer qu'elle envisage d'en prendre un. Pendant notre service, long de huit à neuf heures, je ne la vois jamais manger autre chose que ces petits sandwichs de beurre de cacahuètes sur biscottes. On pourrait croire qu'elle n'a pas le moindre intérêt pour la nourriture, mais tous les après-midi, à partir de 2 h 30, elle se lance dans une conversation sur ses repas de rêve. « Qu'est-ce que tu as fait pour le dîner hier soir, Marge ? » demande-t-elle (Marge qui est la plus âgée et la plus riche de notre équipe et, grâce à son mari pêcheur, nous raconte ses excellents dîners dans des endroits comme TGI Friday's). Ou bien nous passons devant un Dairy Queen et Holly dira, « Ils ont des glaces fabuleuses ici, vous savez. Avec quatre sauces différentes. Chocolat, fraise, caramel et marshmallow et tous les parfums de glace que vous pouvez imaginer. J'en ai pris une un jour et je l'ai laissée fondre un peu et, oh mon Dieu »...

Aujourd'hui pourtant, même Marge, qui d'habitude raconte à n'en plus finir les événements de sa vie (« C'était une araignée énorme » ou « Elle ajoute juste un peu de moutarde sur les haricots... »), remarque à quel point Holly a l'air mal. « C'est une indigestion ? » demande-t-elle. Quand Holly lui avoue qu'elle a la nausée, Marge veut savoir si elle est enceinte. Pas de réponse. Marge pose de nouveau la question, et de nouveau pas de réponse. « Je te parle, Holly, réponds-moi. » C'est un moment tendu, Marge insistant et Holly aussi muette qu'une tombe. Mais Holly, en tant que chef d'équipe, a le dernier mot, si j'ose dire.

Nous ne sommes que trois – Denise est absente à cause d'une migraine – et, en arrivant à la première maison, je suggère que Marge et moi passions l'aspirateur aujourd'hui. Marge n'est pas contre, mais cela ne sert à rien puisque Holly refuse catégoriquement. Je décide de faire la poussière très vite afin de pouvoir soulager le plus possible Holly. Quand je termine, je cours dans la cuisine et je tombe sur une scène de mélodrame qui me fait penser que je suis sortie de *Poussière*, la vidéo, pour entrer dans un film entièrement différent. Holly se trouve dans une position peu digne d'un chef d'équipe, effondrée sur le comptoir, la tête entre ses bras. « Je ne devrais pas être ici aujourd'hui », dit-elle en levant vers moi un visage las. « Je me suis disputée avec mon mari. Je ne voulais pas aller travailler ce matin, mais il m'a dit que je devais. » Cette confidence lui ressemble si peu que je reste sans voix. Elle continue. Le problème, c'est qu'elle est sans doute enceinte. Depuis sept semaines et les nausées sont insupportables. C'est pourquoi elle ne peut rien manger et elle est si faible. Mais cela doit rester secret jusqu'à ce qu'elle puisse en parler à Ted.

Avec prudence et bien consciente du caractère très réservé des gens du Maine rural, comme me l'a expliqué un ami sociologue, je pose la main sur son bras et je lui dis qu'elle ne devrait pas faire ça. Même si elle se sentait bien, elle ne devrait pas, dans son état, respirer les produits chimiques que nous utilisons. Elle devrait rentrer chez elle. Mais la seule chose dont je puisse la convaincre, c'est de manger la barre de protéines que j'ai toujours dans mon sac, au cas où mon sandwich ne suffirait pas. Au début, elle refuse. Puis, devant mon insistance, elle dit « Vraiment ? » et la prend. Elle picore des petits bouts qu'elle détache de ses doigts tremblants. Et me demande si ça ne m'embêterait pas de conduire la voiture pour le reste de la journée, parce qu'elle redoute d'être prise de vertige au volant.

Pour la première fois dans ma vie de femme de chambre, j'ai une mission un peu plus exigeante que la simple satisfaction des aspirations esthétiques de la bourgeoisie de la Nouvelle-Angleterre.

Je vais faire le travail de deux femmes de ménage, peut-être trois si nécessaire. La maison suivante appartient à une personne que Marge et Holly décrivent comme une « sale garce », qui se révèle être Martha Stewart [1] ou du moins une associée pétrie de respect pour elle. Tout dans cette maison me rend furieuse et une bonne partie m'irriterait quand bien même je ne ferais que passer pour un cocktail. Au lieu de trimer à côté de cette enfant pâle et mal nourrie. La plaque en cuivre sur la porte d'entrée qui annonce la date de la construction (milieu du XVIIIe siècle), le bar avec son alignement ostentatoire de single malts, l'énorme lit à baldaquin, le Jacuzzi – tellement profond qu'il faut monter des marches pour s'y glisser et qu'on pourrait y plonger sans danger. Je fonce à travers les salles de bain et j'arrive même à faire la cuisine pendant que les autres sont encore occupées à leur première tâche. Puis Marge fait son entrée dans la cuisine et me montre la rangée de casseroles et de poêles en cuivre suspendues à un râtelier près du plafond. Conformément aux instructions, me dit-elle, chacune d'elles doit être décrochée et nettoyée avec la pâte à polir spéciale de la propriétaire.

OK. La seule manière de les décrocher, c'est de monter sur le comptoir de la cuisine, de s'y

---

1. Martha Stewart est la « star » de la décoration intérieure aux Etats-Unis.

agenouiller et de les descendre une par une. Ce ne sont pas des casseroles destinées à la cuisine, je dois le souligner, mais des objets de décoration déployés pour refléter les rayons de soleil sur les visages des propriétaires, sans doute soignés à grands frais. La dernière casserole est étonnamment lourde – elles sont rangées par taille croissante – et, en dépit de ma position sur le comptoir, elle m'échappe pour aller atterrir sur un aquarium sphérique, rempli de billes. Les poissons s'envolent, les billes roulent sur le sol et l'eau – qui, dans notre métier, est considérée comme un agent de contamination dangereux – inonde tout, y compris une pile de livres de cuisine, dont *Cucina Simpatica*, des livres qui mettent la Provence à toutes les sauces et, bien entendu, ceux de Martha Stewart elle-même. Personne ne se met en colère contre moi, pas même Ted lorsque nous sommes de retour au bureau. Il est assuré pour ce genre de choses. Ma punition, c'est la tête que fait Holly en arrivant dans la cuisine pour voir ce qui a provoqué ce bruit. Tétanisée de peur.

Après l'accident, Holly décide de faire une pause dans une épicerie. Je m'achète un paquet de cigarettes et je vais fumer sous la pluie (je n'avale plus la fumée depuis des années, mais ça me fait du bien), pendant que les deux autres boivent leur Coca dans la voiture. Il faut que je me débarrasse de ce complexe de l'ange gardien, me dis-je, personne ne veut être sauvé par une empotée. Même les raisons qui m'ont poussée à le faire me semblent troubles à présent. Oui, je veux aider Holly et toute personne dans le besoin, dans le monde entier si je pouvais. Je suis « quelqu'un de bien », comme en conviennent mes patients de la maison de repos. Mais je suis peut-être aussi exaspérée par l'insignifiance de ma condition récemment acquise. Peut-être que je veux « être quelqu'un », comme se plaît à le dire Jesse Jackson, quelqu'un de généreux, de compétent, de courageux et, par-dessus tout, quelqu'un qu'on remarque.

Les femmes de ménage, en tant que catégorie professionnelle, ne sont pas visibles et lorsque nous le devenons, nous en sommes souvent désolées [1]. Pendant le trajet vers la maison de

---

[1]. Cette invisibilité persiste au niveau macroscopique. Le Bureau du Recensement comptait 550 000 domestiques en 1998, soit une augmentation de 10 % par rapport à 1996, mais il se pourrait que ce chiffre constitue une sous-estimation considérable, dans la mesure où un grand nombre de domestiques sont payés au noir ou du moins au gris foncé, c'est-à-dire dans une tonalité qui reste opaque en général pour les enquêteurs du Bureau de Recensement. En 1993, par exemple, l'année où Zoe Baird a perdu toute chance de devenir ministre de la Justice parce qu'elle avait employé une gouvernante non déclarée, on estimait que moins de 10 % des Américains qui payaient une femme de ménage plus de 1 000 $ par an le déclaraient aux services fiscaux compétents. La sociologue Mary Romero donne un

l'émule de Martha Stewart, alors que Marge et Holly se plaignaient de son comportement hautain lors de la précédente rencontre, j'avais osé demander pourquoi tant de clients paraissaient hostiles ou méprisants à notre égard. « Ils pensent que nous sommes idiotes », a répondu Holly. « Ils croient que nous n'avons rien de mieux à faire de notre temps. » Marge, elle aussi, a fait une réponse empreinte de sobriété. « Nous ne sommes rien pour ces gens », a-t-elle dit. « Seulement des femmes de ménage. » Non que nous soyons quoi que ce soit de plus pour la plupart des gens. Même les vendeuses dans les épiceries, qui sont des filles payées 6 $ de l'heure comme nous, ont l'air de nous prendre de haut. A Key West, mon tee-shirt de serveuse fournissait toujours un sujet de conversation : « Vous travaillez chez Jerry's ? » me disait la vendeuse. « Moi, je travaillais à l'endroit où ils font des gaufres, en haut du bou-

---

exemple qui illustre bien à quel point le recensement reste en dessous de la réalité : le recensement de 1980 ne comptait que 1 063 aides ménagères à El Paso, bien que le Department of Planning, Research and Development de la ville estimât leur nombre à 13 400. Les chauffeurs de bus locaux estimaient, eux, que la moitié des 28 300 trajets quotidiens était à imputer aux femmes de ménage se rendant à leur lieu de travail (*Maid in the U.S.A.*, p. 92). L'honnêteté des employeurs s'est quelque peu amendée depuis le scandale Baird, mais la plupart des experts considèrent que les aides ménagères restent mal recensées et invisibles à l'échelle de l'économie globale.

levard. » Mais l'uniforme de femme de ménage produit l'effet inverse. Dans un endroit où nous nous arrêtons pour boire quelque chose, un vrai dîner avec un long comptoir, j'essaie de commander un thé glacé à emporter, mais la serveuse continue à bavarder avec une collègue, ignorant mes « Excusez-moi » répétés. Et puis il y a le supermarché. Au début, je m'y arrêtais en rentrant du travail. Mais je n'ai plus supporté les regards insistants, qu'il n'est pas difficile de traduire : Qu'est-ce que vous faites là ? Et pas étonnant qu'elle soit pauvre, elle a de la bière dans son chariot ! C'est vrai qu'à la fin de ma journée de travail, je n'ai pas fière allure. Je dois dégager un curieux mélange de transpiration et d'eau de toilette, mais c'est l'uniforme vert et jaune éclatant qui me trahit, comme les vêtements de prison sur un fugitif. Il me vient à l'esprit que cette expérience me donne une vague idée de ce que c'est que d'être un Noir dans une nation blanche.

Et regardez-moi à présent assise sur un trottoir devant une station-service, fumant une cigarette sous la pluie, tellement trempée de sueur que cela n'a plus d'importance. Je me dis que les choses ne peuvent pas devenir aussi sordides que ça. Mais si – mais si ! – et elles le deviennent. Dans la maison suivante, je sors ma balayette de son sac plastique hermétique et le liquide qui s'y est accumulé dans la journée coule sur ma chaussure

– 100 % pur jus de toilettes qui s'infiltre entre les lacets et jusque dans ma chaussette. Dans la vie normale, si quelqu'un devait, imaginons, pisser sur votre pied, vous enlèveriez probablement chaussure et chaussette pour les jeter au loin. Mais ce sont les seules chaussures que j'aie. Il n'y a rien d'autre à faire qu'ignorer dans quel horrible jus mon pied marine et, comme Ted nous exhorte à le faire, à en sortir le plus vite possible.

Message qui m'est adressé par un ancien moi : ralentis et, surtout, prends de la distance. Si tu ne supportes pas de vivre à côté de gens qui souffrent, alors tu n'as strictement rien à faire dans le monde des bas salaires, en tant que journaliste ou quoi que ce soit d'autre. De plus, j'ai des problèmes qui ne concernent que moi, d'argent notamment, et de façon urgente. Mes calculs initiaux me laissaient penser que je m'en sortirais très bien avec mes deux boulots – à plus ou moins brève échéance, j'entends, et si rien de fâcheux ne se produisait. Mais il n'y avait pas de chèque de The Maids pour moi à la fin de ma première semaine puisque, m'informe-t-on, la première paye d'une nouvelle employée est retenue, au cas où celle-ci déciderait d'abandonner ou de partir – apparemment dans le but de l'empêcher de tout dépenser d'un coup et de l'inciter à se représenter la semaine suivante. Outre mes achats en pharmacie pour l'allergie, j'ai une mauvaise surprise au Blue Heaven : ma première semaine coûte 200 $ et non pas 120, parce que la haute saison n'est pas encore terminée. De plus, comme mon appartement loué « meublé » ne contenait presque aucun ustensile de cuisine, j'ai dû faire l'acquisition d'une spatule, d'un ouvre-boîte, d'un couteau polyvalent, d'un balai, etc., au Wal-Mart. Tout ira bien quand les chèques arriveront pour mes deux boulots, mais à présent, à la fin de ma deuxième semaine, j'envisage un week-end « maigre », même en tenant compte des repas gratuits au Woodcrest.

Existe-t-il une aide pour le travailleur pauvre ? Oui, mais il faut être très déterminé et pas trop pauvre pour la trouver. Un jeudi après-midi, après le travail, j'entre dans la station Mobil qui se trouve en face de The Maids et j'appelle le Prebles Street Resource Center, qui figure dans l'annuaire et se présente comme un centre de distribution de repas gratuits et d'aides diverses. Je tombe sur un message enregistré qui m'annonce que Prebles Street ferme à 3 h de l'après-midi – merci pour les pauvres qui travaillent ! – et recommande d'appeler le 774-AIDE après la fermeture. On me fait attendre quatre minutes avant que je puisse parler à quelqu'un. J'explique que je viens d'arriver dans la région, que j'ai un emploi, mais que j'ai besoin d'aide sous forme de repas gratuits ou de dépannage en argent liquide.

Pourquoi ai-je besoin d'argent si j'ai un emploi, dit la voix d'homme – n'avais-je pas d'argent en arrivant ici ? Il a été entièrement absorbé par mon logement, dis-je, qui était plus cher que prévu. Et pourquoi n'ai-je pas consulté les listes de locations avant de venir ici ? J'avais pensé parler de mon allergie en guise de circonstances atténuantes, mais je décide que l'état actuel de nos relations ne me donne pas envie de parler de mon corps. L'homme finit par céder et me donne un autre numéro. Il me faut passer quatre coups de téléphone avant de trouver un être humain capable de m'aider, Gloria, qui me dit d'aller demain à la cantine de Biddeford, entre 9 h du matin et 3 h de l'après-midi. A quoi pensent les gens quand ils s'imaginent que les crève-la-faim n'ont rien d'autre à faire de la journée que de se balader de « foyers pour les pauvres de la communauté » en bureaux de charité ? Gloria m'adresse donc à Karen (un autre numéro de téléphone), une autre organisation de bénévoles, où l'on me dit que je ne suis pas dans le bon comté. D'une voix très posée, en essayant d'adopter le ton sérieux que j'emploierais pour demander des détails concernant mon compte bancaire, je fais état de mes contraintes de temps et de distance, en soulignant que je travaille sept jours par semaine, au moins huit heures par jour, et que je me trouve par hasard aujourd'hui dans sa circonscription. Bingo ! Karen cède elle aussi. Je ne peux pas obtenir d'argent liquide, mais elle va appeler un Shop-n-Save du sud de Portland, où je pourrai aller chercher un bon pour un repas gratuit. Qu'est-ce qui me ferait plaisir pour dîner ?

La question me paraît frivole ou moqueuse. Qu'est-ce qui me ferait plaisir pour dîner ? Pourquoi pas un filet de saumon sur un lit de polenta avec une sauce au pistou, accompagné d'un verre d'un délicieux chardonnay J. Lohr ? Mais Karen est sérieuse. Je ne peux pas avoir d'argent liquide que je dépenserais entièrement, Dieu m'en garde, en alcool. Mais je ne peux pas non plus avoir les aliments classiques qui me plairaient. Pour le dîner, m'explique-t-elle, vous pouvez choisir deux des options suivantes : une boîte de spaghettis, un pot de sauce spaghetti, des légumes en boîte, des haricots en boîte, une livre de viande hachée, une boîte de préparation pour hamburger, une boîte de préparation pour salade de thon. Ni fruits ni légumes frais. Ni poulet ni fromage et, curieusement, pas de thon pour accompagner la préparation pour la salade. Pour le petit déjeuner, je peux avoir des céréales et du lait ou un jus d'orange. Pas si mal. Je dois aller au Shop-n-Save, prendre mon bon (sur lequel figurent les options qui me sont offertes) au Service Clients, avant de pouvoir faire les courses qui vont, c'est sûr, me permettre de faire des économies. Je prends un carton de lait, une boîte de céréales, un livre de viande hachée, une boîte de haricots rouges, m'imaginant que je vais pouvoir faire de ces deux derniers articles une sorte de chili con carne, et heureusement la fille à la caisse ne conteste pas la substitution de haricots rouges aux haricots blancs. J'amorce un geste de remerciement, mais elle a le regard perdu dans une autre direction. Résultat : 7,02 $ de nourriture après soixante-dix minutes passées à téléphoner et à conduire, moins les 2,80 $ de téléphone – ce qui correspond donc à un salaire de 3,63 $ de l'heure.

Ensuite, il y a les week-ends à Woodcrest. J'ai essayé de les envisager comme de véritables week-ends, comme si j'avais décidé, après une semaine de travail futile et pour tout dire cosmétique, de me porter volontaire pour faire enfin quelque chose d'utile. « Ce doit être tellement déprimant », m'écrit ma sœur et elle aussi orpheline du père atteint de la maladie d'Alzheimer. Pas du tout. Une fois qu'on oublie, comme les résidents eux-mêmes, les humains cohérents qu'ils furent, on peut les considérer comme une bande d'enfants ratatinés s'amusant à un goûter. Et puis, en comparaison des femmes avec qui je fais le ménage, mes collègues de Woodcrest sont enthousiastes et ouverts, même si les visages ne sont plus les mêmes d'un week-end à l'autre. Après avoir pris un peu de distance vis-à-vis de Pete – en partie parce que je ne veux pas reprendre l'habitude de fumer – j'ai encore à saluer une bonne douzaine de cuisiniers, d'infirmières, d'aides-soignantes et de filles de salle. Je me délecte surtout de l'autonomie et de la liberté de mouvement constante. Les week-ends, la surveillance se relâche et Linda, qui n'a rien d'un dictateur de toute façon, ne se manifeste plus après le premier jour. Je peux mettre la table et balayer en commençant par le côté qui me plaît. Pas de gauche à droite et de haut en bas. Je peux décider que nous allons avoir besoin de plus de glace pour le déjeuner, que la sauce sera au chocolat ou à la fraise. Si un résident refuse les blancs de poulet ou les boulettes de viande que nous avons au menu, j'ai la liberté de proposer une alternative : Et si je vous faisais un bon croque-monsieur, avec une soupe de tomate ? Je lave les serviettes et les nappes aussi souvent que je veux.

Mais ma liberté et mes mouvements sont tout de même limités. Le samedi qui suit l'accident avec l'aquarium, j'arrive à 7 h et j'apprends que la fille de salle qui fait équipe avec moi a disparu sans laisser d'adresse, que je serai donc seule à m'occuper du pavillon des Alzheimer. De plus, ni Pete ni aucun autre cuisinier de la cuisine principale ne semble être disponible pour remplir leur tâche habituelle pour le petit déjeuner : apporter les plats dans la cuisine du pavillon pendant que je sers. Les « de plus » se multiplient : il se trouve que le lave-vaisselle à l'étage, le plus pratique pour le pavillon des Alzheimer, est en panne. Ce qui signifie que la vaisselle doit être mise à tremper, puis descendue sur un chariot jusqu'au lave-vaisselle qui fonctionne, à côté de la grande cuisine. Dernière touche maléfique, les clés dont j'ai besoin pour entrer dans la cuisine à l'étage et, bien entendu, pour sortir du pavillon, ont disparu. Il faut donc que je trouve une infirmière chaque fois que je dois ouvrir une porte. J'ai très peu de souvenirs de cette journée et les notes de mon journal la concernant ont ce ton haletant, paniqué, d'un message électronique envoyé par un type sur l'Everest qui vient d'épuiser sa dernière bonbonne d'oxygène : « Gratter, rincer les assiettes, les empiler sur le chariot pour les descendre au lave-vaisselle qui fonctionne. Ranger nourriture qui reste (sirop d'érable, sucre, etc.). Rapporter la vaisselle propre et la ranger dans l'office à l'étage. Ramasser les nappes, les serviettes, et les jeter dans la machine à laver. Balayer sous les chaises. Passer l'aspirateur. » Je m'en sors grâce aux infirmières qui m'aident pour le service et grâce à une leçon apprise lorsque j'étais serveuse chez Jerry's : Ne t'arrête pas, ne pense pas, ne te repose pas un instant, parce que si tu le fais, tu vas sentir la fatigue qui s'est emparée de tes jambes, et alors c'est foutu.

Après le travail, je décide d'aller voir le parc national où Pete a menacé de m'emmener, afin de m'approprier un peu de cette merveilleuse journée d'automne. Les enfants escaladent les énormes rochers noirs qui surplombent l'océan et, en temps normal, j'aurais fait de même. Mais mes jambes qui ne m'ont pas trahie pendant des heures sont à présent en caoutchouc. Je m'assois donc sur un rocher et je contemple les alentours. Comment se fait-il qu'on laisse quelqu'un qui vient de débarquer s'occuper toute une journée d'une maison de repos ou du moins d'un secteur crucial [1] ? Il est vrai que c'est le seul emploi où mes références ont été contrôlées. Et si j'avais été un des anges de la mort qui décident d'aider les patients à en finir avec leur vie confuse au ralenti ? Surtout, je me demande ce que pourrait bien devenir, au bout de quelques mois, une personne qui fait deux boulots en même temps et n'a pas un jour de congé. Quand j'écris, je travaille en

---

1. Un rapport du U.S. Department of Health and Human Services de juillet 2000 a établi que la plupart des maisons de repos manquaient dangereusement de personnel, en particulier celles du secteur privé. Parmi les diverses conséquences d'un manque de personnel, selon le rapport, il faut noter un accroissement des problèmes évitables : escarres, malnutrition, déshydratation, congestions et infections. Je n'ai jamais vu un patient négligé ou maltraité dans la salle à manger à Woodcrest, mais il n'aurait pas été difficile pour une fille de salle de commettre une erreur fatale, comme servir un aliment sucré à un diabétique. Je considère que j'ai eu beaucoup de chance – et mes patients aussi – de ne pas avoir causé de problèmes par inadvertance ce jour-là, lorsque j'avais le pavillon entier à nourrir, sans aide.

général sept jours par semaine, mais écrire conforte l'ego et c'est une activité entièrement indépendante, qui vous vaut de temps en temps des compliments. Ici, personne ne remarque mon héroïsme, ce samedi-là (je devais en parler à Linda par la suite et elle s'est contentée de hocher la tête distraitement). Si on se consacre 360 jours par an à un travail subalterne, est-ce que la répétition provoque une sorte de blessure spirituelle ?

Je ne sais pas et je n'ai pas l'intention de savoir, mais j'imagine qu'un cas aggravé de rétrécissement tubulaire du champ visuel constitue un des symptômes. Le travail occupe tout l'horizon ; mes collègues prennent la proportion de membres de ma famille ou d'ennemis jurés. Les humiliations pèsent et une réprimande peut avoir des effets jusqu'au milieu de la nuit. Si je fais une erreur en passant l'aspirateur, ce qui m'arrive souvent, je peux m'attendre à passer une partie de la soirée à la visionner et à tenter de réfuter l'accusation : « Mais la vidéo ne disait pas d'aller jusqu'au milieu sous les tapis. » A supposer que je me souvienne de la vidéo. Le dimanche, dans la nuit qui suit ma performance en solo à Woodcrest, je me réveille vers 3 h, absolument convaincue que Pete a comploté tout ça contre moi. Il aurait dû être là pour m'aider, mais il devait être furieux parce que je ne vais plus fumer avec lui. Il a décidé de me faire dérailler. La thèse, bien sûr, est totalement erronée. Le samedi suivant, Pete m'apporte des œufs McMuffin qu'il a cuisinés chez lui. Mais le simple fait d'avoir perdu le sommeil en croyant à la trahison est alarmant en soi. Oh, ma fille, il est temps de se ressaisir !

Je me donne pour but, au cours de ma troisième semaine comme femme de ménage, de parvenir à un état transcendant. La colère est toxique, comme disent les gourous du New Age, et je n'ai pas la moindre preuve que mes collègues de travail soient outragées, du moins ouvertement, par leur sort, comme je peux l'être. Je n'ai observé que deux formes de rébellion et aucune d'elles ne menace l'édifice de la hiérarchie sociale. L'une est le vol. Je n'ai jamais surpris personne en train de voler, mais c'est une possibilité constante qui explique la discipline et la tradition de The Maids. Nos uniformes tape-à-l'œil et nos voitures d'un vert et jaune éclatants, par exemple, ont été probablement conçus pour nous distinguer d'une équipe de cambrioleurs. Et je suppose que l'absence de poches arrière dans nos pantalons est un moyen de nous décourager de les remplir de bijoux et de pièces de monnaie. Certains clients laissent traîner des rouleaux de pièces et même des billets, peut-être sous l'œil d'une caméra vidéo pour prendre en flagrant délit une femme de ménage à la main leste ou plus certainement affamée. Au cours d'une réunion du matin, Ted nous informe sur un ton grave qu'un

« incident » a eu lieu et que la responsable nous a quittés. Ce genre de chose ne se produit pratiquement jamais, dit-il, parce que le test Accutrac est fiable à 100 % ou presque pour l'élimination des candidats malhonnêtes (si l'on fait exception de mon propre cas, bien sûr).

L'autre forme de rébellion consiste dans les violations délibérées du code de bienséance de The Maids. Deux de mes collègues – des chefs d'équipe, en fait – adorent rouler à toute vitesse pour terroriser les élégants voisins des gens que nous servons. Je ne serais pas surprise que Ted ait reçu des plaintes concernant un de ces épisodes. Comme le jour où la fille au volant (à qui je ne donnerai même pas un faux nom, de peur que d'autres détails ne permettent de l'identifier) a décidé de faire crisser les pneus dans tout le quartier où nous avions travaillé, une cassette de rap à fond, dont le refrain « Va te foutre, trou du cul » fit reculer, terrifiée, une jeune femme qui poussait un landau. Nous étions mortes de rire à l'arrière, cramponnées à nos sièges. Mais ce genre de rébellion ne menace que le rare piéton de la classe possédante. Pour la plupart, mes collègues semblent se contenter de la petite niche qu'elles occupent sur la falaise de l'inégalité sociale. Après tout, si les gens qui ont trop d'argent, trop d'espace, trop d'objets, n'existaient pas, il n'y aurait pas de femmes de ménage.

Et donc, morceau par morceau, tout en frottant,

en désinfectant, en lustrant, je concocte une philosophie de glorieux détachement. Je m'inspire du Jésus qu'on n'a pas laissé entrer sous la tente du renouveau de la foi, celui qui disait que les derniers seraient les premiers et qu'il fallait aussi donner sa tunique quand on vous implore de donner votre cape. J'y adjoins une touche de bouddhisme de deuxième main, en me souvenant du récit d'un ami qui était allé dans un monastère du nord de la Californie où les riches paient pour passer des week-ends à méditer et à accomplir des tâches serviles, le ménage par exemple. La première fois que j'ai entendu parler de ce monastère, j'ai éclaté de rire. Mais aujourd'hui l'image des nababs de l'Internet frottant le sol pour le salut de leur âme me fait l'effet d'une bouée psychique. S'ajoute le fait – mon fils m'en parle au cours d'une conversation téléphonique – que Simone Weil a travaillé en usine à des fins métaphysiques que je ne pourrais pas comprendre. J'en ajoute donc une pincée à mon mélange. Le magnifique fantasme qui en sort est le suivant : je ne travaille pas pour une entreprise de nettoyage, je suis entrée dans un ordre mystique, dédié à l'accomplissement des tâches les plus méprisées, dans la joie et la gratuité – et même dans la reconnaissance pour cette chance de recevoir la grâce à travers la soumission et le labeur. Holly peut perdre tout son sang devant moi si elle veut, je me contenterai de considérer qu'elle est privilégiée par un Dieu insondable, un peu comme Jésus. Je décide de ne pas même me plaindre du fait que ma première paye soit retenue ou de la façon dont nous nous faisons rouler. On nous demande d'être au travail à 7 h 30 tous les matins, mais le compteur ne se met à tourner qu'à partir de 8 h, quand nous montons dans les voitures. La demi-heure que nous passons dans le bureau à la fin de la journée, à trier les chiffons avant le lavage et à remplir les bouteilles de produits d'entretien, n'est pas comptée non plus. Mais pourquoi se plaindre de ne pas être rémunéré, quand ces gens du monastère bouddhiste paient pour faire le travail que nous faisons ?

Cet état d'exaltation dure environ une journée et, en dépit de cela, je récidive – lorsque, par exemple, dans une énorme et sublime maison de campagne aux murs décorés de panoramiques, je tombe sur une étagère remplie d'arrogants et, dans ces circonstances, insultants panégyriques du *statu quo* et envisage d'utiliser contre les propriétaires les armes bactériologiques dont sont remplies les poches de mon tablier. Tout ce que j'ai à faire, c'est de me servir des chiffons que j'ai utilisés dans les toilettes pour « nettoyer » les comptoirs de cuisine – projet qui m'occupe pendant une heure ou plus. Mais, curieusement, c'est la maison d'un bouddhiste qui détruit mon état d'esprit sanctifié. Nous tombons sur de nombreux signes de « spiritualité » chez les propriétaires – des livres comme *Dix choses de la vie apprises dans mon jardin* et des décorations murales qui constituent un appel à la concentration. Mais là c'est la maison d'un authentique bouddhiste – un Blanc converti, bien entendu –, remplie de livres de poche consacrés au Zen, avec une statue de Bouddha d'un mètre de haut dans la salle de séjour, une note collée sur son front serein et sans rides nous interdisant de le toucher, même pour essuyer la poussière.

Au moment où nous partons, dans notre précipitation habituelle pour remettre tous nos seaux dans la voiture, Holly trébuche, tombe et pousse un cri. Je me retourne et elle pleure, son visage étant passé du blême au cramoisi. « Quelque chose a craqué », dit-elle entre deux sanglots, « j'ai entendu un truc craquer ». Je la soulève et je donne l'ordre à Marge, qui reste là bouche bée, de la soutenir elle aussi. « Il faut t'emmener aux urgences », dis-je, « et te faire faire des radios ». Mais non, tout ce à quoi elle consent, c'est d'appeler Ted depuis la maison suivante. Denise va devoir conduire. Pendant le trajet, je continue à parler de fractures et d'entorses comme si j'y connaissais quelque chose. Holly, elle continue à pleurer et répète qu'elle a déjà manqué trop souvent au cours de ces dernières semaines. Les deux autres ne semblent écouter ni Holly ni moi.

Quand nous arrivons à la maison, Holly me laisse examiner sa cheville et pendant que je suis penchée sur elle – on ne voit rien –, elle murmure que la douleur est atroce, à présent. « Tu ne peux pas travailler », dis-je. « Tu m'entends, Holly ? Tu ne peux pas travailler avec une cheville dans cet état. » Elle insiste toutefois pour appeler Ted depuis la cuisine et je l'écoute faire des excuses larmoyantes, mentionner au passage que Barbara fait tout un cirque. Je sens mon magnifique détachement zen s'évaporer comme la sueur sur mon visage. Je tends la main et j'insiste pour parler à Ted. Les premiers mots que j'entends, avant même que j'aie pu dire « Ecoutez », sont « Bon, on se calme, Barbara ». Comme si Ted ne savait pas à son âge que « On se calme » était une incitation à la colère.

J'éclate. Je ne me souviens plus des mots précis, mais je lui dis qu'il ne peut plus continuer à faire passer le profit avant la santé de ses employés, que je ne veux pas l'entendre me dire qu'« il faut en sortir le plus vite possible », parce que cette fille est vraiment dans un sale état. Mais il se contente de répéter « On se calme », et pendant ce temps Holly clopine dans la salle de bain pour essuyer les poils pubiens.

Je lui raccroche au nez et je rejoins Holly pour mettre les choses au point. Devrais-je lui dire : « Ecoute, j'ai fait des études, j'ai un doctorat et je ne peux pas rester là à... ? » Mais je vais avoir l'air d'une folle et qu'est-ce que ça peut bien faire à Holly ? Tout ce que je sais, c'est que son mari la bat quand elle ne va pas travailler. Je fais donc la seule autre chose à laquelle je puisse penser. « Je ne travaille plus, si tu ne te fais pas aider. Ou si tu ne restes pas assise pendant que nous faisons ton travail. » Je regarde Denise, qui nous observe, pour obtenir son soutien. « C'est une interruption de travail. Tu en as déjà entendu parler? C'est une grève. » Denise reprend son travail, en faisant une grimace dont on ne sait si elle exprime la gêne ou le dégoût. « Je vais faire uniquement les salles de bain », dit Holly pour m'apaiser.

« Sur une jambe ?

— Ecoute, on est très têtu dans ma famille.

— Eh bien, dans la mienne aussi. »

Mais les ancêtres de Holly l'emportent sur les miens. La chef d'équipe qu'elle est écrase la mère qui est en moi. Si je m'en vais, où irai-je de toute façon? Dehors, des chevaux paissent dans la prairie, des oiseaux migrateurs plongent et remontent en formation serrée. Je n'ai pas la moindre idée de l'endroit où je me trouve – au nord de Portland, à l'ouest? Je pourrais appeler un taxi, mais je n'ai pas assez d'argent sur moi, ni chez moi. Je pourrais enfourcher un des chevaux et galoper à travers les prairies, les jardins et les autoroutes, jusqu'à la mer. Mais cela aurait pour seul effet, si je pouvais réellement partir, d'accroître la charge de travail des trois autres, dont celle de Holly, parce qu'elle va continuer jusqu'à ce qu'on lui arrache le dernier chiffon des mains froides de son cadavre. Elle a été parfaitement claire sur ce point.

Il n'y a donc rien d'autre à faire que de l'admettre. Tremblante de colère (contre Ted), d'un sentiment de trahison (celle de Marge et de Denise) et de dégoût vis-à-vis de ma propre impuissance, je prends l'aspirateur et je me mets au travail. Il n'est pas facile de se concentrer sur les tapis lorsque j'ai devant les yeux le feu de ma rage, ses flammes dévorant les maisons les unes après les autres. Je fais tout de travers, comme me le signale Denise avec une méchanceté qui est désormais évidente, et il faut que je recommence tout le rez-de-chaussée. Dans la voiture, le silence se prolonge et personne ne me regarde, à l'exception de Marge qui est, comme d'habitude, à côté de moi. Puis Holly se lance dans une de ces conversations pornographiques sur la cuisine qu'elle apprécie tant. « Qu'est-ce que tu fais à dîner ce soir, Marge ?... Ah oui, avec de la sauce tomate ? »

Pendant le long trajet du retour, j'essaie d'entretenir ma colère en répétant ce que je vais dire lorsque Ted va me virer pour insubordination. Je vais dire : « Ecoutez, je n'ai pas peur de cette merde, de cette crasse et de toutes ces substances dégueulasses auxquelles je suis confrontée dans ce travail. La seule chose qui me dégoûte, c'est la souffrance humaine. Je suis désolée, j'ai essayé de l'ignorer, mais mon efficacité est affectée lorsque je dois travailler avec des gens qui pleurent, s'évanouissent, meurent de faim ou souffrent visiblement d'une chose ou d'une autre. Alors je crois que vous feriez mieux de trouver quelqu'un de plus costaud que moi. » Ou un petit discours sec dans ce genre. Quand nous approchons du bureau, Marge se tourne vers moi avec un air qui ressemble à de la compassion. Je sais que Marge n'a pas le plus beau rôle dans cette histoire, mais nous avons eu de longues conservations intimes sur les hormones et les antidépresseurs, et autres sujets chers aux femmes entre deux âges. Il y a eu aussi ce jour où nous nous sommes moquées l'une de l'autre pour avoir sué autant, où nous avons couru, une fois le travail terminé, sous une averse, exposé nos visages à la pluie, mis les bras en croix, ri comme des païennes. Je l'ai aimée pour ça. Maintenant, elle dit : « Tu as l'air fatiguée, Barbara. » Le mot exact est *battue*, mais je me contente de répondre – assez fort pour être entendue à l'avant par Holly et Denise – « Je me prépare pour la confrontation avec Ted.

— Il ne va pas te virer, dit vivement Marge.

— Ne t'inquiète pas pour ça.

— Oh, je ne suis pas inquiète. Il y a des tas d'autres boulots à faire. Tu n'as qu'à voir les annonces. »

Denise se tourne à moitié vers moi pour me jeter un regard vide. Elles ne regardent pas les annonces ? Elles ne se rendent pas compte que leur rareté signifie qu'elles tiennent Ted et peuvent obtenir ce qu'elles veulent ou presque – disons, 7,50 $ de l'heure, depuis l'instant où elles se présentent le matin jusqu'au moment du tri des chiffons à la fin de la journée ?

« Mais nous avons besoin de toi », dit Marge. Et puis, comme si c'était trop affectueux : « Tu ne peux pas laisser tomber Ted comme ça.

— Qu'est-ce que c'est cette inquiétude pour Ted ? Il trouvera quelqu'un d'autre. Il prendra quiconque est capable de se présenter sobre à 7 h du matin. Sobre et bien droit.

— Non, finit par dire Holly. Ce n'est pas vrai. Tout le monde ne peut pas faire ce boulot. Il faut passer le test ! »

Le test ? Le test Accutrac ? « Ce test, dis-je presque en hurlant, c'est des conneries ! N'importe qui peut le passer ! »

Cet éclat est inexcusable. D'abord, parce que mes paroles sont insultantes, en particulier pour Holly et son professionnalisme rigide qui lui permet de surmonter la maladie et les blessures. Le test constituait sans doute un défi pour elle, compte tenu de son niveau d'éducation élémentaire. Tout le monde peut lire, mais Holly m'a quelquefois demandé d'épeler des mots comme *rapporter* ou *surcharger* qu'elle doit écrire quand un « incident » s'est produit. Ensuite, parce qu'il est interdit d'employer des gros mots dans une voiture de la société. Où est mon professionnalisme, de journaliste j'entends, ce détachement qui est censé me guider et me soutenir ?

Mais il n'est pas facile de s'accrocher à une colère mal dirigée. Les derniers éclats se disséminent, comme ils méritent de le faire, sur les eaux glacées de l'humiliation et de la défaite. Holly va me détester pour toujours, j'en suis sûre, à la fois parce que j'ai défié son autorité de chef d'équipe et parce que j'ai eu l'occasion, plus d'une fois à présent, de la voir en larmes et apeurée. Denise, elle aussi, va me haïr pour avoir fait une scène pareille qui l'a mise mal à l'aise et l'a ralentie dans son travail. Marge va tout oublier. Mais aujourd'hui encore, plusieurs mois après, je ne sais pas comment, diable, j'aurais dû traiter cette situation. En n'ouvrant pas la bouche quand Holly est tombée ? Ou en m'en tenant à ma grève à moi toute seule jusqu'à ce qu'elle ait abandonné – qui sait ? – et nous ait laissées l'accompagner aux urgences ou qu'elle ait accepté de s'asseoir ? La seule chose qui soit sûre, c'est que je ne peux pas descendre plus bas que ça dans ma vie de femme de ménage ni dans une autre.

Ted ne me vire pas. Le lendemain matin, je tombe sur Holly dans le parking, boitant en direction de sa voiture. « Tu ne vas pas le croire », dit-elle, s'adressant à Marge qui nous rejoint au même instant. « Ted me renvoie chez moi ! » – comme s'il s'agissait d'une décision arbitraire ou injuste. J'aurais dit un certain nombre de choses si Marge n'avait pas été là, du genre « Je suis désolée », « S'il te plaît, prends soin de toi ». Mais le bon moment passe et ma volonté de me disculper, si c'est de cela qu'il s'agit, prend un goût amer. Au bureau, Ted me remercie de ma prévenance et m'annonce qu'il a suivi mon conseil et renvoyé Holly chez elle. Mais – il doit y avoir un « mais » –, vous savez, on ne peut pas aider qui ne veut pas l'être. Je crois que c'est la mère en moi qui parle. Voilà ma réponse foireuse. Ce à quoi il réplique, irrité : « Oh, je suis un parent, moi aussi, et je n'en suis pas moins une personne. » Avec un grand calme, je suis fière de le dire, je lui réponds : « C'est une condition qui est censée faire de vous *plus* qu'une simple personne. »

Bien évidemment, je n'ai pas le dernier mot avec Ted. Deux jours plus tard, je suis en équipe avec Holly qui boite toujours et continue de me traiter comme un produit non humain et peu fiable – une sorte de M. Propre qui aurait passé la date de péremption –, lorsqu'elle reçoit un appel de Ted qui lui demande de me ramener au bureau pour que je rejoigne une autre équipe qui a des problèmes dans une maison faisant appel à nous pour la première fois. Pourquoi moi ? Je ne sais pas, peut-être veut-il me parler. La première chose qu'il dit au moment où nous repartons, lui et moi, c'est que je m'en tire très bien – il a de très bons rapports sur moi – et il m'accorde une augmentation : je passe à 6,75 $ de l'heure. Je ne peux y croire : faire exploser des aquariums et proférer des menaces de grève, c'est ce qu'il appelle s'en tirer très bien ? Mais il me parle déjà du fait qu'il n'est pas un méchant type, je devrais le savoir, et qu'il se fait beaucoup de soucis pour ses filles. Le fait est qu'il a des employées formidables, comme Holly et Liza, mais il y a un certain nombre de mécontentes et il aimerait qu'elles cessent de se plaindre. Je vois ce qu'il veut dire. Ce doit être le signal pour que je donne quelques noms, parce que c'est ainsi que Ted opère, prétendent mes collègues de travail – grâce au mouchardage et en montant une femme contre une autre. Il nous a dit, par exemple, que si l'une de nous était absente, c'était à nous de lui faire sentir le problème, parce que c'était nous qui allions en souffrir. Je profite de l'occasion pour lui poser la question qui turlupine depuis la chute de Holly : Sera-t-elle payée pour la journée qu'elle a passée chez elle, puisqu'elle s'est blessée pendant le travail, n'est-ce pas ? « Oh oui, bien sûr » – mais son petit rire m'a l'air un peu forcé – « Qu'est-ce que vous croyez, que je suis un requin ? » Eh bien – mais je ne le dis pas – je pensais plutôt à un *maquereau*.

Pourquoi les gens supportent ce genre de choses quand on voit tant d'offres d'emplois ? En fait, une femme donne sa démission, pour prendre un meilleur travail : vendre des beignets au Dunkin' Donuts. Mais quelques raisons d'ordre pratique l'empêchent de quitter The Maids : changer de boulot peut vouloir dire une semaine ou plus sans paye ; il y a aussi l'attrait des horaires soi-disant adaptés à la maternité, même si nous travaillons en réalité jusqu'à 5 h du soir, le plus souvent. L'autre facteur, moins tangible, est le leurre de l'approbation de Ted. C'est, sans doute plus que l'argent, ce qui fait que Holly surmonte ses nausées et ses douleurs, et certaines des femmes les plus vives, les plus audacieuses, semblent extrêmement sensibles à la façon dont il réagit vis-à-vis d'elles. Se faire « étriller » par Ted peut gâcher une journée entière. Un petit compliment peut être savouré pendant des semaines. J'apprécie le pouvoir de son approbation le jour où Pauline s'en va. Elle a soixante-sept ans et fait ce travail depuis plus longtemps qu'aucune autre – deux ans –, ce qui lui vaut d'être mentionnée dans la publication officielle de la société. Son dos est dévasté depuis des années, mais elle s'en va parce qu'on doit l'opérer d'un genou dans deux semaines – à cause du temps qu'elle a passé à frotter les sols, dit-elle. Pourtant, Ted ne parle pas de son départ au cours de la réunion du matin de son dernier jour. Il ne la remercie pas non plus en privé et il ne lui souhaite pas un prompt rétablissement à la fin de la journée. Je le sais parce que je lui propose de la raccompagner cet après-midi-là, quand je m'aperçois que la personne qui l'emmène d'habitude n'est pas là. Pendant que nous roulons dans les rues du sud de Portland sous la pluie, elle parle de son opération et des semaines de rééducation qui vont suivre, et puis de la nécessité de retrouver du travail, de préférence une occupation où elle n'aura pas à se pencher, à s'accroupir ou à soulever des choses. Mais elle parle surtout de Ted et du fait qu'il l'a blessée. « Il ne m'a plus aimée à partir du jour où je n'ai plus pu passer l'aspirateur à cause de mon dos », dit-elle. « Je lui ai demandé pourquoi j'étais payée moins que n'importe quelle autre » – n'importe quelle autre de son âge, veut-elle dire, je crois – « et il m'a répondu, "Eh bien, si tu pouvais encore passer l'aspirateur..." » Il n'y a pas la moindre amertume dans sa voix, seulement la tristesse mortelle de voir devant elle, vers la fin de sa vie, les rues grises de pluie.

Pourquoi l'approbation de Ted a-t-elle une signification aussi importante ? Pour autant que je puisse en juger, le dénuement – car c'est de cela qu'il s'agit – de mes collègues provient d'une privation chronique. Les propriétaires des maisons ne vont pas nous remercier pour le travail bien fait et, Dieu m'est témoin, les gens dans la rue ne vont pas nous saluer comme des héroïnes du prolétariat. Personne ne saura que le comptoir de cuisine sur lequel est découpée la baguette, ce soir, soutenait quelques heures plus tôt une femme en train de s'évanouir – et personne ne viendra décerner à cette femme une médaille de bravoure. Personne ne va me dire, après que j'ai passé l'aspirateur dans dix pièces et frotté le sol de la cuisine : « Bon sang, Barbara, tu travailles vraiment bien ! » Le travail est censé vous sauver de la condition d'exclu, comme dit Pete, mais ce que nous faisons est un travail d'exclu : invisible et dégoûtant. Gardiens, femmes de ménages, terrassiers, changeurs de couches d'adultes – voilà les intouchables d'une société soi-disant sans castes et démocratique. D'où le charisme immérité d'un homme comme Ted. Il est peut-être d'une avidité et d'une cruauté évidentes, mais il est l'unique représentant vivant de ce monde meilleur où les gens vont à l'université, portent des vêtements normaux pour travailler et font des courses le week-end pour se détendre. Si, pour une raison quelconque, on vient à manquer de maisons à nettoyer, il occupera au moins une équipe en l'envoyant faire sa propre maison, qui est, me dit-on, « vraiment bien ».

Ou alors c'est le travail à bas salaire en général qui vous donne l'impression d'être un paria. Quand je regarde la télévision pendant mon dîner, je découvre un monde dans lequel chacun ou presque gagne 15 $ de l'heure et plus, et je ne pense pas seulement aux présentateurs de la télévision. Les feuilletons et les séries parlent de créateurs de mode, d'avocats ou d'instituteurs. Il est donc facile pour une employée de fast-food ou une fille de salle de conclure que sa vie est une anomalie – qu'elle est la seule ou presque à ne pas avoir été invitée à la fête. Et, en un sens, elle aurait raison : les pauvres ont disparu de la culture en général, de sa rhétorique politique et de ses constructions intellectuelles, ainsi que de ses divertissements quotidiens. Même la religion semble avoir peu de choses à dire sur la détresse du pauvre, si cette tente du renouveau de la foi constitue un exemple probant. Les marchands ont finalement chassé Jésus du temple.

Au cours de mon dernier après-midi, j'essaie d'expliquer qui je suis et pourquoi j'ai travaillé ici aux femmes de mon équipe, un groupe bien plus joyeux que l'équipe habituelle de Holly. Ma déclaration rencontre si peu d'intérêt qu'il me faut la répéter : « Vous m'écoutez ? Je suis un écrivain et je vais écrire un *livre* sur tout ça. » Finalement, Lori se tourne sur le siège avant et dit aux autres d'une voix un peu étouffée : « Hé, ça a l'air intéressant », et à moi : « Alors, tu fais une enquête ? »

Eh bien, pas seulement ici et pas vraiment une « enquête », mais Lori s'accroche à ce concept. Elle éclate de rire. « On aurait bien besoin d'une enquête ! » Tout le monde semble piger à présent – pas qui je suis, ni ce que je fais – mais ce que je cherche. Et Ted est le dindon de la farce.

Maintenant que j'ai fait mon « outing », je peux formuler la question que j'ai voulu poser depuis le début : Qu'est-ce qu'elles éprouvent, non pas au sujet de Ted, mais des propriétaires qui ont tant quand d'autres, comme elles, s'en sortent à peine ? Voici la réponse de Lori, qui a vingt-quatre ans, un sérieux problème de dos et 8 000 $ de dettes sur sa carte de crédit : « Je pense que, oh, j'aimerais bien avoir tout ça un jour. Ça me motive, je n'ai aucun ressentiment, tu sais, parce que mon but, c'est d'arriver là où ils sont. »

Et voici la réponse de Colleen, mère célibataire de deux enfants, en général directe et vive – mais qui, à cet instant précis, fixe un point depuis lequel l'ancêtre qui a échappé à la Grande Famine en Irlande la dévisage, avec autant d'intensité que moi, dans l'attente de ce qu'elle va dire : « Je m'en fiche, en fait, parce que je crois être quelqu'un de simple et je n'ai pas envie de ce qu'ils ont. Je veux dire que ça n'a aucune valeur pour moi. Mais ce que j'aimerais, c'est prendre un jour de congé de temps en temps... si je pouvais... et avoir de l'argent pour faire des courses le lendemain. »

Je travaille encore un jour à Woodcrest et les appelle pour dire que je suis malade. Désolée, Linda, Pete, et vous, mes adorables vieilles folles ! Je rends visite à Lori le dimanche et je lui laisse la satisfaction de rendre mes uniformes à Ted et de lui expliquer mon départ comme elle l'entend.

Trois

Vendre dans le Minnesota

Vu du ciel, le Minnesota est la perfection même d'un début d'été – le bleu des lacs rejoignant celui du ciel, les nuages bien dessinés et disposés ici et là, les bandes de terres cultivées alternant un vert d'émeraude et un vert de chartreuse – un paysage somptueux, tout en douceur, apparemment abordable sous tous les angles. J'avais pensé pendant des mois aller à Sacramento ou quelque part dans la Vallée centrale de la Californie, pas trop loin de Berkeley, où j'avais passé le printemps. Mais des mises en garde contre la chaleur et les allergies m'en avaient dissuadée, sans parler de mon souci concernant les Latinos monopolisant, comme c'est souvent le cas, tous les sales boulots et les logements précaires. Ne me demandez pas comment Minneapolis m'est venu à l'esprit, peut-être un désir irrépressible d'arbres à feuilles caduques. C'est un Etat relativement libéral, je le savais, et plutôt bienveillant à l'égard de ses pauvres. Une recherche d'une demi-heure environ sur la Toile me permit de découvrir un marché de l'emploi assez limité mais avantageux, avec un salaire de 8 $ de l'heure pour des emplois non qualifiés et des studios à 400 $ par mois. Si une journaliste entreprenante veut enquêter sur la vie à bas salaire dans les Etats les plus sombres que sont l'Idaho et la Louisiane, grand bien lui fasse. Traitez-moi de lâche, mais ce que je recherchais cette fois-ci, c'était un accord harmonieux de mon salaire et de mon loyer, quelques aventures pas trop exigeantes, un atterrissage en douceur.

J'ai loué mon épave chez un type sympathique – les gens du Minnesota sont célèbres pour leur sympathie – qui me signale spontanément les fréquences de National Public Radio et de Classic Rock. Nous sommes d'accord pour penser que le swing, c'est nul. Nous aurions pu trouver quelques autres points de convergence, mais comme le dit un rockeur de Key West, « Dieu m'a confié une mission ». J'ai une carte de la région des Twin Cities, achetée 10 $ à l'aéroport, et un appartement qui appartient à des amis d'amis et que je peux utiliser gratuitement pendant qu'ils rendent visite à des parents dans l'Est. Enfin, pas tout à fait gratuitement, puisque notre marché m'impose de prendre soin d'un cacatoès en cage, qui doit être, pour des raisons de santé ornithologique, libéré pendant quelques heures tous les jours. J'avais accepté cette condition au téléphone, sans trop réfléchir, me souvenant seulement en arrivant que la proximité des oiseaux est une des rares phobies que je m'autorise, avec les mites géantes et tout ce qui est dérivé de l'orange. Je trouve l'appartement sans difficulté, ravie de voir que ma carte et la ville s'entendent, et je passe une heure avec l'un de mes hôtes à apprendre la science du cacatoès. A un moment, mon hôte laisse l'oiseau sortir de sa cage et le volatile se précipite sur moi. En faisant un effort démesuré, je baisse la tête et ferme les yeux, pendant qu'il vole autour de mes cheveux, avant d'aller se nettoyer à grands coups de bec.

Ne laissez pas le cacatoès vous chasser; l'ambiance n'est pas à la rigolade. C'est un minuscule studio en désordre, meublé avec des trucs de l'Armée du Salut, décoré comme pouvait l'être une chambre d'étudiant dans les années 70. Quand mes hôtes s'en vont, je ne trouve ni huile d'olive, ni vinaigre balsamique dans les placards, pas la moindre bouteille de chardonnay entamée dans le réfrigérateur, pas une goutte d'alcool en dehors d'une fort prolétaire demi-bouteille de Seagram's 7. Le beurre est de la margarine. Mais, avec un lit ferme et une vue sur une rue bordée d'arbres, c'est assez plaisant, presque charmant.

Si l'on excepte le perroquet. Comme je l'ai appris auprès de mes collègues de travail dans le Maine – plusieurs d'entre elles avaient vécu dans des espaces réduits qu'elles partageaient –, les gens qui dépendent de la générosité des autres pour leur logement doivent toujours s'attendre à une déconvenue, en général la présence de parents insupportables et des attentes prolongées devant l'unique salle de bain. Supposons donc que le cacatoès – Budgie, comme j'ai fini par l'appeler, au lieu de son très prétentieux nom véritable – soit la doublure dans cette histoire des beaux-parents envahissants ou des colocataires bruyants qu'une personne dans le besoin, débarquant à l'improviste chez des parents éloignés dans une ville étrange, doit normalement s'attendre à supporter.

Pas de problème. Je pars tôt le lendemain matin à la recherche d'un boulot. Ni de serveuse, ni de fille de salle et encore moins de femme de ménage, cette fois. Je suis remontée à bloc et prête pour le changement – vendeuse, peut-être, ou un travail en usine. Je roule jusqu'aux deux Wal-Mart les plus proches, je remplis des formulaires de candidature, puis je me dirige vers un troisième à une quarantaine de minutes en voiture, de l'autre côté de la ville. Je dépose mon formulaire de candidature et je m'apprête à attaquer les Target et les Kmart, quand je pense soudain à quelque chose : personne ne va m'engager sur la base d'un formulaire de candidature qui ne fait état d'aucune expérience professionnelle – j'ai indiqué, comme d'habitude, que j'étais une femme au foyer divorcée, dans l'obligation de trouver un emploi. Il faut que je me présente en personne pour faire connaître ma personnalité rayonnante et confiante. Je vais donc à la cabine publique qui se trouve devant le magasin, j'appelle le magasin et je demande le responsable du personnel. On me passe Roberta, qui est impressionnée par mon initiative et me dit de passer dans son bureau à l'arrière du magasin. Roberta, une blonde platine d'une soixantaine d'années à l'air affairé, me dit qu'il n'y a aucun problème en ce qui concerne ma candidature ; elle-même a élevé six enfants avant de commencer à Wal-Mart, où elle est parvenue à sa position actuelle en quelques années seulement, en grande partie parce qu'elle a « le sens du contact ». Elle peut me proposer un emploi dès maintenant, mais une petite « enquête » tout d'abord, pour laquelle il n'y a ni bonne ni mauvaise réponse, m'assure-t-elle. Il me faut simplement dire ce qui me vient à l'esprit. En fait, j'ai déjà passé le test Wal-Mart, une fois, dans le Maine et je réponds rapidement aux questions sans perdre mon aplomb. Roberta emporte les résultats dans une autre pièce où, me dit-elle, un ordinateur va procéder à l'évaluation. Au bout de dix minutes, elle est de retour avec des nouvelles alarmantes : j'ai trois mauvaises réponses – enfin, pas vraiment *mauvaises*, mais qui demandent un entretien plus poussé.

Mon approche des tests de personnalité pour l'embauche consistait à afficher une tolérance zéro en ce qui concerne les « crimes » patents – usage de drogue et vol – et à laisser une petite marge d'incertitude pour le reste, de manière à ne pas laisser soupçonner que je bluffe. Mon approche n'était pas la bonne. Quand on se présente devant un employeur potentiel, on n'est jamais assez lèche-bottes. Prenez par exemple la proposition suivante du test, selon laquelle « les règlements doivent être suivis à la lettre en toutes circonstances » : j'avais répondu que j'étais « plutôt d'accord », au lieu de « absolument d'accord » ou « totalement d'accord ». Roberta veut à présent savoir pourquoi. Eh bien, les règlements doivent être interprétés parfois, dis-je, les gens doivent faire usage de leur jugement. Sans quoi on pourrait très bien avoir des machines pour faire le travail à la place des êtres humains. Son visage s'éclaire – « Jugement, très bien ! » – et elle griffonne quelque chose. Après l'examen de mes autres erreurs, Roberta m'annonce « de quoi il est question à Wal-Mart ». Elle a lu le livre de Sam Walton (son autobiographie, *Made in America*) avant de commencer à travailler ici et a découvert que les trois piliers de la philosophie de Wal-Mart correspondent exactement aux siens : le service, l'excellence (ou quelque chose comme ça) et... elle ne se souvient plus du troisième. Le service, c'est la clé de tout, aider les gens, résoudre leurs problèmes, les conseiller dans leurs achats – qu'est-ce que j'en pense? Je fais état d'un altruisme profond pour tout ce qui est lié à la vente et je finis même par avoir les larmes aux yeux en constatant combien Roberta et moi sommes proches. Tout ce qui me reste à faire, c'est de passer le test de dépistage de drogues et Roberta m'inscrit pour le début de la semaine prochaine.

S'il n'y avait pas eu cette histoire de test, je me serais peut-être arrêtée de chercher à ce moment-là. Mais il y a eu un petit dérapage chimique au cours des semaines précédentes et je ne suis pas du tout sûre de passer le test. Une affiche dans le bureau de Roberta avertit les candidats de ne pas « nous faire perdre notre temps ou le vôtre », s'il y a eu absorption de drogues au cours des six semaines qui précèdent le test. Si j'avais pris de la cocaïne ou de l'héroïne, il n'y aurait aucun problème dans la mesure où elles sont solubles dans l'eau et sont éliminées en deux jours (le LSD ne fait pas même l'objet d'un test). Mais mon dérapage concernait la seule drogue habituellement détectée, la marijuana, qui est soluble dans la graisse et reste, si j'en crois ce que j'ai lu, dans le corps pendant des mois. Et les médicaments qu'on m'a prescrits pour ma congestion nasale chronique? Et si la Claritin-D, qui est un sacré remontant, apparaît au test comme étant du speed ?

Je remonte donc dans ma voiture et je parcours les annonces que j'ai soulignées à l'encre rouge dans le *Star Tribune* et une publication locale, le *Employment News*. Je me rends dans deux agences spécialisées dans les emplois de l'industrie et je certifie que je n'ai aucun problème physique et que je peux soulever dix kilos de plus que moi, même si je préférerais savoir combien de mouvements répétitifs ils ont en tête. Puis j'entame un long parcours en direction de l'autre côté de la ville, où j'ai un rendez-vous en bonne et due forme pour un entretien. Un travail à la chaîne. Cela fait quelques années déjà que je circule sur les périphériques des grandes villes et je m'accorde une assez bonne note pour ma capacité à naviguer sans peur et adroitement, mais la circulation de cette fin d'après-midi a raison de moi. Je ne peux pas trouver l'usine, du moins pas avant 5 h du soir, et je me réfugie sur le parking d'un centre commercial pour chercher le chemin du retour. Je me retrouve devant un Menards Housewares – une sorte de Bricorama du Middle West – et une pancarte annonce : « Nous recherchons du personnel ». Je me dis que je ferais bien d'entrer et de mettre de nouveau à l'épreuve ma stratégie d'affrontement direct. Errant dans la scierie à l'arrière du magasin, je fais signe à un type que son badge identifie comme Raymond et qui propose de m'accompagner au bureau du personnel. Je veux savoir si c'est un bon endroit où travailler. Il dit que ça va, que c'est seulement son second boulot de toute façon, qu'il ne s'énerve pas avec les invités parce que ce n'est pas de sa faute si le bois ne vaut rien. Les invités ? Ce doit être les clients et je suis contente d'avoir appris le terme à temps. Je ne ferai pas de grimace, je ne m'étoufferai pas de rire devant les gens de la direction.

Raymond me confie à Paul, un blond à gros bras qui, contrairement à Roberta, n'a pas le sens du contact. En guise de réponse à mon aveu de manque d'expérience dans le bricolage, il se contente de murmurer « Ça ne me gêne pas », et il me tend le test de personnalité. Celui-ci est plus court que celui de Wal-Mart et s'adresse apparemment à des gens plus rudes : Ai-je tendance à en venir aux poings dans mes rapports avec les gens ? Existe-t-il des situations dans lesquelles la vente de cocaïne n'est pas un crime ? Une longue série, un peu répétitive, de questions sur le vol : « Au cours de l'année dernière, j'ai volé (cocher le montant en dollars ci-dessous) de marchandises à mes employeurs. » Quand j'ai terminé, Paul parcourt rapidement le formulaire et aboie : « Quel est votre point faible ? » Euh, le manque d'expérience — de toute évidence. « Avez-vous le goût de l'initiative ? » Je suis venue ici, non ? J'aurais pu me contenter de déposer ma candidature. J'obtiens le feu vert. Paul me voit dans le rayon plomberie, à 8,50 $ de l'heure pour commencer, à supposer que le test de dépistage de drogues soit négatif. Je lui serre la main pour conclure l'accord [1].

Vendredi soir : je suis à Minneapolis depuis quinze heures seulement, j'ai parcouru les banlieues sud et nord, j'ai déposé une demi-douzaine de candidatures et passé deux entretiens. La recherche d'un emploi est une activité épuisante, même pour les candidats honnêtes, et je me sens dévastée. Les tests de personnalité, par exemple : à la vérité, je me moque pas mal de savoir que mes collègues de travail se droguent sur le parking ou volent une marchandise de temps en temps, et je ne moucharderais certainement pas si j'en avais connaissance. Je ne crois pas non plus que la direction s'appuie sur un droit divin ou sur la force concentrée d'un savoir supérieur, comme

---

[1]. La Jobs Now Coalition basée à St. Paul estimait, en 1997, qu'un « salaire décent » pour un parent célibataire, élevant un enfant unique dans la zone métropolitaine des Twin Cities devait être de 11,77 $ de l'heure. Cette estimation était fondée sur des dépenses annuelles comprenant 266 $ de nourriture (tous les repas préparés et pris à la maison), 261 $ pour l'enfant et 550 $ pour le loyer (« The Cost of Living in Minnesota : A Report by the Jobs Now Coalition on the Minimum Cost of Basic Needs for Minnesota Families in 1997 »). Personne n'a actualisé ce « salaire décent » pour prendre en compte l'inflation des loyers en 2000 dans les Twin Cities (voir pp. 213-214).

les « enquêtes » vous demandent de le reconnaître. Vous êtes condamné à mentir près de cinquante fois en moins de quinze minutes, le temps approximatif d'un test, même s'il y a un but moral supérieur à servir. L'effort qui consiste à être à la fois vive et soumise pendant une demi-heure ou plus est également épuisant, parce qu'il vous faut faire preuve d'initiative et en même temps ne pas apparaître comme une personne susceptible d'organiser une activité syndicale. Et puis il y a la menace des tests de dépistage de drogues, qui fonce vers moi comme un missile. Savoir que les nombreuses qualités attrayantes que je crois avoir – gentillesse, loyauté, volonté d'apprendre – peuvent être effacées par mon urine, me laisse un sentiment amer de profonde insatisfaction [1].

---

1. Il existe de nombreux arguments en faveur des tests de dépistage de drogues : apparemment, ils ont pour effet de réduire le taux des accidents de travail et d'absentéisme, les coûts en termes d'assurance maladie, et d'augmenter la productivité. Toutefois, aucun de ces arguments n'a été prouvé, selon un rapport de 1999 de l'American Civil Liberties Union, « Drug Testing : A Bad Investment ». Des études montrent que les tests de dépistage de drogues à l'embauche ne permettent pas de faire baisser l'absentéisme, le nombre des accidents, la rotation du personnel (du moins dans les entreprises de haute technologie qui ont été étudiées) et ont en fait affecté la productivité – en raison de leur effet négatif sur le moral des employés. De plus, c'est une pratique coûteuse. En 1990, le gouverne-

Dans un esprit de contrition causée par de multiples péchés, je décide de consacrer le week-end à une désintoxication. Une recherche sur la Toile m'apprend que je ne suis pas la seule à emprunter cette voie. Il existe des douzaines de sites se proposant d'aider le candidat au test de dépistage, pour l'essentiel grâce à des substances à ingérer. Un site, toutefois, propose l'expédition d'une fiole d'urine pure, sans drogue, maintenue à la température du corps humain grâce à un chauffage à piles. Dans la mesure où je n'ai pas le temps de commander et de recevoir des produits permettant d'échapper au dépistage, je m'attarde sur un site sur lequel des centaines de lettres d'appel au secours (« Aidez-moi !!! Test dans trois jours !!! ») reçoivent de sobres réponses d'un certain Alec. Là, j'apprends que ma minceur est un avantage – le cannabis dispose de moins d'endroits où se réfugier – et que la seule méthode efficace consiste à absorber des quantités massives de liquides pour chasser le truc de son

---

ment fédéral a dépensé 11,7 millions de dollars pour faire ces tests sur 29 000 employés fédéraux. Dans la mesure où seuls 153 d'entre eux ont été positifs, le coût de la détection d'un utilisateur s'élevait à 77 000 $. Pourquoi les employeurs continuent-ils à imposer ces tests ? En partie sans doute à cause de la publicité faite par l'industrie du dépistage qui représente un chiffre d'affaires de 2 milliards de dollars, mais aussi, je le redoute, en raison de l'effet humiliant du dépistage qui séduit encore les employeurs.

système (une douzaine de litres par jour, au moins). Pour accélérer le processus, il existe un produit appelé CleanP, en vente dans les GNC. Je roule donc quinze minutes avant d'en trouver un, buvant ma bouteille pendant le trajet, et je demande au gamin qui est à la caisse de m'indiquer l'endroit où se trouvent, euh, les produits de désintoxication. Il a peut-être l'habitude de voir défiler des femmes en âge d'être sa mère lui demander du CleanP, parce qu'il m'emmène, aussi impassible qu'un joueur de poker, jusqu'à une grande armoire vitrée et verrouillée – verrouillée, soit parce que le prix moyen des produits de désintoxication GNC est de 49,95 $, soit parce que le marché est censé être constitué d'individus désespérés, peu soucieux du respect de la loi. Je lis la composition et j'achète deux ingrédients séparément – de la créatinine et un diurétique appelé uva ursis – pour la somme totale de 30 $. Voilà le programme : boire de l'eau sans arrêt, avec des doses de diurétique fréquentes et (c'est ma contribution scientifique) éviter le sel sous toutes ses formes, dans la mesure où le sel favorise la rétention d'eau (pas de conserves, pas de fast-food, pas de condiments). Si je veux travailler dans la plomberie à Menards, je dois me transformer en canalisation sans la moindre obstruction : de l'eau qui entre et de l'eau, aussi pure et potable que possible, qui sort.

L'autre mission du samedi est de trouver un

logement. Je passe en revue toutes les agences dans l'annuaire – Apartment Mart, Apartment Search, Apartments Available, etc. – et je laisse des messages. J'essaie aussi tous les immeubles de location qui figurent dans l'annuaire pour découvrir, dans les deux où l'on me répond, qu'ils exigent un bail de douze mois. Je vais au supermarché pour acheter l'édition du week-end du journal et j'en profite pour y déposer ma candidature. Oui, ils auraient peut-être besoin de quelqu'un. L'activité est très intense en début de mois, juste après l'envoi des chèques de l'aide sociale. Je peux repasser la semaine prochaine. Le journal, lui, est terriblement décevant. Je n'y trouve qu'un studio meublé pour toute la zone des Twin Cities et personne ne répond au téléphone pendant le week-end. Peut-être qu'il vaut mieux, compte tenu d'un début d'incontinence liée à mon régime, ne pas avoir d'appartements à visiter. Mon dîner consiste en un quart de poulet rôti acheté au supermarché, sans sel et accompagné d'un diurétique courant – une bière.

Tout bien considéré, ce n'est pas le meilleur moment de ma vie. Si je pouvais m'abandonner à ma nouvelle condition aqueuse et attendre la fin du week-end avec un roman, les choses auraient une autre allure. Mais rester chez moi dans ces circonstances n'est d'aucun repos. Cela ressemble plutôt à ce que les militaires appellent une « situation ». Quand je suis ici, Budgie veut sortir de sa cage, désir qu'il manifeste en poussant des cris aigus ou, pire encore, en allant et venant à un rythme dément. Quand il est dehors, il veut se poser sur ma tête et s'amuser avec mes cheveux, mes lunettes. Pour limiter les dégâts, je ne le laisse pas sortir avant d'avoir enfilé un sweat-shirt à capuche, bien serrée pour protéger mes cheveux et une grande partie de mon visage. Et cependant il me faut constamment le déplacer de son endroit favori, sur mon épaule et près de mon visage, à mon avant-bras d'où il remonte inlassablement vers ma tête. Voici ce que verrait toute personne qui entrerait dans la pièce : une silhouette tassée, des lunettes apparaissant par le trou d'une capuche, couronnée par un grand oiseau exotique à crête blanche – ravi, j'imagine, de sa position dominante. Mais je ne peux pas l'enfermer autant que je le voudrais. C'est ma mission – non ? – ma façon de mériter l'abri qu'on m'offre : être l'amie et la partenaire de cette créature.

Malheureusement, Budgie ne remplit pas pour moi les mêmes fonctions et, le dimanche, je décide d'aller à la rencontre de membres de la même espèce que la mienne. Une amie new-yorkaise, une jeune Noire féministe, m'avait encouragée à aller voir sa tante à Minneapolis et j'ai une autre raison que la seule mondanité de le faire : je suis inquiète à l'idée que le scénario inventé dans le Maine et ici soit totalement artificiel. Qui, dans la vie réelle, se jette dans un environnement inconnu – sans logement, sans famille et sans travail – pour essayer de devenir un résident normal ? Il se trouve que la tante de mon amie l'a fait au début des années 90 : elle est montée dans un car à New York, avec ses deux enfants, pour descendre dans l'Etat absolument étrange qu'est la Floride. C'est une histoire que j'ai envie d'entendre. Je l'appelle et elle m'invite, un peu méfiante, à passer la voir dans l'après-midi. Caroline – c'est le nom que je lui donne – est une forte personnalité, avec un visage aux pommettes saillantes et aux yeux animés de sorcière. Elle m'apporte ma boisson (un grand verre d'eau), me présente à ses enfants et m'explique que c'est le jour de repos de son mari, qu'il passe au lit, à l'étage au-dessus. La maison – bon, Caroline en est un peu gênée, même si un quatre pièces dans ce petit immeuble pour 825 $ par mois ne me paraît pas une mauvaise affaire en ce moment. Elle énumère ses défauts : les chambres sont minuscules ; le quartier est infesté par les trafiquants de drogue ; le plafond de la salle de séjour fuit chaque fois qu'on utilise la salle de bain au-dessus ; la chasse des toilettes ne fonctionne plus et il faut se servir d'un seau. Et pourquoi se sont-ils installés ici ? Parce que, avec son salaire de 9 $ de l'heure d'assistante du comptable dans un hôtel du centre, et les 10 $ de son mari employé chargé de l'entretien, moins les charges et les 59 $ d'assurance maladie (elle est diabétique et son enfant de cinq ans, asthmatique) elle ne peut pas vraiment choisir. Pourtant si on fait les comptes, ces gens gagnent près de 40 000 $ par an, ce qui fait d'eux des membres de la « classe moyenne ».

J'explique ma mission à Minneapolis, quand bien même sa nièce semble l'avoir déjà fait, et je lui demande de me raconter son déménagement en Floride dix ans plus tôt. Voici son histoire telle que je l'ai notée, puisqu'elle n'y voyait pas d'objection, celle d'une personne accomplissant dans la vie réelle ce que je fais pour les besoins d'une enquête de journaliste :

Elle vivait dans le New Jersey, travaillant dans une banque, quand elle avait décidé de quitter son mari parce qu'il « ne s'occupait pas » des enfants. Elle avait déménagé dans le Queens chez sa mère, mais il devenait impossible de faire le trajet jusqu'à son travail dans le New Jersey, après avoir accompagné son plus jeune enfant à la crèche. Puis son frère vint s'installer avec eux et ils se retrouvèrent donc à cinq, trois adultes et deux enfants, dans deux chambres, ce qui était intenable. Elle choisit de partir pour la Floride, où elle avait entendu dire que les loyers étaient modiques. Elle partit avec des vêtements, les billets pour le car et 1 600 $ en liquide. Rien de plus. Ils descendirent du car dans une petite ville au sud d'Orlando et là, un sympathique chauffeur de taxi – elle se souvient encore de son nom – les emmena dans un hôtel pas cher. L'étape suivante consista à trouver une église : « Toujours trouver une église. » Les gens de l'église la conduisirent à un bureau du WIC (« Women, Infants and Children », un programme fédéral pour procurer une alimentation décente aux femmes enceintes et aux mères de jeunes enfants), à une école pour sa fille de douze ans et à une crèche pour son bébé. De temps en temps, ils l'aidèrent aussi à payer ses courses. Caroline trouva rapidement un travail de femme de ménage dans un hôtel – 28 à 30 chambres par jour, à 2 ou 3 $ la chambre, soit 300 $ environ par semaine. Cela revenait surtout « à se coucher et se lever avec un dos en compote ». Sa fille devait passer prendre le bébé à la crèche et s'en occuper jusqu'au retour de Caroline vers 8 h du soir, ce qui ne lui laissait guère de temps pour aller jouer dehors.

Quel effet ça faisait de tout recommencer dans un endroit nouveau ? « L'angoisse totale ! Vous voyez ce que je veux dire ? » C'est ce stress, pense-t-elle, qui lui a donné le diabète. Elle avait soif tout le temps, la vue trouble, des démangeaisons terribles – et elle n'avait pas la moindre idée de la signification de ces symptômes. Un docteur lui avait dit qu'il s'agissait sans doute d'une maladie vénérienne, mais il y avait bien longtemps qu'elle n'avait pas eu de relations sexuelles. Un matin, le Seigneur lui avait ordonné : « Va à l'hôpital. Vas-y à pied, pas en voiture. » Elle avait parcouru trente pâtés de maison et s'était évanouie en arrivant. Le Seigneur voulait sans doute qu'elle marche jusqu'à s'évanouir pour qu'on prît soin d'elle.

Il s'était produit cependant des bonnes choses. Elle avait l'habitude d'aider un homme à l'hôtel où elle était femme de ménage, un homme atteint du cancer : elle lui apportait à manger, nettoyait ses plaies malodorantes. Il lui en était tellement reconnaissant qu'il lui donna un jour 325 $, ce qui était, il le savait, le montant de son loyer. Et puis il y avait la grande amie, Irene, que Caroline avait rencontrée dans un « Dumpster ». Irene avait des problèmes, oui. Elle était noire et indienne, ouvrière agricole itinérante, et elle avait été violée par un type, frappée par son petit ami, ce qui lui avait laissé une vilaine cicatrice sur le visage. Le petit ami avait retrouvé la trace du violeur, l'avait battu à mort et s'était retrouvé en prison pour le restant de ses jours. Caroline adopta en quelque sorte Irene et, pendant un certain temps, ça marcha très bien. Irene trouva du travail à Taco Bell et l'aida à s'occuper des enfants, qu'elle aimait et traitait comme les siens. Puis elle se mit à boire et « à danser sur les tables » dans les bars, avant de la quitter pour aller vivre avec un homme. Elle manque à Caroline et celle-ci est même retournée en Floride pour essayer de la retrouver. Irene aurait très bien pu mourir. Un jour, une tumeur grosse comme une pièce de monnaie était apparue sur son sein droit. C'est dur de ne plus rien savoir d'elle.

Caroline avait rencontré son mari actuel, un Blanc, en Floride. Mais ses tribulations ne prirent pas fin avec son mariage. Il y eut des périodes sans logement et des voyages d'un Etat à l'autre en car avec les enfants. Lorsque, au bout de deux heures de ce récit, je me lève pour partir, Caroline me demande si je suis végétarienne. Je m'excuse de ne pas l'être et elle court dans la cuisine pour me rapporter une marmite de son ragoût de poulet que j'accepte avec gratitude : c'est mon dîner. Nous nous embrassons. Elle me raccompagne à ma voiture et nous nous embrassons de nouveau. J'ai donc une amie à Minneapolis à présent, et le plus étrange, c'est qu'elle est l'original – la femme qui s'est déracinée et a pu retomber sur ses pattes, avec des enfants de surcroît – et je suis la copie, le faux un peu passé, et sans enfants.

Le mardi, quand la semaine qui suit Memorial Day commence, ma vie retrouve son allure grise et sinistre. C'est le jour du test de dépistage, des embouteillages et d'une pluie qui tombe régulièrement et a un étrange effet sur ma vessie. Le premier test, pour Wal-Mart, est assez peu douloureux. Il a lieu dans le cabinet d'un chiropracteur à quelques kilomètres du Wal-Mart en question. On me donne deux petits récipients en plastique – un pour faire pipi et l'autre pour contenir l'échantillon transvasé – et on m'envoie dans une salle d'attente ordinaire au bout d'un couloir. Assez facile de remplacer un récipient par un autre, si j'avais dans ma poche un petit flacon d'urine ou si j'avais rencontré un donneur potentiel dans la salle d'attente. Le test suivant, pour Menards, m'entraîne vers la banlieue sud, dans le service d'allopathie d'un hôpital quelconque, avec ses patients trimbalés dans les couloirs sur des brancards. Une douzaine de personnes attendent déjà dans la salle d'attente du laboratoire SmithKline Beecham, la plupart d'entre eux appartenant, à en juger par l'apparence, au monde des bas salaires. La télévision est allumée et on voit l'émission de Robin Given, *Forgive or Forget*, dont le thème est aujourd'hui « Tu m'as menti et je t'en ai guéri ». Il semble que Cory, dix-huit ans, a volé son cousin qui lui avait menti, ruinant ainsi le Noël de la petite amie et de la fille de son cousin. Cory ne se repent pas, cherche même des excuses pour avoir volé et menti toute sa vie. Robin agite ses poings dans l'air et crie : « Cory, Cory, arrête de jouer les *victimes!* » Le vol n'est rien, apparemment, en comparaison du crime qui consiste à jouer les victimes. A chaque nouvelle accusation de Cory, les applaudissements du public redoublent. Ce qu'il fait est mal, et c'est aussi le cas d'un certain nombre de spectateurs impassibles dans cette salle d'attente, qui seront bientôt confondus et jugés grâce à leur urine. Mon esprit part à la dérive et tombe sur une des questions « J'approuve/Je désapprouve » du test Wal-Mart : « Il y a de la place dans toute entreprise pour un non-conformiste. » Mais non, non, non ! La réponse correcte, comme nous allons bientôt l'apprendre, est « Je suis en désaccord total ».

Finalement, au bout de quarante minutes, je suis appelée par une femme en tenue de ménage bleue, assez peu médicale. Qu'ont-ils en tête – l'ablation de ma vessie si je ne produis pas un volume suffisant d'urine ? Je demande s'ils font autre chose que des tests de dépistage. Non, c'est l'essentiel de leur activité. Elle vérifie ma pièce d'identité, puis presse ce qui ressemble à du savon liquide sur mes mains, bien qu'il n'y ait pas un lavabo en vue. Je dois entrer dans une salle de bain et me laver les mains, en laissant mon sac avec elle. Je m'arrête un instant, les mains couvertes de ce liquide gluant, pour évaluer quelle confiance je peux lui accorder. Pourquoi, par exemple, suis-je censée la laisser avec mon sac, alors qu'elle me soupçonne de vouloir verser un dissolvant dans mon urine pour éliminer toute trace de drogue ? Mais toute attitude rebelle de ma part pourrait l'inciter à trafiquer les résultats. Je me rends donc docilement dans la salle de bain, je me lave les mains et j'urine – je suis autorisée à fermer la porte pour le faire. Et la parodie de consultation est complète. Toute cette histoire, avec le trajet et l'attente, m'a pris une heure et quarante minutes, et il en a fallu autant pour le test Wal-Mart. Il me vient à l'esprit qu'un des effets du test de dépistage – peut-être même une de ses *fonctions* – est de limiter la mobilité du travailleur. Chaque nouvel emploi potentiel requiert (1) une candidature, (2) un entretien et (3) un test de dépistage – à quoi s'ajoutent le prix de l'essence et celui d'une éventuelle baby-sitter.

Jusqu'à ce que je connaisse les résultats des tests, je me sens obligée de continuer à chercher du travail. La plupart du temps, je tombe sur des choses prévisibles et peu prometteuses – remplir un formulaire de candidature, s'entendre dire qu'on vous fera signe, etc. – à l'exception d'une seule qui se détache nettement de la routine légaliste et euphémique de la vie d'entreprise. L'annonce concerne un travail au « service clients », le genre de boulot que j'évite en général parce qu'il implique la plupart du temps de présenter un CV, ce qui suppose donc des falsifications auxquelles je ne suis pas prête à me livrer. Mais ce travail est décrit comme « non qualifié ». Lorsque j'appelle, on me dit de me présenter à 3 h précises et dans une « tenue de travail ». Cette dernière injonction est un défi, dans la mesure où ma garde-robe est essentiellement composée de tee-shirts, de deux pantalons (en dehors de mes jeans). Mais j'ai une veste et une paire de chaussures correctes que j'ai emportées pour un arrêt à New York, avant de venir à Minneapolis. Une touche de rouge à lèvres et l'ensemble produit, à mon avis, une excellente impression. Quand j'arrive à Moutain Air (comme nous l'appellerons), dans un immeuble blanc sans caractère sur une voie d'accès, neuf autres candidats attendent déjà. Il va s'agir, me dit-on, d'un entretien de groupe, mené par Todd, dans une grande pièce où les candidats sont assis sur des chaises pliantes. Todd, un homme élégant d'une trentaine d'années, fait son laïus en passant des diapositives.

Todd parle très rapidement d'une voix chantante, ce qui laisse penser qu'il fait son numéro plusieurs fois par jour. Mountain Air, explique-t-il, est « un consultant en environnement », qui fournit « gratuitement » ses services aux gens souffrant d'asthme et d'allergies. Nous nous rendrons auprès de ces personnes en voiture et nous gagnerons 1 650 $ par mois si nous prenons 54 rendez-vous de deux heures chacun – même s'il faut être drôlement paresseux pour ne pas faire plus. A cela s'ajoutent des avantages incroyables, comme des week-ends de formation aux quatre coins du pays où « on fait du bon boulot, notamment avec les séminaires de motivation – mais on peut y aller avec son conjoint et passer un très bon moment ». Il nous suffit d'avoir plus de dix-huit ans, d'être disponible, d'avoir une voiture et un téléphone à notre nom, ou bien un an de résidence dans le Minnesota. Zut ! Il demande si l'un d'entre nous ne réside pas depuis longtemps dans l'Etat et lorsque je lève la main, il précise que les conditions peuvent parfois être modifiées. Ce que Moutain Air cherche avant tout – et il lit ce qu'affiche une diapositive –, c'est : « Auto-discipline / Désir de gagner de l'argent / Attitude positive ».

Rien n'est dit, je le note, du service fourni ou de la guérison des malades. En fait, en comparaison de l'éthique de service sirupeuse de Wal-Mart, l'insistance de Todd sur les choses essentielles est véritablement rafraîchissante. Nous serons des travailleurs indépendants, nous dit-il, et non des employés, ce qui veut dire que « si vous mentez à un client, la société n'est pas responsable ». Même si, je me demande, les mensonges font partie de l'argument de vente inculqué par la société ? C'est très simple, nous assure Todd, il s'agit simplement « de prendre en charge des gens qui ont un problème grave, même s'il n'est probablement pas aussi grave qu'ils le pensent, et de les rendre heureux ». Des questions ? Je n'ai rien compris, mais je me contente de demander en quoi consiste le produit, à supposer qu'il y ait un quelconque produit à vendre. Todd ouvre une boîte en carton que je n'avais pas remarquée sur le sol, à ses pieds : un appareil trapu, l'air un peu menaçant, qu'il présente comme le « Filtre Roi ».

« Nous faisons donc de la vente ? » demande quelqu'un. « Non », répond Todd sur un ton un peu véhément. « Nous avons un produit et s'ils le veulent, nous le leur donnons » – mais il ne peut pas vouloir dire que nous le donnons gratuitement. Nous allons à présent procéder aux entretiens individuels de trois minutes. Quand c'est mon tour, Todd me demande pourquoi je veux faire ce travail et je dis quelque chose, sans y réfléchir, sur le désir d'aider des gens qui ont de l'asthme. Où est-ce que je me crois, chez Wal-Mart ? Parce que, lorsque j'appelle à l'heure dite, deux heures plus tard, j'apprends que je n'ai pas été retenue pour l'instant – même si j'ai réussi à figurer sur la liste d'attente. C'est peut-être le problème de résidence qui m'a coulée, même si j'ai l'impression que c'est plutôt une hypocrisie mal placée.

Entre-temps, la recherche d'un logement prend une tournure désespérée. Je passe mon temps à attendre un appel ou appeler pour la troisième ou quatrième fois une agence de location. Pendant la semaine, il m'arrive de tomber sur des êtres vivants quand je téléphone, mais ils ne montrent que du dédain ou font tout pour me décourager. L'un d'eux me conseille de consulter un annuaire gratuit des appartements disponibles que je peux trouver, paraît-il, sur des présentoirs au coin des rues. Mais toutes les offres concernent des appartements équipés de Jacuzzi, avec des salles de gym en sous-sol et des loyers de plus de 1 000 $ par mois. Un autre m'annonce que j'ai choisi le pire moment pour m'installer à Minneapolis. Les appartements disponibles ne dépassent pas 1 % du total et pour ce qui est des appartements *abordables*, je peux diviser ce chiffre par dix. Les annonces immobilières du *Star Tribune* sont rares ou inexistantes. Personne ne me rappelle. De plus, je m'aperçois avec un peu de retard que Minneapolis est beaucoup plus vaste que Key West ou Portland dans le Maine et que mes deux possibilités de travail – Wal-Mart et Menards – sont séparées par une cinquantaine de kilomètres. Mon envie de parcourir les autoroutes des Twin Cities s'est rapidement étiolée. Partout où je vais, un type qui n'a jamais entendu parler du « Minnesota sympa » me harcèle avec son pick-up, me force à contempler son pare-chocs arrière sur lequel je peux lire : « Si tu n'es pas une hémorroïde, laisse mon cul tranquille ». La station de rock ne m'apporte pas non plus le soutien que j'attendais. Je peux supporter des voitures qui me collent au train à 120 à l'heure avec Creeedence Clearwater Revival ou même ZZ Top, mais les Eagles ou les Dobbie Brothers ne me sont d'aucun secours. Et je ne veux surtout pas vivre à une distance astronomique de mon travail, à supposer que j'en trouve un.

Il existe une possibilité – le seul endroit dans les Twin Cities qui loue des appartements meublés « abordables » à la semaine ou au mois – et cet endroit, Hopkins Park Plaza, devient la cible de toutes mes attaques immobilières pendant les trois semaines suivantes, ma nouvelle idée du paradis terrestre. A mon troisième appel (mes deux premiers messages n'ont pas obtenu de réponse), je tombe sur Hildy, qui pense ne rien avoir d'intéressant à me proposer pour le moment. Mais je pourrais passer et payer les 20 $ (en liquide) de droit d'entrée. Quand je finis par trouver les deux immeubles en brique de deux étages qui forment le Park Plaza, je rencontre plusieurs candidats – un homme entre deux âges aux cheveux teints en auburn, un jeune homme d'origine hispanique (on dit Latino en Californie), une femme blanche un peu âgée – attendant Hildy, qui nous explique pourquoi elle ne répond pas aux messages téléphoniques : le marché actuel joue totalement en sa faveur. L'endroit, quand Hildy se décide à me le faire visiter, est pas mal, même si les couloirs ont tendance à être un peu sombres, bruyants et envahis par les odeurs de cuisine et d'ordures. On peut me donner immédiatement, si je le souhaite, une chambre sans cuisine, mais elle est en sous-sol et le loyer de 144 $ par semaine paraît un peu élevé. Je décide donc d'attendre qu'une chambre avec kitchenette soit disponible – c'est une question de jours, m'assure Hildy, la rotation étant très rapide. Cela me semble une décision prudente et économe, mais c'est en réalité une erreur colossale.

Je suis certaine de ne pas bien m'y prendre, que quelque chose m'échappe. Les propriétaires de Budgie étaient certains que Apartment Search pourrait me trouver un logement. Lorsque j'appelle l'ami d'un ami, un professeur d'une université de St. Paul qui me fait un petit cours sur l'histoire industrielle des Twin Cities, il concède qu'il y a bien une crise du logement abordable, mais il ne sait absolument pas ce que je devrais faire. Les agents immobiliers qui sont assez gentils pour répondre au téléphone recommandent tous la même chose : trouver un motel qui loue à la semaine et attendre une opportunité [1]. Après de nombreux appels, j'établis une liste

---

1. Au cours de ces dernières années, le nombre des appartements abordables a décliné régulièrement dans tout le pays. En 1991, on trouvait quarante-sept appartements abordables à louer pour cent familles à revenus modestes ; en 1997, il n'y avait plus que trente-six appartements de ce type pour cent familles (« Rental Housing Assistance – The Worsening Crisis : A Report to Congress on Worst-Case Housing Needs », Housing and Urban Development Department, mars 2000). On ne trouve aucun document statistique au niveau national – ou même local –, mais la rumeur veut que de plus en plus de pauvres soient condamnés à vivre dans des motels. Les agents du recensement distinguent entre les motels courants, comme ceux où séjournent les touristes, et les motels de résidence, qui louent à la semaine à des locataires qui restent longtemps. De nombreux motels mélangent ces deux catégories

de onze motels dans la zone des Twin Cities, aucun d'entre eux n'appartenant à une chaîne et offrant des chambres à la semaine. Les tarifs, toutefois, ne correspondent absolument pas à une quelconque définition du mot « abordable » et vont de 200 $ par semaine au Hill View à Shakopee à 295 $ au Twin Lakes dans le sud de Minneapolis. Bon nombre d'entre eux sont complets. Je vais au Hill View, où on me demande une caution de 60 $ en liquide. Je roule pendant des kilomètres. Je sors de la carte, j'abandonne les banlieues et les centres commerciaux, j'entre dans la campagne profonde, ce qui constitue un changement agréable pour la conduite automobile – mais pour ce qui est d'y vivre ? Dans les parages du Hill View, il n'y a ni *diner*, ni fast-food, ni épicerie, aucun établissement commercial à l'exception de deux entrepôts d'équipement agricole. La distance est inacceptable. Comme l'est la chambre quand je finis par la voir : pas de micro-ondes ni de réfrigérateur, ni de place autour du lit. Et qu'est-ce que je pourrai faire quand je n'aurai

---

d'occupants ou changent de catégorie selon la saison. Le nombre des résidents à long terme des motels est sous-évalué, dans la mesure où leurs propriétaires refusent souvent l'accès aux agents de recensement. Quant aux résidents, ils admettent difficilement de déclarer qu'ils vivent parfois à quatre ou plus dans une chambre (Willoughby Mariano, « The Inns and Outs of the Census », *Los Angeles Times*, 22 mai 2000).

pas envie de rester au lit, aller visiter le rayon des pièces détachées Caterpillar dans un des entrepôts ?

Au moins, Twin Lakes (j'ai changé le nom) se situe dans Minneapolis. Le propriétaire, originaire d'Inde, m'annonce que les résidents sont des gens qui travaillent, installés ici à long terme. Il me propose une chambre au deuxième étage, où je n'ai pas de vis-à-vis et donc pas besoin de garder les rideaux tirés pendant la journée. De nouveau, ni micro-ondes, ni réfrigérateur. Je lui dis d'une voix faible que je vais la prendre et que je m'installerai dans deux jours. Pas de problème. Il me dispense même de la caution. Mais l'endroit ne m'inspire pas confiance, sans doute parce que tout a l'air gris et taché et parce qu'un type à l'air dérangé, qui traîne près de la machine à laver à jetons, me regarde avec insistance de ses yeux bleus injectés de sang.

Côté travail, tout se met à bouger brusquement. On m'avait dit de me présenter à Menards le mercredi matin à 10 h pour « l'orientation » et puisque l'embauche dépendait des résultats du test de dépistage, j'appelle pour confirmer le rendez-vous. Oui, ils m'attendent en effet – j'espère que ce n'est pas seulement pour dénoncer mon profond déséquilibre chimique. Mais l'entretien d'orientation se déroule dans une atmosphère amicale et optimiste. Lee-Ann, une blonde un peu fatiguée d'une quarantaine d'années, et moi sommes assises en face de Walt qui donne les instructions essentielles sur un ton agréable et désinvolte : Soyez gentilles avec les invités, même lorsqu'ils sont furieux de ne pas pouvoir rendre un article, et ils essaient toujours de le faire. Pas d'absence sans prévenir. Attention à un des directeurs qui s'en prend tout particulièrement aux femmes quand il fait sa visite du magasin : il se comporte comme un véritable « salaud ». Nous aurons à porter une ceinture sur laquelle sont fixés un couteau (pour ouvrir les cartons, j'imagine) et un mètre-ruban, et le prix de ces accessoires, qu'il pousse devant nous sur la table, sera déduit de notre première paye. Ah, aussi, nous recevrons des « petits cadeaux » de temps en temps – des stylos-billes, des tasses à café, des tee-shirts pour la promotion de certains articles. Puis Walt nous donne nos gilets et nos badges d'identité. Je suis touchée du fait qu'il en ait deux pour moi, un avec « Barbara » et l'autre avec « Barb ». J'ai le choix.

Lorsque Walt quitte la pièce un instant, je me tourne vers Lee-Ann pour lui demander : « Est-ce que ça veut dire que nous sommes embauchées ? » Parce qu'il me semble étrange qu'aucune offre n'ait été faite ou acceptée. « On dirait », me répond-elle en ajoutant qu'elle n'a même pas passé son test de dépistage. Elle est allée au laboratoire, mais elle n'avait pas de carte d'identité parce qu'elle s'est fait voler son portefeuille : ils ne l'ont pas autorisée à passer le test. Walt est de retour et il m'emmène dans le magasin pour faire la connaissance de Steve, « un type vraiment bien », qui sera mon chef dans le rayon plomberie. Mais, une fois là, le doute surgit. Sur les étagères d'articles de plomberie, et il semble y en avoir des kilomètres, il n'y en a pas un dont je puisse donner le nom, ce qui me permet de me faire une idée de ce que doit être l'aphasie. Vais-je pouvoir m'en sortir en montrant du doigt et en grognant ? Le sourire de Steve tourne un peu à la grimace, comme s'il était en train de lire dans mes pensées et incapable d'y trouver la moindre trace d'une connaissance en matière de plomberie. Vous commencez vendredi, me dit-il, de midi à onze heures. Je pense ne pas l'avoir bien entendu et je n'arrive pas à croire le montant du salaire qu'annonce Walt – non pas 8,50, mais 10 $ de l'heure.

Je n'ai plus besoin du boulot à Wal-Mart, me semble-t-il – même s'il s'avère qu'ils veulent m'embaucher. Roberta m'appelle pour me dire sur un ton presque obséquieux que « mon test de dépistage est bon » et qu'on m'attend le lendemain à 3 h pour l'entretien d'orientation. Le résultat ne produit pas sur moi l'effet désiré d'absolution ou de propreté. En fait, je me sens irritée et je ne peux pas m'empêcher de penser que j'aurais peut-être pu obtenir le même résultat sans dépenser 30 $ de pharmacie et sans être ballonnée.

Je lui demande quel est le salaire – il est à noter qu'elle ne m'a pas donné l'information spontanément – et quand elle me répond 7 $ de l'heure, je me dis : OK, l'affaire est close. Mais je décide, par prudence et pour le bien de mon enquête, de passer l'entretien d'orientation de Wal-Mart. Ce qui va se révéler, pour des raisons physiologiques imprévisibles, une autre erreur majeure.

En termes de pure grandeur, d'échelle et d'intimidation, je doute que l'entretien d'orientation de n'importe quelle autre entreprise puisse dépasser celui de Wal-Mart. On m'a prévenue que l'ensemble de la procédure durait huit heures, avec deux pauses de quinze minutes et une autre d'une demi-heure pour le déjeuner. Je serai payée comme pour une journée de travail normale. Lorsque j'arrive, en tee-shirt et pantalon kaki tout propres, comme il convient pour une « associée » de Wal-Mart potentielle, je me retrouve avec dix autres personnes, la plupart jeunes et de race blanche, qui viennent d'être embauchées. Roberta, à la tête d'une équipe de trois personnes, dirige « l'orientation ». Nous nous asseyons autour d'une longue table dans la pièce sans fenêtre où j'ai déjà passé un entretien, avec devant chacun un épais dossier. J'entends de nouveau Roberta parler des six enfants qu'elle a élevés, de son « sens du contact », de sa découverte des trois principes de la philosophie Wal-Mart et de leur correspondance parfaite avec ses trois principes à elle. Et ainsi de suite. Nous commençons par une vidéo, d'une quinzaine de minutes environ, consacrée à l'histoire et à la philosophie de Wal-Mart ou, comme dirait un anthropologue, au Culte de Sam. Tout d'abord, Sam Walton jeune, en uniforme, revient de la guerre. Il ouvre un magasin, une sorte de bazar; il se marie et devient le père de quatre beaux enfants; il reçoit des mains du Président Bush la Médaille de la Liberté, après quoi il meurt rapidement, ce qui provoque une floraison d'oraisons funèbres. Mais les affaires continuent, c'est le moins qu'on puisse dire. La courbe de l'histoire de Wal-Mart grimpe de manière vertigineuse, ne marquant de pause que pour fixer de nouveaux records dans l'histoire de l'expansion d'une entreprise. 1992 : Wal-Mart devient le plus grand détaillant du monde. 1997 : Le chiffre d'affaires dépasse 100 milliards de dollars. 1998 : Le nombre des « associés » de Wal-Mart atteint le chiffre de 825 000, faisant de la société le plus grand employeur privé du pays. Chaque record est accompagné d'un clip vidéo montrant des foules de clients, des nuées d'associés, des nouveaux magasins avec leurs parkings attenants. Une voix répète sans cesse, quand ce n'est pas un panneau qui les affiche, les trois principes qui n'ont rien à voir entre eux, à un point qui en est presque un défi à la raison : « Respect de l'individu, dépassement des attentes du client, recherche de l'excellence ».

« Respect de l'individu », c'est là que nous, les « associés », intervenons, parce que, aussi vaste que puisse être Wal-Mart et aussi petits que nous soyons en tant qu'individus, tout dépend de nous. Sam disait toujours et on le voit en train de le dire, « les meilleures idées viennent des associés » – par exemple, l'idée d'une personne chargée d'accueillir les gens, un employé un peu âgé (pardon, un « associé »), qui reçoit personnellement chaque client à son entrée dans le magasin. Trois fois pendant la procédure d'orientation, qui commence à 3 h de l'après-midi et se prolonge jusqu'à 11 h environ, on nous rappelle que celle-ci est née dans le cerveau d'un simple « associé ». Qui sait quelle révolution dans la vente au détail chacun d'entre nous a peut-être en tête ? Parce que nos idées sont les bienvenues, plus que bienvenues, et il ne faut pas que nous pensions à nos dirigeants comme à des patrons mais comme à des « dirigeants à notre service » et au service des clients. Bien entendu, tout n'est pas harmonie parfaite, en toutes circonstances, entre les associés et les dirigeants à leur service. Un clip vidéo consacré à « l'honnêteté de l'associé » montre un caissier pris en flagrant délit par les caméras de surveillance, alors qu'il empoche quelques billets volés dans la caisse-enregistreuse. Un tambour retentit de façon menaçante tandis qu'il est emmené, menottes aux poignets. On apprend qu'il a été condamné à quatre ans de prison.

Le thème des tensions cachées, surmontées grâce à la réflexion et à une attitude positive, se prolonge dans un clip vidéo de douze minutes, intitulé *Vous avez choisi un lieu de travail formidable*. Différents « associés » confirment dans leur témoignage que « l'atmosphère véritablement familiale de Wal-Mart, si bien connue, existe vraiment », conduisant à la conclusion que nous n'avons pas besoin d'un syndicat. Autrefois, il y a bien longtemps, les syndicats avaient leur place dans la société américaine, mais ils « n'ont plus grand-chose à offrir aux travailleurs », raison pour laquelle les gens les quittent « en masse ». Wal-Mart est en pleine expansion, les syndicats, eux, sont en plein déclin : jugez vous-même. Mais on nous avertit que « les syndicats ont Wal-Mart dans leur collimateur depuis des années ». Pourquoi ? Pour les cotisations, bien évidemment. Imaginez tout ce que vous perdriez avec un syndicat : tout d'abord, vos cotisations qui s'élèveraient à 20 $ par mois « et parfois beaucoup plus » ; ensuite, vous n'auriez plus « votre voix », puisque le syndicat vous imposerait de mener les négociations pour vous ; enfin, vous pourriez perdre vos salaires et vos avantages parce qu'ils seraient « mis en jeu à la table des négociations ». Vous devez vous demander – et j'imagine que certains de mes collègues autour de la table, qui n'ont pas encore vingt ans, vont le faire – pourquoi des démons comme les syndicalistes sont autorisés à circuler librement dans notre pays.

Il y aurait encore tant à dire, mais c'est plus que je n'en peux absorber, même étalé sur un semestre. Supposant avec raison qu'aucun de nous ne va se coucher avec le « Manuel de l'associé Wal-Mart » pour l'étudier, les responsables de la formation commencent à le lire à voix haute, s'interrompant à la fin de chaque paragraphe pour demander : « Des questions ? » Il n'y en a jamais. Barry, le septuagénaire assis à ma gauche, marmonne qu'il a « mal au cul ». Sonya, la jeune Noire qui est assise en face de moi, semble morte de peur. J'ai abandonné toute volonté de paraître éveillée et je lutte pour garder les yeux ouverts. Pas de piercing sur le visage, nous apprend-on. Les boucles d'oreilles doivent être petites et discrètes, ne pendre en aucun cas. Pas de jean, sauf le vendredi, et il faut payer 1 $ le privilège de le porter. Pas de « rumination », c'est-à-dire pas d'absorption de nourriture pendant le travail. Pas de « vol du temps ». Ce dernier règlement provoque chez moi une dérive vers un univers de science-fiction : *Et ainsi les voleurs de temps reprirent la direction de l'année 3420, les poches pleines de week-ends et de jours de congé pillés dans le XXIe siècle...* Enfin une question. Le vieux type qui est embauché pour accueillir les gens veut comprendre : « C'est quoi le vol du temps ? » Réponse : faire autre chose que travailler pendant le temps de travail, quoi qu'on fasse. Le vol de *notre* temps n'est pas, toutefois, un problème. Il y a des périodes de plusieurs minutes pendant lesquelles nos formateurs s'en vont, nous laissant là assis en silence ou à nous agiter. Ou bien nos plus jeunes formateurs nous lisent une section du manuel et puis Roberta, qui revient d'on ne sait où, la relit à son tour. Je n'arrive plus à garder les paupières ouvertes et je pense à partir. J'ai vu le temps passer plus vite au cours d'un retard de sept heures pour le décollage d'un avion. En fait, j'en deviens même nostalgique de ces retards au décollage. Au moins, on peut lire un livre, se lever, marcher, aller aux toilettes.

Pendant les pauses, je bois du café acheté au Radio Grill, nom du fast-food à l'intérieur du magasin, du vrai café avec de la caféine, soucieuse de rester éveillée pour le trajet en voiture qui m'attend, plutôt que par curiosité pour les produits Wal-Mart. C'est en tout cas un remède que les militants antidrogue devraient prendre en considération avec un peu plus de sérieux. Dans la mesure où je n'en bois pas normalement – le thé glacé me procure une excitation suffisante –, le café me fait l'effet d'une amphétamine : mon pouls s'accélère, mon cerveau chauffe, ce qui provoque, dans les circonstances présentes, un état de léger délire. Je me sens dépassée par les tâches dignes du jardin d'enfants qu'on nous donne à faire, fixer un code-barres sur le badge d'identité, puis placer les lettres autocollantes qui forment notre nom. Les lettres s'enroulent sur elles-mêmes et me collent aux doigts. Je m'arrête donc à « Barb » ou, plus exactement, à « BARB », en pensant à tous les gens que je connais qui ont transformé leur prénom au cours de ces dernières années – Patsy en Patricia, Dick en Richard, etc. – et au fait que je fais exactement le contraire. A présent, nous nous succédons pour l'Apprentissage Informatique. Je suis paralysée devant le module, consacré au VIH, intitulé « Agents pathogènes véhiculés par le sang », et à ce qui doit être fait au cas où du sang serait répandu sur le sol du magasin. Bon, on place des cônes d'avertissement autour des flaques, on distribue des gants de protection, etc., mais je ne peux pas m'empêcher de penser aux circonstances dans lesquelles des flaques de sang seraient répandues : un soulèvement des « associés » ? une émeute des « invités » ? J'ai passé six modules, trois de plus que le nombre prévu pour ce soir – le reste doit être fait quand nous avons du temps disponible au cours des prochaines semaines – quand un des formateurs m'éloigne gentiment de l'ordinateur. Nous sommes autorisés à partir.

Suit alors la pire d'une série de nuits sans sommeil. Pendant le trajet de retour sur l'autoroute, un type qui roule à 130 me dépasse sur la droite en me frôlant à quelques microns près, pour me faire sentir qu'une autoroute a plus de sorties qu'on ne croit, infiniment plus – je veux parler des sorties définitives. A l'heure où j'arrive, minuit environ, il faut un quart d'heure pour trouver une place de parking, cinq minutes pour arriver jusqu'à mon appartement, où je découvre que Budgie, angoissé par ma longue absence, est devenu dément. Le sol de sa cage est entièrement recouvert de plumes et il refuse d'y retourner après quarante-cinq minutes passées sur ma tête. Je veux être en forme demain pour ma première journée au rayon plomberie – je persiste dans mon choix de Menards. Mais un tas de petites choses se compliquent et, dans la situation financière qui est la mienne, les complications ne peuvent pas rester petites. La pile de ma montre est morte et j'ai dû dépenser 11 $ pour la remplacer. Une tache d'encre importante sur mon pantalon n'est partie qu'après trois lavages (3,75 $) et un traitement spécial au K2R (1,29 $). Il a fallu payer la candidature au Park Plaza (20 $) et la ceinture de Menards (20 $), achetée seulement après comparaison de prix. Et pourquoi n'ai-je pas demandé ce que le couteau et le mètre-ruban allaient me coûter ? Je m'aperçois que le téléphone ne reçoit plus les appels et n'enregistre plus les messages. Combien de propositions d'appartements ai-je manquées ? Vers 2 h du matin, j'avale un Lexomil pour contrebalancer l'effet du café. Et vers 5 h, Budgie prend sa revanche, en accueillant à grands cris scandalisés l'aube naissante.

Je ne suis pas attendue chez Menards avant midi. Bien que je n'aie pas accepté l'un ou l'autre emploi, je me rends compte que je suis officiellement employée par Wal-Mart et Menards. Je vais peut-être combiner les deux boulots ou bien envoyer promener Wal-Mart et opter pour le meilleur salaire chez Menards. Mais Wal-Mart, avec sa procédure d'orientation interminable, m'a déjà fait boire la tasse. Les gens qui ont plus d'un emploi – et c'est ce qu'en effet j'allais devenir en passant de ma séance de 3 h de l'après-midi à 11 h du soir chez Wal-Mart à ma journée chez Menards – doivent accepter avec sérénité d'être privés de sommeil. Ce n'est pas mon cas. J'ai la tremblote, le cerveau frit comme cet œuf dans la pub pour le Partenariat en Faveur d'une Amérique sans Drogue. Comment vais-je maîtriser le catalogue entier des articles de plomberie quand je ne trouve pas la concentration nécessaire pour la préparation d'un toast de beurre de cacahuètes ? Le monde se rue sur moi comme une série de photos contrastées, sans la moindre continuité narrative. J'appelle Menards et je demande Paul pour savoir en quoi va consister ma journée exactement. Steve – ou était-ce Walt ? – m'avait dit de midi à onze heures du soir, mais ça représente onze heures de travail, non ?

« C'est exact », dit-il. « Vous vouliez travailler à plein temps, n'est-ce pas ? »

Et vous allez me payer dix dollars de l'heure ?

« Dix dollars ? » demande Paul, « Qui vous a dit ça ? » Il va falloir qu'il vérifie. Ça lui paraît bizarre.

Totalement énervée à présent, je lui dis que je ne travaillerai pas onze heures d'affilée, sans pause et sans une demi-heure de repos. Je ne lui parle pas des générations de travailleurs qui ont combattu et sont parfois morts pour la journée de dix heures puis de huit heures, même si j'ai tout ça en tête [1]. Je lui dis simplement de me renvoyer mon gilet, mon couteau et mon mètre-ruban. Dans les jours qui suivront, je tenterai de justifier cette décision en me disant que, compte tenu de la position de Wal-Mart, premier employeur privé du pays, toute expérience faite dans cet environnement aura la plus grande signification sociale. Mais c'est seulement une façon d'enjoliver une autre erreur stupide, celle qui contient une tasse de café. La vérité, difficile à accepter, c'est que je suis trop fatiguée pour travailler, surtout pendant onze heures d'affilée.

---

1. Selon le Fair Labor Standards Act, il est illégal de ne pas payer en heures supplémentaires les heures travaillées au-delà de quarante heures par semaine. Certaines catégories professionnelles – les professions libérales, les chefs d'entreprise et les fermiers – ne sont pas couvertes par le FLSA, au contraire des employés de magasin.

Pourquoi n'ai-je pas posé toutes ces questions concernant le salaire et les horaires auparavant ? Mieux encore, pourquoi n'ai-je pas discuté les prix avec Roberta lorsqu'elle m'a appelée pour m'annoncer que mon test de dépistage était négatif – ne lui ai-je pas dit que 7 $ de l'heure me convenait, pour autant qu'on m'offrait un appartement sur le lac avec Jacuzzi ? La réponse partielle, qui ne m'est venue à l'esprit que des semaines plus tard, est à chercher dans la manipulation habile du processus d'embauche par les employeurs. Vous êtes un candidat et, tout à coup, on vous propose de vous orienter. On vous donne un formulaire de candidature et, quelques jours après, on vous confie un uniforme et on vous interdit de vous faire percer le nez et de voler. Il n'y a pas d'étape intermédiaire dans ce processus, pendant laquelle vous pourriez faire face à votre employeur potentiel, à quelqu'un qui serait susceptible de prendre une décision quant à votre salaire. Le test de dépistage, intercalé entre la candidature et l'embauche, déplace encore le jeu en vous mettant vous, et non l'employeur, dans la position de celui qui a quelque chose à prouver. Même sur le marché du travail le plus favorable – et il ne peut pas être plus favorable qu'à Minneapolis, où j'aurais pu poser ma candidature dans n'importe quel établissement commercial –, la personne qui dispose de sa précieuse force de travail à vendre peut être contrainte à se sentir faible, très faible, comme quelqu'un qui aurait à supplier, la main tendue.

Nous sommes samedi et le moment est venu pour moi de quitter mon logement gratuit et mon volatile de compagnon. Quelques heures avant le retour prévu de mes hôtes, je fais mes bagages et je prends la direction de Twin Lakes. En arrivant, je découvre – ça n'est pas vraiment une surprise – que toutes les chambres du deuxième étage sont louées. La chambre que j'avais demandée, qui donne sur un jardin plutôt que sur le parking, est maintenant occupée par une femme avec un enfant, me dit le propriétaire, et il est assez bon pour être mal à l'aise à l'idée de les déplacer dans une chambre plus petite. Je décide donc d'y renoncer et j'appelle un autre endroit qui propose des chambres à la semaine, le Clearview Inn (j'ai changé le nom), qui présente deux avantages importants : c'est à vingt minutes en voiture du Wal-Mart, au lieu de quarante-cinq minutes pour le Twin Lakes, et le tarif hebdomadaire est de 245 $ au lieu de 295. C'est toujours scandaleusement cher, plus élevé que mon revenu hebdomadaire après impôts. Mais lors de notre dernière conversation, Hildy m'a promis une chambre avec kitchenette pour la fin de la semaine prochaine. Et je suis sûre de pouvoir trouver un boulot de week-end au supermarché où j'ai déposé ma candidature, au rayon boulangerie si j'ai de la chance.

Dire d'un motel qu'il est le pire du pays est, bien évidemment, une déclaration qui provoque un scepticisme considérable [1]. J'ai rencontré des concurrents sérieux au cours de mes voyages – ce motel de Cleveland qui se transformait en bordel la nuit, celui de Butte dont la fenêtre donnait sur une autre chambre. Mais le Clearview Inn laisse tous ses concurrents loin derrière. Je glisse 255 $ en liquide (10 $ supplémentaires pour le service téléphonique) sous la vitre blindée qui me sépare du jeune propriétaire indien – les Indiens de l'Inde ont, semble-t-il, pris le contrôle des motels dans tout le Middle West – et sa femme m'emmène à une chambre qui n'a de mémorable qu'une insupportable odeur de moisi. Je n'ai pas les médicaments qu'il faut pour faire face à la situation, chose que je dois expliquer en me pinçant le nez, puisque le mot allergie ne fait pas partie de

---

1. Je dois amender cette déclaration. Jusqu'à sa fermeture pour violation des règlements en matière d'incendie en 1997, on trouvait au Parkway Motel dans le sud du Maryland des fils électriques apparents, des trous dans les portes et des descentes d'eau exposées dans les salles de bain. Mais si on tient compte du prix, le Clearview Inn reste peut-être en tête, puisque la chambre au Parkway Inn était à 20 $ par jour à l'époque (Todd Shields, « Charles Cracks Down on Dilapidated Motels », *Washington Post*, 20 avril 1997).

son vocabulaire anglais. Désodorisant ? suggère-t-elle quand elle comprend ce que je veux dire. Encens ? Il y a une meilleure chambre, me dit son mari quand nous revenons au bureau, mais – et il plisse les yeux en me fixant – j'ai intérêt à ne pas la « foutre en l'air ». J'émets un vague gloussement, mais la mise en garde me reste en travers de la gorge pendant plusieurs jours : me suis-je bercée d'illusions des années durant en croyant que j'avais l'air de quelqu'un de mûr et de sobre, lorsqu'en fait j'ai l'allure d'une vandale ?

La chambre 133 contient un lit, une chaise, une commode et une télévision fixée au mur. Je dois supplier pour obtenir une lampe, en plus de l'ampoule qui pend au plafond. L'odeur de moisi a été remplacée par celle de la peinture fraîche et celle de ce que je crois être des crottes de souris. Mais les vrais problèmes ont trait à la porte et à la fenêtre : il n'y a pas de moustiquaire sur l'unique et petite fenêtre, et la chambre ne dispose pas de climatisation, ni d'un ventilateur. Le rideau est transparent. La porte n'a pas de verrou. Sans moustiquaire, la fenêtre doit rester fermée pendant la nuit, c'est plus raisonnable, mais on étouffe. A moins de vouloir tenter ma chance avec les moustiques et les voisins. Les voisins ? Le motel a la forme d'une lunette de toilettes autour du parking et j'ai sous les yeux une incompréhensible collection d'individus. Une femme avec son bébé dans les bras est appuyée contre le chambranle de sa porte. Deux bandes d'adolescents, l'une de Noirs et l'autre de Blancs, ont l'air de partager deux chambres contiguës. Il y a plusieurs hommes, célibataires d'âges variés. Le plus vieux d'entre eux, un Blanc, a sur son pare-chocs un autocollant qui dit : « Ne volez pas, le gouvernement déteste la compétition » – comme si c'était l'impôt sur le revenu qui l'empêchait de vivre aujourd'hui dans un appartement luxueux. Quand le soleil se couche, je sors pour juger de l'efficacité de mon rideau et, en effet, on voit parfaitement à travers, les silhouettes du moins. Je mange ce que j'ai acheté chez le traiteur d'un supermarché de Minneapolis et je me couche tout habillée. Mais je ne dors pas.

Je ne pense pas souffrir d'une peur congénitale, dont je pourrais créditer ou blâmer ma mère, qui ne s'est jamais résolue à me mettre en garde contre ce qui rendait vulnérable une jeune fille. C'est seulement en arrivant à l'université que j'ai commencé à comprendre ce que pouvait être le viol et que j'ai découvert que ma propension à me promener seule dans des villes inconnues était perçue moins comme une excentricité qu'une imprudence. Je n'éprouvais aucune peur dans le parc de caravanes à Key West ou dans le motel du Maine, mais il y avait un verrou sur les portes, des moustiquaires et des rideaux efficaces aux fenêtres. Ici, seule l'odeur de renfermé me fait sentir que je suis à l'intérieur. Pour le reste, je suis exposée aux regards et à tout ce qui pourrait provenir de l'autoroute. Je n'ai pas non plus envie de compter sur l'aide de mes hôtes. Je compte mettre des boules Quiès pour me protéger du bruit de la télévision dans la chambre voisine et un masque pour bloquer la lumière clignotante en provenance du distributeur de boissons sur le parking. Puis je décide qu'il vaut mieux garder tous mes sens en alerte. Je m'endors et me réveille, je m'endors et je me réveille de nouveau, j'écoute les voitures passer, j'aperçois des silhouettes qui glissent devant ma fenêtre.

Vers 4 h du matin, je me rends compte que ce n'est pas un simple problème de trouille. Les femmes pauvres – en particulier celles qui sont seules ou même les femmes qui vivent temporairement parmi les pauvres pour une raison quelconque – ont vraiment plus à craindre que celles qui habitent des maisons fermées à double tour, avec des alarmes, des chiens et des maris. Je devais le savoir de façon théorique ou j'en avais au moins entendu parler, mais c'est la première fois que la leçon porte ses fruits.

C'est de là que je pars le lundi matin pour entamer ma nouvelle vie de Wal-Martienne. Après la rigoureuse procédure d'orientation, je m'attends à un accueil très formel, peut-être même une cérémonie pour la remise de mon gilet bleu Wal-Mart et une formation spéciale de quarante-cinq minutes sur le fonctionnement des distributeurs dans la salle de repos. Mais lorsque j'arrive pour le service de 10 h à 6 h, personne ne paraît m'attendre. Je suis dans les rayons « soft », ce qui a une sonorité sinueuse et merveilleuse, mais je n'ai pas la moindre idée de ce que cela peut vouloir dire. Quelqu'un du service du personnel me dit que je suis au rayon des vêtements féminins (une subdivision du « soft ») et m'envoie à un comptoir situé près des cabines d'essayage, où l'on me fait passer d'une personne à une autre – jusqu'à ce que j'arrive à Ellie, qui ne porte pas de gilet et fait donc partie de l'encadrement. Elle m'envoie « classer » les robes d'été en tricot de Bobbie Brooks, tâche qui pourrait servir de test de QI pour des gens souffrant de graves problèmes de compréhension. Les robes doivent tout d'abord être regroupées par couleurs – olive, pêche ou lavande, en l'occurrence – puis par motif – à feuille sur le corsage, à fleur unique ou bouquet de fleurs – et dans chaque motif par taille. Quand j'ai terminé, pas du tout épuisée par l'effort, je retrouve Melissa, qui ne travaille ici que depuis deux semaines, quelqu'un de mon niveau, donc. Elle me demande de l'aider à regrouper les robes en tricot de Kathie Lee, afin que les robes en soie de la même Kathie Lee puissent prendre leur place à « l'image », la zone de circulation intense. J'apprends, au bout de deux heures de conversations fragmentées, que Melissa était serveuse auparavant, que son mari travaille dans le bâtiment et que ses enfants sont adultes. Il y a quelques épisodes un peu chaotiques dans sa vie – un enfant hors mariage, un problème de drogues et d'alcool – mais tout cela, c'est du passé depuis qu'elle consacre sa vie au Christ.

Notre travail, j'en prends conscience par fractions tout au long de la journée, consiste à maintenir le rayon femmes « vendable » pour les clientes. Bien sûr, nous leur venons aussi en aide (de plus en plus, on les appelle ici aussi des « invitées ») quand elles en ont besoin. Au début, je m'entraîne à pratiquer « l'hospitalité agressive » que nous ont enseignée les vidéos de formation : dès que quelqu'un se trouve à trois mètres d'un « associé », l'associé en question est censé faire un grand sourire et proposer son assistance. Mais je ne vois pas un « associé » expérimenté le faire – d'abord, parce que les clients sont souvent ennuyés de voir leur somnambulisme de consommateur interrompu et, ensuite, parce que nous avons des choses plus urgentes à faire. Au rayon femmes, la grande tâche, qui n'a pas son équivalent aux rayons, disons, porcelaine ou jardin, consiste à s'occuper des vêtements essayés ou simplement examinés, ou encore, mais plus rarement, de ceux qui sont échangés. Il y aussi les nombreux articles disséminés par les clients, tombés par terre, enlevés des cintres et jetés sur les portants, ou encore cachés loin de leur place habituelle. Chacun de ces vêtements doit être remis en place, classé par couleur, motif, taille et prix. Le temps libre doit être consacré à cette tâche. Quand je raconte tout ça à Caroline au téléphone, elle me dit sur un ton de commisération : « Oh, pas vraiment intello. »

Mais aucun travail n'est aussi facile qu'il en a l'air pour le non-initié. Il faut que je range des vêtements – la question est : Où ? L'essentiel de mes premières journées est consacré à essayer de mémoriser la disposition du rayon femmes, trois cents mètres carrés (six cents ?) bordés par le rayon hommes, le rayon enfants, les sous-vêtements et les cartes de vœux. Debout près des cabines d'essayage, face à l'entrée principale, nous avons devant nous les grandes tailles, ces vêtements pratiques aux allures de tentes, appelés aussi vêtements pour « femmes fortes ». Ceux-ci sont flanqués sur la gauche par notre ligne la plus habillée et la plus chère (jusqu'à 29 $ et des poussières), la collection en polyester de Kathie Lee, parfaitement adaptée pour les employées de bureau. En tournant dans le sens des aiguilles d'une montre, nous tombons sur les lignes délibérément androgynes de Russ et de Bobbie Brooks, qui ont l'air d'être conçues pour des institutrices qui se rendent à des barbecues importants. Puis, après la collection inusable de White Stag, viennent celles, aériennes et échancrées, de Faded Glory, de No Boundaries et de Jordache, dessinées pour des femmes plus jeunes et plus minces. Dispersés tout autour, on trouve les stands des marques moins connues, comme Athletic Works, Basic Equipment, et les lignes un peu farfelues comme Looney Tunes, Pooh et Mickey, aux stands généralement décorés de personnages de dessins animés. Dans chaque stand de marque, il y a, bien entendu, des douzaines d'articles et des douzaines d'exemplaires de chaque article. Cet été, par exemple, les pantalons peuvent être des capris, des pirates, des classiques, des sarouals, des jodhpurs, des bermudas, en fonction de leur longueur et de leur coupe, et j'oublie certainement plusieurs catégories. Ma position caractéristique est donc la suivante : en rotation lente sur un pied, les yeux écarquillés, des vêtements à la main, me demandant « Où ai-je vu les combinaisons d'Athletic Works à 9,96 $? » ou toute autre question du même genre. Il existe, c'est inévitable, des articles mystérieux qui exigent une enquête poussée et du temps : des vêtements qui viennent du rayon filles ou du rayon hommes, des vêtements en solde dont les étiquettes n'ont pas encore été modifiées, et le rare modèle unique.

Une fois que j'ai mémorisé la disposition, elle change brusquement. Je découvre en arrivant le troisième jour, après quelques recherches inutiles, que les combinaisons chemise-short de Russ ont chassé Kathie Lee de la zone d'affluence. Quand j'accuse en grognant Ellie d'essayer de me faire croire que j'ai la maladie d'Alzheimer, elle me fait sincèrement ses excuses et m'explique que le client moyen passe trois fois par semaine dans le magasin et qu'il est donc nécessaire de lui faire des surprises. De plus, la disposition est à peu près la seule chose dont elle a le contrôle, dans la mesure où les vêtements et les prix sont tous choisis par la maison mère dans l'Arkansas. Elle modifie la disposition avec frénésie, aussi rapidement que je la mémorise.

Ma première réaction est de la déception et une sorte de mépris sexiste. J'aurais pu être dans un rayon plomberie et apprendre le nom des valves, des outils suspendus à ma ceinture, blaguant avec Steve et Walt, alors que ma mission, à l'instant, est de rapporter un haut de bikini rose au rayon des maillots de bain. Rien de lourd à transporter, rien d'urgent à faire, pour autant que je sache. Personne ne va être affamé, personne ne va mourir ou être blessé si je faillis à ma tâche. Et d'ailleurs qui pourrait savoir que j'ai failli à ma tâche, compte tenu du chaos constant généré par les clients ? Je me sens aussi oppressée par la gentillesse obligatoire dans l'enceinte de Wal-Mart. Nous sommes en fait au rayon « dames » et nous sommes toutes des « dames », et par conséquent on nous interdit formellement d'élever la voix ou de jurer. Quelques semaines de ce régime et je deviens lesbienne, je prends une démarche affectée et je commence à incliner la tête sur le côté.

Mon travail n'est cependant pas aussi raffiné qu'il en a l'air, tout simplement en raison du volume de vêtements à déplacer. Chez Wal-Mart, à la différence de Lord & Taylor, par exemple, les clients font leurs courses avec des chariots qu'ils peuvent remplir à ras bord, avant de s'approcher des cabines d'essayage. Là, les articles rejetés qui représentent environ 90 % des articles essayés, sont pliés et placés sur des cintres par la personne qui s'occupe des cabines d'essayage, puis placés dans d'autres chariots pour Melissa et moi. C'est donc en chariots que nous mesurons notre quantité de travail. Quand j'arrive, Melissa, qui commence plus tôt que moi, me dit comment les choses se sont passées – « Tu ne vas pas me croire, huit chariots ce matin ! » – et combien de chariots m'attendent. Au début, un chariot me prend quarante-cinq minutes en moyenne et il reste encore trois ou quatre articles mystérieux au fond. Je réduis ça à une demi-heure, mais les chariots ne cessent d'arriver.

La plupart du temps, le travail n'exige qu'un minimum d'échanges avec les autres, employés ou cadres, en grande partie parce que la tâche est définie d'avance. J'arrive au début ou à la fin d'une pause, j'estime les dégâts causés par les « invités » pendant mon absence, je compte les chariots pleins qui m'attendent, et je plonge. Je pourrais tout aussi bien être sourde et muette et, en dépit de toutes les instructions de la procédure d'orientation concernant la nécessité de sourire et de se montrer chaleureux, l'autisme constituerait un avantage indéniable. Parfois, lorsqu'il ne se passe pas grand-chose, Melissa et moi inventons une tâche que nous pouvons accomplir ensemble – ranger les maillots de bain, par exemple, qui sont toujours un enchevêtrement cauchemardesque de bretelles. Nous ricanons, elle comme une chrétienne, moi plutôt comme une féministe, en contemplant les transparences inutiles qui caractérisent les plus osés. Ellie me donne parfois quelque chose de spécial à faire, par exemple mettre tous les tee-shirts Basic Equipment sur des cintres, parce que les vêtements sur cintres se vendent plus vite, et les placer avec soin sur un portant. J'aime bien Ellie. La cinquantaine, le visage grisâtre, elle doit représenter l'apothéose du « cadre à notre service » ou, en termes plus accessibles, l'encadrement « féminin » tant vanté. Elle dit « S'il vous plaît » et « Merci »; elle ne donne pas d'ordres, elle demande. Ce n'est pas le cas du jeune Howard – le *directeur adjoint*, comme on l'appelle – qui s'occupe de tout le « soft », comprenant le rayon bébés, le rayon enfants, le rayon hommes, les sous-vêtements et les accessoires. Le premier jour, on interrompt mon travail pour me faire assister à une réunion des « associés », où il passe dix minutes à fixer chacun d'entre nous avec son sourire à la Tom Cruise (les sourcils se rejoignent, les commissures des lèvres remontent), avant de nous révéler (où ai-je déjà entendu ça?) quelle est sa « bête noire » : des associés qui bavardent, c'est-à-dire l'exemple parfait d'un vol de temps.

Quelques jours après le début de ma carrière à Wal-Mart, je rentre un soir au Clearview Inn et je découvre la porte de ma chambre ouverte et le propriétaire en train de m'attendre. Il y a eu un « problème » – l'évacuation a refoulé et le sol est entièrement inondé. Heureusement, ma valise est sauve. On me déplace à la chambre 127, qui est « mieux » puisque la fenêtre est équipée d'une moustiquaire. Mais la moustiquaire est en lambeaux et, n'étant plus fixée au bas de la fenêtre, elle claque dans la brise. J'en demande une neuve et le propriétaire me répond qu'il n'en a pas de cette taille. Je demande un ventilateur et il me répond qu'il n'en a pas en état de marche. J'aimerais savoir pourquoi – après tout, nous sommes dans un motel supposé fournir certains services – et il tourne les yeux, apparemment en direction des autres résidents : « Je pourrais vous raconter des histoires... »

J'emporte toutes mes possessions à la 127 et j'essaie de reconstruire ma petite vie domestique. Comme je n'ai pas de cuisine, j'ai ce que j'appelle mon alimentaire élémentaire, c'est-à-dire un sac de supermarché contenant mes sachets de thé, quelques fruits, quelques paquets de condiments rapportés de divers fast-foods, une demi-douzaine de mini-Babybel, que je suis censée, selon l'étiquette, conserver au réfrigérateur – mais je me dis qu'ils ne risquent rien tant qu'ils restent dans leur enveloppe en plastique. J'ai mon ordinateur portable, seul lien avec mon ancienne profession, et c'est devenu un souci croissant pour moi. J'imagine qu'il s'agit de l'objet le plus coûteux de tout le Clearview Inn et j'hésite à le laisser dans ma chambre pendant les neuf heures que je passe à mon travail. Pendant les deux premiers jours à Wal-Mart, la température est fraîche et je le garde au fond du coffre de ma voiture. Mais à présent la température dépasse les trente degrés à la mi-journée et je redoute de le voir cuire dans le coffre. Autre souci pressant : l'état de mes vêtements qui sont pour la plupart dans un grand sac en papier kraft, en guise de panière à linge. Mon pantalon kaki peut être porté encore deux jours et je n'ai plus que deux tee-shirts propres avant la prochaine expédition à la laverie. Mais une question se pose en ce qui concerne les tee-shirts. Cet après-midi-là, Alyssa, une des filles qui passaient la procédure d'orientation avec moi, est venue au rayon femmes pour demander un renseignement à propos d'un polo soldé à 7 $. Allaient-ils encore baisser le prix ? Bien sûr, je n'en savais rien – c'est Ellie qui décide pour les soldes –, mais je me suis demandé pourquoi Alyssa tenait tant à ce polo. Parce qu'un des règlements stipule que les chemises doivent avoir un col, que les tee-shirts ne sont pas autorisés. Un élément qui m'a échappé pendant l'orientation. Je me demande combien de temps il va falloir à Howard pour qu'il repère mon cou blanc. A 7 $ de l'heure, je ne peux pas me permettre d'acheter un polo à 7 $.

Il est 7 h passées, et il est temps que je reprenne ma routine quotidienne de préparation de mon dîner. La petite ville de Clearview offre seulement deux options à bas prix (il n'y a pas d'option à prix élevé) à ses résidents sans cuisine – un chinois avec buffet à volonté et un Kentucky Fried Chicken, chacun offrant des divertissements variés. Si je mange au buffet, je peux observer les grandes familles mexicaines ou les familles encore plus grandes (en termes physiques) des Anglo-Saxons du Minnesota. Si je mange un Kentucky Fried Chicken dans ma chambre, je peux regarder une de ses six chaînes à la télévision. Cette dernière option me paraît, paradoxalement, moins solitaire, surtout si je peux trouver une de mes émissions préférées – *Titus* ou *Third Rock from the Sun*. Manger sans table peut être un peu compliqué. Je pose ma nourriture sur la commode et je place un sac en plastique sur mes genoux parce qu'il est difficile de ne pas faire de taches quand on mange dans une position pareille. Et les taches, cela signifie du temps et de l'argent à la laverie. Ce soir, je tombe sur la nouvelle émission qui fait sensation, *Survivor*, sur CBS – on filme des « vrais gens » se battre pour allumer un petit feu de bois sur une île déserte. Qui sont ces dingues qui se sont portés volontaires pour vivre dans ces conditions artificielles et décourageantes, afin de distraire des millions d'inconnus avec leurs efforts minables pour survivre ? Je repense alors à l'endroit où je me trouve et aux raisons qui m'y ont amenée.

Mon dîner terminé, je jette les reliefs dans le sac qui m'a servi de nappe et je le noue soigneusement pour ne pas attirer les mouches qui accèdent librement à ma demeure par la moustiquaire – qui n'en est pas une. Je m'attaque à mes tâches du soir – écrire mon journal et lire un roman –, puis j'éteins la lumière et m'assois près de la porte pour respirer l'air frais. Les deux Noirs qui vivent dans la chambre voisine gardent aussi leur porte ouverte et comme elle l'est parfois dans la journée, j'ai remarqué qu'ils n'avaient, comme moi, qu'un lit. Ils ne sont pas amants pour autant : ils utilisent le lit en alternance, celui qui n'y dort pas passant la nuit dans un minibus. Je ferme la porte et la fenêtre, je me déshabille dans l'obscurité pour ne pas être vue à travers le pseudo-rideau. Je n'ai toujours pas appris grand-chose sur les résidents du Clearview Inn – je ne veux pas aggraver mon cas de femme seule, de femme assez riche pour avoir un lit pour elle, en étant indiscrète. Pour autant que je puisse en juger, l'endroit n'est pas un nid de trafiquants de drogues et de prostituées. Il s'agit seulement de gens qui travaillent et n'ont pas assez d'argent pour louer un appartement dans des conditions normales. Même les adolescents qui m'ont un peu inquiétée à mon arrivée semblent avoir des mères, probablement célibataires, que je n'avais pas vues parce qu'elles étaient au travail.

Je me couche enfin et je respire l'air statique qui pèse sur ma poitrine. Je me réveille quelques heures plus tard à un son qui n'est pas produit par la télévision d'un voisin : une femme à la voix claire d'alto chante deux vers de la chanson la plus triste du monde – je n'arrive pas à comprendre les paroles – au rythme des camions qui passent sur l'autoroute.

La matinée commence par un passage, après un court trajet en voiture, à l'épicerie de la station-service Holiday, où j'achète des glaçons et deux œufs durs. Les glaçons, introuvables au motel, c'est pour le thé glacé (j'ai laissé deux sachets infuser toute la nuit dans un gobelet en plastique). Après le petit déjeuner, je m'attelle au ménage (qui consiste à faire le lit et essuyer le lavabo avec du papier hygiénique) et sors les poubelles. La femme du propriétaire (ou peut-être la copropriétaire) passe de chambre en chambre tous les matins, avec un chariot de ménage. Mais ses efforts révèlent seulement une profonde dépression ou bien un trouble grave de l'attention. En général, elle pense à changer les minces serviettes de toilette qui, même propres, contiennent des cheveux dans la fibre et sentent le graillon. Mais rien ne laisse supposer qu'elle a nettoyé quelque chose, à l'exception d'un chiffon ou d'un aérosol oublié. J'imagine une annonce matrimoniale pour « une épouse traditionnelle et travailleuse », un mariage dans le village natal et puis, boum, elle se retrouve à Clearview dans le Minnesota, avec un mari américain-indien qui ne parle peut-être même pas sa langue, à des milliers de kilomètres de sa famille, d'un temple, d'un magasin de saris [1]. Je fais ma toilette, je me coiffe (avec assez de pinces pour que la coiffure tienne jusqu'à la fin de ma journée) et je pars. L'idée étant de donner l'impression que j'ai passé la nuit dans une maison normale, avec une cuisine, une machine à laver et un sèche-linge, et non que je suis à deux doigts d'être une sans-abri.

L'autre intérêt de mes rituels et cérémonials domestiques, c'est de me faire passer le temps, quand je ne suis pas au travail et qu'il paraîtrait bizarre que je traîne dans la salle de repos ou sur le parking, car une pareille existence est plus stressante que je ne l'avais admis consciemment. Et parce que je redouterais le jour de repos qui

---

[1]. Je remercie Sona Pai, Américaine originaire de l'Inde, étudiante de l'université de l'Oregon, de m'avoir fait entrevoir la vie de la communauté indienne qui travaille dans les motels et des femmes immigrées de l'Inde.

arrive si je n'avais la perspective de déménager vers un meilleur logement au Hopkins Park Plaza. Quelques symptômes nerveux se sont manifestés. J'ai parfois des douleurs d'estomac après le petit déjeuner, ce qui rend le déjeuner risqué, bien qu'il soit impossible d'effectuer ma journée de travail sans m'alimenter substantiellement. L'autre signe un peu troublant est cette nouvelle manie de tirer sur mon tee-shirt ou mon pantalon avec ma main libre, quelle qu'elle soit. Il faut que j'arrête. Ma grand-mère maternelle, qui vit toujours, pour ainsi dire, à l'âge de cent un ans, était un modèle de stoïcisme. Mais elle avait la manie de se gratter le visage et le poignet, se faisant des plaies circulaires d'un rouge sombre. Elle prétendait ne pas se rendre compte de ce qu'elle faisait. Peut-être que c'est un truc héréditaire et que je vais bientôt passer du tissu à la chair...

J'arrive au travail pleine d'énergie, faisant un arrêt aux cabines d'essayage pour amadouer la « dame » de service – habituellement, la très satisfaite et très autoritaire Rhoda – parce que la dame des cabines d'essayage jouit avec moi d'une relation proche de celle d'un cuisinier avec une serveuse : elle peut me gâcher la vie si elle en a envie, en me donnant des chariots remplis de vêtements qui ne proviennent pas de mon rayon ou de vêtements qui n'ont pas été bien pliés ou suspendus. « Me voici ! » dis-je sur un ton un peu grandiloquent, les bras écartés. « La journée peut commencer ! » Ce qui me vaut un nez plissé de Rhoda et une demi-grimace de Lynne, la blonde décharnée qui s'occupe des soutiens-gorge. Je cherche Ellie du regard, que je trouve en train de marquer les nouveaux prix avec son pistolet, et je lui demande s'il y a quelque chose de spécial à faire. Non, seulement le travail habituel. Ensuite, je trouve Melissa qui me donne son rapport sur la situation des chariots. Elle a l'air gênée, au moment où elle me voit : « Je n'aurais probablement pas dû faire ça et tu vas trouver que je suis vraiment ridicule... », mais elle m'a apporté un sandwich pour le déjeuner. C'est parce que je lui ai dit que j'habitais dans un motel et m'alimentais uniquement dans des fast-foods. Elle a eu pitié de moi. C'est moi qui suis embarrassée à présent et surtout comblée en découvrant qu'il existe cette générosité clandestine, s'opposant à l'avarice du monde de l'entreprise. Melissa ne se considère certainement pas pauvre, mais je sais qu'elle calcule en cents, puisqu'elle m'a rappelé, deux fois, qu'on pouvait obtenir 68 cents de réduction sur les plats du jour du Radio Grill tous les mardis. Un sandwich, ce n'est pas rien pour elle. Je me mets au travail sur mon premier chariot, en marmonnant joyeusement « Short turquoise à taille élastique de Bobbie Brooks » et « Débardeur rouge à col en V de Faded Glory ».

Au cours de ma deuxième semaine, deux choses changent. Mes horaires passent de la tranche

10 h-18 h à celle de 14 h-23 h, dite tranche de la fermeture, même si le magasin est ouvert 24 heures sur 24 et 7 jours sur 7. Personne ne m'en parle. Je l'apprends en lisant les horaires qui sont affichés, sous verre, sur le mur qui se trouve en face de la salle de repos. Je dois faire neuf heures au lieu de huit. Et même si l'une d'elles est consacrée à dîner (et donc non payée), je passe une bonne demi-heure de plus debout par jour. Mes deux pauses de quinze minutes, qui paraissaient superflues pendant la tranche horaire 10 h-18 h, font l'objet à présent d'un calcul extrêmement serré. Est-ce que je prends les deux avant le dîner, qui a lieu vers 7 h 30, laissant une période de deux heures et demie sans interruption, au moment de la journée où je suis le plus fatiguée ? Ou bien j'essaie de tenir deux heures et demie dans l'après-midi sans pause, suivi d'un marathon de trois heures avant de pouvoir aller dîner ? Il y a ensuite la question de savoir comment faire le meilleur usage d'une pause de quinze minutes quand il faut faire face à trois (ou plus) besoins urgents et simultanés – uriner, boire, s'éloigner des néons et s'exposer à la lumière naturelle, s'asseoir enfin et surtout. J'épargne environ une minute en me livrant à un petit vol de temps : je m'arrête aux toilettes avant même de pointer pour la pause (oui, nous avons à pointer pour les pauses et il n'y a donc pas moyen de les gonfler de quelques minutes). Depuis la pointeuse, il faut

soixante-quinze secondes pour arriver à la sortie du magasin ; si je m'arrête au Radio Grill, je peux très bien perdre quatre minutes à faire la queue, sans parler des cinquante-neuf cents pour un petit thé glacé. Donc, si je m'accorde une sortie dans la petite zone délimitée par des barrières sur le côté du magasin, le seul endroit où les employés sont autorisés à fumer, je peux passer neuf minutes à reposer mes pieds.

L'autre événement, c'est la fin de l'accalmie qui avait suivi le week-end de Memorial Day. Désormais, une douzaine de clients au moins prennent toujours racine dans le rayon femmes, phénomène qui s'accentue le soir avec un raz-de-marée de bandes multigénérationnelles – Grand-mère, Maman, le bébé dans le chariot, et une ribambelle d'enfants maussades. Des nouvelles tâches se présentent, comme celle de rassembler les chariots abandonnés par les clients et de les rapporter à l'entrée du magasin, toutes les demi-heures environ. Je ne ramasse plus seulement les vêtements, mais aussi tous les articles étranges que les clients collectent partout dans le magasin et décident de laisser au rayon femmes – oreillers, crochets de rideaux, cartes Pokémon, boucles d'oreilles, lunettes de soleil, animaux en peluche et même un paquet de biscuits à la cannelle. Il y a toujours les articles rendus, augmentés du volume colossal des articles jetés par terre ou disséminés de manière totalement irresponsable dans les mauvais rayons. Parfois, j'ai la chance de parvenir à une création continue entre le replacement des articles rendus et le ramassage des articles jetés sur les portants ou par terre. Si je ramasse les articles mal placés aussi lentement que je replace les articles rendus, mon chariot ne se vide jamais et la situation aux cabines d'essayage dégénère rapidement. Rhoda ou celle qui la remplace le soir va sûrement siffler à mes oreilles : « Vous avez trois chariots qui attendent, Barb. Quel est le problème ? » Pensez ici à Sisyphe ou à l'Apprenti Sorcier.

Pourtant, pendant la première moitié de ma journée, je suis le modèle même de la bonne nature dévouée, fascinée par la gamme étendue des races de nos clients – Moyen-Orientaux, Asiatiques, Noires Américaines, Russes, ex-Yougoslaves, Blancs du Minnesota d'autrefois – et calmement soumise à la seconde loi de la thermodynamique, celle qui dit que l'entropie finit toujours par l'emporter. J'obtiens même, surprise, des compliments de la part d'Isabelle, la petite dame mince de soixante-dix ans environ qui semble être l'adjointe d'Ellie : je me débrouille « formidablement » bien, me dit-elle, et – mieux encore – « c'est formidable de travailler » avec moi. Je sautille d'un portant à un autre, je lisse mes plumes. Et puis, entre 6 h et 7 h du soir, quand le désir de m'asseoir devient une envie irrésistible, se produit une transformation à la

Jekyll et Hyde. Je ne peux pas ignorer le fait que c'est la désinvolture et les caprices des clients oisifs qui me contraignent à me pencher, à m'accroupir et à courir en tous sens. Ce sont les consommateurs, je suis l'anticonsommateur, dont la mission est de faire comme s'ils n'étaient jamais passés par mon rayon. A ce stade, « l'hospitalité agressive » fait place à l'hostilité agressive. Leurs chariots cognent le mien, leurs enfants sont incontrôlables. A un moment donné, j'observe impuissante un mouflet haut comme trois pommes faire tomber des portants tout ce qu'il peut atteindre. La pensée que l'avortement est mal employé doit se lire sur mon visage, car la mère finit par lui dire d'arrêter.

Je commence même à haïr les clients pour des raisons tout autres, comme le volume des Blancs du coin. Je ne parle pas seulement de leurs ventres et de leurs fesses, mais des excroissances considérables à des endroits inattendus, comme leurs nuques ou leurs genoux. C'est l'été, Wendy's, où j'achète souvent mon déjeuner, vient d'inventer le verbe *doubleportionner* – dans le genre, « Vous voulez *doubleportionner* ce combo ? », ce qui veut dire doubler la quantité de frites et de soda. On dirait que la population femelle qui visite le magasin a été *doubleportionnée*. D'accord, tout le monde sait que les gens du Middle West, surtout ceux du prolétariat urbain, sont tragiquement lestés par les résidus de décennies de pain perdu et de chips. Je ne devrais même pas en parler. Au début de ma journée, pendant la phase Jekyll, je suis désolée pour les femmes obèses, qui ont à choisir parmi nos hideux articles pour femmes fortes, nos shorts à cordon et nos immenses tee-shirts à rayures horizontales, qui sont de toute évidence dessinés pour les ridiculiser. Mais ma compassion s'évapore à mesure que la journée progresse. Pour des raisons limpides, celles d'entre nous qui travaillent au rayon femmes sont plutôt minces – selon les critères du Minnesota, nous sommes même des candidates pour un séjour sous perfusion à l'hôpital – et vivent dans la crainte d'être écrasées par un corps monumental progressant avec difficulté dans les allées de Faded Glory, perdu dans des rêves de sveltesse et de robe-fourreau de chez Kathie Lee.

Je m'occupe des vêtements, toutefois, pas des clients. Et il m'arrive une chose assez drôle à présent : je commence à penser qu'ils sont à moi, pas au sens où je pourrais les emporter et les mettre, parce que je n'ai pas la moindre envie de ce genre, mais au sens où c'est à moi de les ranger et de les surveiller. Même chose avec le rayon femmes dans son ensemble. Après 6 h du soir, lorsque Melissa et Ellie rentrent chez elles, et surtout après 9 h, quand Isabelle s'en va, l'endroit m'appartient. Dégage, Sam Walton ! C'est Barb-Mart à présent. Je patrouille dans mon périmètre avec mon chariot, fonçant pour ramasser les articles déplacés ou jetés par terre, donnant une allure épatante à tout ce que je touche. Je ne tripote pas les vêtements comme le font les clients. Je les remets en place d'une claque, je les mets au garde-à-vous ou je les mate en les alignant à la perfection sur les étagères. Quand je suis dans cet état d'esprit, la dernière chose que je veuille voir, c'est un client qui touche à tout et laisse un désordre effroyable. En fait, je déteste l'idée que les choses soient vendues – arrachées à leur environnement naturel pour être jetées dans un placard qui sera probablement chaotique. Je veux que le rayon femmes soit scellé sous une bulle en plastique et emporté dans un endroit sûr, un musée historique de la vente au détail.

Un soir, je reviens épuisée de ma dernière pause et je suis un peu consternée de voir une nouvelle, d'origine asiatique ou peut-être hispanique qui ne mesure pas plus d'un mètre quarante, en train de plier des tee-shirts dans le rayon White Stag, *mon* rayon White Stag. La soirée a été assez humiliante comme ça. Un peu plus tôt, en revenant de mon dîner, la dame en charge des cabines d'essayage m'a fait des remontrances pour mon retard – alors que j'étais arrivée à l'heure – et a ajouté que si Howard l'apprenait, il me passerait un savon, enfin, peut-être pas cette fois parce que je suis nouvelle, mais si cela devait se reproduire... J'ai répliqué que je me fichais pas mal que Howard me passe un savon, ce qui a été difficile à exprimer sans recourir à des mots interdits. L'intruse du rayon White Stag m'inquiète un peu et, bien évidemment, après les présentations d'usage, elle s'en prend à moi. « Est-ce que vous avez rangé des vêtements ici aujourd'hui ? » demande-t-elle sur un ton cassant. « Euh, oui, bien sûr. » En fait, j'ai rangé des vêtements partout aujourd'hui, comme tous les jours précédents. « Parce que rien n'est à sa place. Vous voyez le tissu – c'est différent », et elle me met sous le nez l'article mal rangé.

En effet, je peux voir que cette chemise vert olive est légèrement côtelée, alors que les autres sont lisses. « Il faut les ranger à la bonne place », poursuit-elle. « Vous vérifiez bien les numéros UPC ? »

Bien sûr que non, je ne vérifie pas les numéros UPC à dix chiffres et plus, qui se trouvent juste au-dessous du code-barres – personne ne le fait. Où se croit-elle, à l'Académie nationale des sciences ? Je ne sais pas très bien quel genre de déférence je dois manifester : est-ce qu'elle est ma supérieure ? Ou bien sommes-nous en train de nous affronter pour savoir qui va dominer la tranche 9 h-11 h du soir ? Mais je m'en fiche, elle m'emmerde à foutre son bordel. Je lui dis donc – sans les gros mots interdits ct la numérotation – que 1) beaucoup de gens travaillent ici pendant la journée, sans parler des clients qui passent, que je ne vois pas pourquoi elle m'en rend responsable ? 2) il est 10 h passées et j'ai un chariot de vêtements rendus à remettre en place, ne ferions-nous pas mieux de le faire à deux plutôt que de réorganiser les tee-shirts ?

Ce à quoi elle répond, vexée : « Je ne fais pas les vêtements rendus. Je suis chargée de plier. »

Quelques minutes plus tard, je vois pourquoi elle ne « fait » pas les vêtements rendus – elle n'arrive pas à la hauteur des portants. Elle a besoin d'un escabeau pour atteindre les étagères supérieures. Et vous savez ce que j'éprouve lorsque je vois la pauvre petite mite pousser son escabeau à droite et à gauche ? Une irrépressible envie de rire méchamment. Je l'espionne depuis le rayon Jordache, en espérant la voir s'étaler.

Ce soir-là, je pars un peu troublée par ma réaction à l'intruse. Si elle fait partie de l'encadrement, elle peut très bien faire un rapport sur ce que j'ai dit. Mais le pire, c'est ce que j'ai pensé. Est-ce que je suis en train de devenir mauvaise, est-ce que c'est une réaction normale à la fin d'une journée de neuf heures ? J'ai eu une autre crise de méchanceté ce soir-là. Je suis retournée au comptoir qui se trouve près des cabines d'essayage pour prendre le chariot rempli des vêtements rendus et je suis tombée sur le type qui répond au téléphone le soir, un jeune homme pensif, dans son fauteuil roulant, les yeux perdus dans le vide, l'air plus triste que d'habitude. Et ma réaction non censurée a été de penser : « Au moins tu as la chance d'être assis. »

Ce n'est pas moi, en tout cas pas la partie de moi avec laquelle j'aimerais passer le moindre moment. Ma minuscule collègue n'est sans doute pas non plus une garce, d'habitude. Elle travaille toute la nuit et somnole la journée en même temps que son bébé, comme je l'apprends par la suite. Elle n'est pas non plus ma supérieure et elle est même l'objet des critiques constantes d'Isabelle quand elles se croisent. Ce que je dois admettre, c'est que « Barb », le nom sur mon badge, n'est pas tout à fait la même personne que Barbara. « Barb », c'est le nom qu'on me donnait quand j'étais petite et que mes frères et sœurs me donnent encore. Et j'ai en effet l'impression de régresser. Enlevez-moi ma carrière et mon éducation et peut-être ne reste-t-il que la Barb du début, celle qui aurait pu finir pour de bon comme vendeuse au Wal-Mart, si son père n'avait pas réussi à sortir de la mine. C'est donc intéressant et plus qu'un peu troublant de voir comment Barb a tourné – elle est plus méchante et plus sournoise que moi, elle chérit ses rancunes et n'est pas tout à fait aussi intelligente que je l'avais espéré.

Le jour de mon déménagement au Hopkins Park Plaza, je me réveille en pensant aux denrées que je vais pouvoir stocker dans mon réfrigérateur : de la mayonnaise, de la moutarde, des blancs de poulet. Mais lorsque j'arrive, Hildy n'est plus là et la femme à l'énorme chignon noir qui la remplace me dit que je n'ai rien compris, que la chambre n'est pas libre avant la semaine prochaine et que je ferais mieux d'appeler de toute façon pour confirmer. Etais-je déjà en train de prendre mes désirs pour des réalités, au point de ne pas comprendre ce qui m'avait paru un arrangement assez détaillé (venez déposer votre argent à 9 h le samedi matin, vous pourrez emménager à 4 h, etc.) ? Ou bien quelqu'un m'était tout simplement passé devant ? Peu importe, j'étais assez lucide pour savoir depuis le début que l'appartement avec kitchenette du Park Plaza à 179 $ par semaine ne pouvait constituer une option à long terme avec les 7 $ de l'heure du Wal-Mart. J'avais projeté d'ajouter un boulot de week-end, qu'on m'avait provisoirement proposé au supermarché Rainbow, près de l'appartement où je vivais en arrivant, à presque 8 $ de l'heure. Avec les deux boulots, j'aurais gagné environ 320 $ par semaine après impôts, de sorte que les 179 $ dépensés pour me loger correspondraient à 55 % de mes revenus, ce qui représente le seuil d'un loyer « abordable [1] ». Mais le boulot au

---

1. En réalité, les loyers doivent normalement être inférieurs à 30 % des revenus pour être considérés « abordables ». L'expert en logement Peter Dreier a établi que

Rainbow tombe à l'eau : ils veulent que je travaille à mi-temps cinq jours par semaine et non plus le week-end. De surcroît, je n'ai aucun contrôle sur mes jours de congé. Howard me donne le vendredi la première semaine, le mardi et le mercredi la semaine suivante. Il faudrait que je fasse une sacrée lèche pour obtenir un emploi du temps plus stable et plus agréable.

Ergo je dois trouver soit un mari, comme Melissa, soit un deuxième boulot, comme certaines de mes collègues de travail. A long terme, tout va s'arranger si je consacre mes matinées à chercher du travail et si je garde l'espoir d'obtenir un appartement au Park Plaza ou, mieux

---

59 % des locataires pauvres – ce qui représente un total de 4,4 millions de ménages – dépensent plus de 50 % de leurs revenus pour leur logement (« Why America's Workers Can't Pay the Rent », *Dissent*, été 2000, pp. 38-44). Une enquête de 1996-97 sur 44 461 ménages a établi que 28 % des parents disposant de revenus inférieurs de 200 % au seuil de la pauvreté – c'est-à-dire de moins de 30 000 $ par an – font état de leurs difficultés à payer leur loyer, leur emprunt immobilier et leurs factures de gaz et d'électricité (*Welfare Reform Network News*, 1 : 2 [mars 1999], Institute for Women's Policy Research, Washington, D.C.). Dans les Twin Cities, au moment de mon séjour, environ 46 000 familles ayant un emploi payaient plus de 50 % de leurs revenus pour leur logement et, curieusement, 73 % de ces familles en étaient propriétaires, en difficulté à cause de l'augmentation des taxes immobilières (« Affordable Housing Problem Hits Moderate Income Earners », *Minneapolis Star Tribune*, 12 juillet 2000).

encore, un appartement normal à 400 $ par mois. Mais pour paraphraser Keynes, à long terme nous serons tous fauchés, au moins ceux d'entre nous qui travaillent pour de bas salaires et logent dans des motels aux tarifs exorbitants. J'appelle le YWCA pour savoir s'ils ont des chambres disponibles et ils me conseillent un endroit appelé Budget Lodging, qui n'a pas de chambre non plus, mais des lits dans un dortoir pour 19 $ la nuit. Je peux avoir un casier à moi et rester aussi longtemps que je veux le matin – et même passer la journée au lit si ça me chante. En dépit de ces incitations, je suis soulagée, je dois l'admettre, lorsque le type du Budget Lodging m'apprend qu'ils sont de l'autre côté de Minneapolis. Je peux donc éliminer le dortoir à cause du trajet et du coût de l'essence, aussi longtemps que je travaillerai à Wal-Mart en tout cas. J'aurais peut-être dû laisser tomber Wal-Mart, m'installer au dortoir et relancer mes recherches de travail là-bas. Mais, en vérité, je ne suis pas encore prête à quitter Wal-Mart. C'est ce qui me relie au monde, c'est la source de mon identité, c'est *mon* endroit.

Le réceptionniste du Budget Lodging, qui semble avoir une grande connaissance des affres des petits salariés en matière de logement, me suggère de continuer à chercher un motel. Il est sûr que je peux en trouver un à moins de 240 $ par semaine. Entre-temps, le Clearview Inn réclame une somme exorbitante de 55 $ pour toute nuit supplémentaire, ce qui signifie que pour une ou deux nuits n'importe quel motel ou presque sera préférable. J'appelle Caroline pour lui demander ses tuyaux et – j'aurais dû m'y attendre – elle me rappelle quelques minutes pour m'inviter à m'installer chez elle. Je refuse, j'ai déjà eu un logement gratuit à mon arrivée, il faut que je me débrouille toute seule avec le marché tel qu'il est. Pendant un instant, j'ai cette impression d'avoir été effleurée par un ange, comme lorsque Melissa m'a donné ce sandwich : je ne suis pas totalement seule. Je me remets à appeler les motels, en m'éloignant beaucoup plus de la ville, dans les petites villes du nord ou de l'ouest de St. Paul. Mais la plupart d'entre eux n'ont pas de chambre libre, à n'importe quel prix, dans l'immédiat et pour les semaines à venir – et c'est à cause de la saison, me dit-on, même s'il est difficile de comprendre comment un endroit comme Clearview dans le Minnesota pourrait être une destination possible à n'importe quel moment de l'année. Seul le Comfort Inn a une chambre libre, à 49,95 $ la nuit. Je fais donc une réservation pour deux jours. Le soulagement que je devrais éprouver en quittant le Pire Motel du Pays est effacé par une écrasante impression de défaite.

Aurais-je pu mieux faire ? Le *St. Paul Pioneer Press* du 13 juin, que j'arrache littéralement du distributeur devant le Wal-Mart, procure un tableau de la réalité un peu dépassé. Le titre de la une annonce : « Les loyers des appartements crèvent le plafond ». Ils ont augmenté de 20,5 % au cours des trois premiers mois de l'année 2000, un chiffre sans précédent, selon les experts en immobilier de la région. Plus troublant encore dans ma condition présente, la région des Twin Cities « affiche un des taux d'occupation les plus élevés de la nation – peut-être le plus élevé ». Qui l'eût cru ? Mes recherches avant d'arriver ici n'avaient rien révélé de cette situation des logements locatifs. J'étais tombée sur des articles déplorant l'absence d'une industrie Internet dans les Twin Cities – ce qui m'avait laissé penser que la région avait été épargnée par l'inflation démente de l'immobilier qui touchait, par exemple, la baie de San Francisco. Mais, apparemment, il n'est pas nécessaire d'avoir une riche industrie Internet afin de rendre une région inhabitable pour les bas salaires. Le *Pioneer Press* cite Andrew Cuomo, le Secrétaire de HUD, qui regrette la « cruelle ironie » d'une prospérité qui fait fondre le stock de logements disponibles dans tout le pays : « Plus l'économie est forte, plus forte est l'augmentation des loyers. » Je ne suis donc pas une victime de la pauvreté, mais de la prospérité. Le riche et le pauvre, qui sont en général censés vivre dans un état d'interdépendance harmonieuse – l'un fournissant sa force de travail bon marché, l'autre fournissant des emplois à bas salaire –, ne peuvent plus coexister.

Je m'installe au Comfort Inn avec la ferme intention de ne pas y séjourner plus de deux nuits, avant qu'une opportunité nouvelle se présente quelque part. Ce que je ne peux pas savoir, c'est le fait que ce soit, en un certain sens, le moment de ma défaite ultime. Fin de la partie. Fin de l'histoire – du moins si c'est une histoire qui parle de la possibilité de faire correspondre les revenus au loyer. En trois semaines ou presque, j'ai dépensé plus de 500 $ et n'en ai gagné que 42 – chez Wal-Mart, pour la journée d'orientation. Je vais finir par être payée – mais Wal-Mart, comme tant d'employeurs payant des bas salaires, retient la première semaine de paye. Cela risque d'être trop tard.

Je ne trouve ni d'appartement ni de motel abordable, en dépit d'une dernière tentative, un matin, avec l'aide d'une organisation caritative. Je déniche cet endroit en appelant United Way of Minneapolis, qui m'a dirigée vers une autre agence, qui à son tour m'a indiqué un service appelé Programme d'Assistance urgente de la Communauté, situé à quinze minutes en voiture de Wal-Mart. Dans les bureaux qui abritent ce service, une scène un peu troublante a lieu : deux Noirs maigres comme des clous – des Somaliens, j'imagine, d'après leur accent et parce qu'il y en a beaucoup dans la région des Twin Citics – demandent « Du pain ? Du pain ? » et on leur répond : « Pas de pain, pas de pain. » Ils s'éloignent comme des papillons et une femme d'une cinquantaine d'années, blanche, entre et demande la même chose, puis repart avec son sourire suppliant encore figé sur ses lèvres. Toutefois, pour une raison quelconque – sans doute parce que j'ai pris un rendez-vous et que je suis encore nouvelle et bienvenue – on me fait passer dans un bureau à l'arrière, où une jeune femme, l'air absent, m'interroge. Avez-vous une voiture ? Oui, j'ai une voiture. Et deux minutes plus tard : Donc, vous n'avez pas de voiture ? Et ainsi de suite.

Quand je lui dis que je travaille à Wal-Mart et ce que je gagne, elle me suggère de m'installer dans un refuge, afin de pouvoir épargner de quoi payer un premier mois de loyer et une caution. Puis elle m'envoie dans un autre bureau où je vais pouvoir, dit-elle, remplir une demande d'aide au logement et obtenir des informations sur la façon de trouver un appartement. Mais cet autre bureau ne propose qu'une liste photocopiée des appartements disponibles, remise à jour toutes les semaines et déjà périmée. De retour dans le premier bureau, la femme qui m'a interrogée me demande si j'ai besoin d'un subside d'urgence pour m'alimenter et je lui explique, une fois encore, que je n'ai pas de réfrigérateur. Elle va me trouver quelque chose, dit-elle, et elle revient avec une boîte contenant une savonnette, un déodorant et toute une série d'articles qui, de mon point de vue, sont parfaitement inutiles – des bonbons et des petits gâteaux, une boîte de jambon en conserve d'une livre qu'il me faudra, puisque je n'ai pas de réfrigérateur, manger en un repas [1] (le lendemain, je fais don de la boîte intacte à un autre organisme caritatif pour les pauvres, afin de ne pas paraître ingrate et de ne pas gâcher toute cette nourriture).

C'est seulement pendant le trajet en voiture, avec mon butin en pur sucre, que je me rends compte de l'importance de la leçon qui vient de m'être donnée. A un moment, vers la fin de l'entretien, la dame s'est excusée d'avoir oublié presque tout ce que je lui avais dit – le fait que

---

1. La moyenne bourgeoisie critique souvent les habitudes alimentaires des pauvres, mais cet organisme caritatif semblait faire la promotion des « calories absentes ». Voici l'inventaire complet de la boîte de nourriture gratuite que j'ai reçue : 500 g de céréales Honey Nut Chex de General Mills ; 500 g de céréales Post Grape-Nuts ; 500 g de sauce barbecue Mississippi ; plusieurs petits sachets de bonbons (Tootsie Rolls, Smarties, Sweet Tarts) et deux tablettes de chocolat Ghirardelli ; un chewing-gum ; un paquet de gâteaux enrobés de sucre glace ; des petits pains pour hamburgers ; six petites boîtes de jus d'orange Minute Maid ; un pain viennois ; des petits cakes Star Wars ; un pain à la cannelle ; 500 g de beurre de cacahuètes ; du shampoing au jojoba ; 400 g de jambon en boîte ; une savonnette Dial ; quatre barres de riz caramélisé Kellogg's Krispies ; deux paquets de crackers Ritz ; des blancs de poulet Swanson en boîte ; 60 g d'un sirop liquide genre Kool-Aid ; deux sticks déodorants Lady Speed.

j'avais une voiture, que je vivais dans un motel, etc. Elle m'avait confondue avec une autre personne qui travaillait aussi à Wal-Mart, m'a-t-elle expliqué, une personne qui était venue la voir quelques jours plus tôt. Je m'aperçois maintenant que bon nombre de mes collègues sont pauvres, de façon évidente, criante. Des dents jaunes et tordues sont un premier signe, des chaussures inadaptées un deuxième. Mes pieds me font mal après quatre heures de travail et pourtant je porte mes vieilles Reebok confortables. Mais un tas de femmes courent à longueur de journée sur des mocassins à fine semelle. Les cheveux signalent aussi l'appartenance sociale. On voit pas mal de queues-de-cheval ou, pour cette allure défaite et même désespérée de la Wal-Martienne typique, les cheveux à longueur d'épaules, avec une raie au milieu et deux pinces pour les tenir écartés du visage.

Mais je sais à présent autre chose. Pendant la procédure d'orientation, nous avons appris que le succès du magasin dépendait entièrement de nous, les associés ; en fait, nos gilets d'un bleu éclatant annoncent que « A Wal-Mart, ce sont nos associés qui font la différence ». Sous ces gilets, toutefois, les employés sont en réalité contraints de vivre de la charité, quand ils ne sont pas des habitués des refuges pour les sans-abri [1].

---

1. En 1988, le sénateur de l'Arkansas, Jay Bradford, a attaqué Wal-Mart qui payait si peu ses employés qu'ils

Ainsi commence mon existence surréaliste au Comfort Inn. Je vis dans le luxe total, avec la climatisation, un verrou sur la porte, une grande fenêtre protégée par une moustiquaire intacte – comme si j'étais un touriste ou un voyageur de commerce. Mais de là je pars tous les jours vers une vie que la plupart des voyageurs de commerce jugeraient miteuse et désespérante – déjeuner au Wendy's, dîner à Sbarro (le fast-food à saveur italienne) et travail au Wal-Mart, où je serais gênée d'être reconnue dans mon gilet bleu par un membre du personnel du Comfort Inn qui se promènerait dans les allées. Bien entendu, je compte repartir sans tarder, dès qu'un appartement du Hopkins Park Plaza se libérera. Pour l'instant, je me délecte de la splendeur de mon logement, sidérée qu'il me coûte 5,05 $ de moins par jour que ce trou à rats du Clearview Inn. Je n'ai plus peur de me faire voler mon ordinateur, je n'ouvre pas l'œil de la nuit, la petite manie de me gratter disparaît progressivement. Je me sens comme le type dans la pub pour le Holiday Inn Express qui se sent si bien après une nuit passée

---

étaient obligés de se tourner vers l'aide sociale. Il n'a pu, cependant, obtenir gain de cause en obtenant la communication du fichier des salaires (Bob Ortega, *In Sam We Trust : The Untold Story of Sam Walton and Wal-Mart, the World's Most Powerful Retailer*, Times Books, 2000, p. 193).

au motel qu'il peut faire une opération chirurgicale le matin même ou apprendre à des gens à se servir d'un parachute. A Wal-Mart, je progresse dans mon domaine, beaucoup plus que je n'aurais pu l'imaginer au départ.

La percée a lieu un samedi, qui est une de nos journées les plus intenses. Deux chariots m'attendent lorsque j'arrive à 2 h et des articles sont répandus sur le sol. Les gens ne sont pas venus acheter, mais piller. Dans une situation pareille, je n'ai plus qu'une chose à faire : tout à la fois – me baisser, me pencher, m'accroupir, soulever, courir d'un portant à l'autre avec mon chariot. Et l'incroyable se produit – une sorte de courant magique dans lequel les vêtements se mettent à retrouver leur place *d'eux-mêmes*. Oh, je joue mon rôle, mais pas de façon consciente. Au lieu de penser « Jupe en sergé blanc White Stag » et de chercher obstinément des jupes similaires, je transpose cette image dans mon champ visuel et je me déplace vers l'endroit où cette image trouve son double dans la réalité. Je ne sais pas comment cela fonctionne. Peut-être que mon esprit est saturé des images qu'il trie et qu'il doit éviter de passer par les centres verbaux de l'hémisphère gauche et ses pesantes instructions : « Dirige-toi vers le rayon White Stag au nord-ouest du rayon femmes, cherche les casiers du bas près des shorts kaki... » Ou bien le truc tient-il à ma compréhension du fait que chaque article *veut* retrouver ses semblables, les membres de son clan et, à l'intérieur de son clan, sa place en termes de couleur et de taille. Une fois que je laisse les vêtements prendre le contrôle, une fois compris le fait que je ne suis que le véhicule de leur réunion, ils volent littéralement du chariot à leur emplacement naturel.

Le même jour, peut-être parce que cette rapidité nouvelle me permet de penser plus librement, je fais la paix avec les clients et je découvre le but de la vie, ou du moins de ma vie à Wal-Mart. La direction pense que le but est de vendre des choses, mais c'est une vision réductrice, étroitement capitaliste. En fait, je ne vois jamais rien se vendre, dans la mesure où les achats ont lieu loin de moi, aux caisses qui se trouvent à l'entrée du magasin. Tout ce que je vois, ce sont des clients qui déplient des tee-shirts, qui décrochent des pantalons et des robes de leurs cintres, qui les examinent vaguement et les abandonnent quelque part pour que nous, les associés, venions les ramasser. La fin du ressentiment s'opère grâce à une affiche qui se trouve près de la salle de repos, à l'arrière du magasin et où seuls sont autorisés les associés. « Votre mère ne travaille pas ici », dit-elle. « S'il vous plaît, remettez tout en ordre vous-même. » Je suis passée plusieurs fois devant en me disant : « Ha, ha, je ne fais que ça – remettre en ordre ce que les gens ont laissé derrière eux. » Et je comprends brusquement : les gens dont je range le désordre sont pour la plupart des mères elles-mêmes, ce qui veut dire que je fais pendant mon travail ce qu'elles font constamment chez elle – ramasser les jouets, les vêtements et tout ce qui a pu être dérangé. Ce qui doit donc être formidable pour elles quand elles font du shopping, c'est qu'elles ont le droit de se comporter comme des enfants gâtés, d'ignorer les bébés qui hurlent dans les chariots, de jeter les choses que d'autres viendront ranger. Et ce ne serait pas vraiment drôle – n'est-ce pas ? – si tout n'était pas parfaitement en ordre au départ. C'est là que j'entre en jeu, en recréant constamment l'ordre initial que les clientes vont prendre un malin plaisir à détruire. Répugnant, mais c'est dans la nature des choses : seuls les articles à l'aspect intact et virginal les excitent véritablement.

Je teste cette théorie sur Isabelle : notre travail consiste à recréer indéfiniment le décor dans lequel ces femmes vont pouvoir jouer leur rôle. Sans nous, le nombre des enfants maltraités augmenterait tout à coup de manière vertigineuse. Nous sommes en quelque sorte des psychothérapeutes et nous devrions être payées par conséquent de 50 à 100 $ de l'heure. « Tu peux toujours le croire », me répond-elle en secouant la tête. Mais elle me fait son petit sourire malin, ce qui me fait penser que mon idée n'est pas si mauvaise.

Avec la compétence naît une nouvelle forme d'impatience : *Pourquoi acceptons-nous le salaire qu'on nous paie ?* En fait, la plupart de mes collègues sont plus protégées que moi. Elles vivent avec des maris ou des enfants déjà grands, ou encore elles assument d'autres boulots. Un soir, je suis assise avec Lynne dans la salle de repos et je découvre que c'est même un travail complémentaire pour elle – six heures par jour – et qu'elle travaille en usine pendant huit autres heures, à 9 $ de l'heure. Est-ce qu'elle n'est pas horriblement fatiguée ? Non, elle a toujours fait ça. Le cuisinier du Radio Grill a deux autres boulots. On pourrait s'attendre à une certaine mauvaise humeur, à des signes d'impatience, à des graffitis sur les affiches d'exhortation au travail dans la salle de repos, des éclats de rire étouffés pendant les réunions des associés – mais je ne détecte rien de tout ça. C'est peut-être ce qu'on obtient quand on élimine tous les rebelles avec des tests de dépistage de drogues et des enquêtes de personnalité – une main-d'œuvre servile et dénaturée, satisfaite par le rêve du jour lointain où elles pourront bénéficier du programme d'intéressement aux bénéfices de l'entreprise. Ils poussent même le « cri de guerre de Wal-Mart » quand on le leur demande au cours des réunions, me dit la dame des cabines d'essayage un soir. J'ai la chance de ne jamais avoir été témoin de cette ultime humiliation [1].

---

1. Selon Bob Ortega, le spécialiste de Wal-Mart, Sam Walton a trouvé cette idée du « cri de guerre » au cours

Mais s'il est déjà difficile de penser « dans une boîte quelconque », il est peut-être encore plus compliqué de le faire dans la Grande Boîte. Wal-Mart, quand on s'y trouve, est une totalité – un système clos, un monde en soi. J'ai la chair de poule, un après-midi, en voyant dans la salle de repos... *une publicité pour Wal-Mart.* Quand un Wal-Mart apparaît à la télévision à l'intérieur d'un Wal-Mart, il faut se demander s'il existe bien un monde extérieur. Bien sûr, on peut rouler cinq minutes et se retrouver ailleurs – dans un Kmart, par exemple, ou un Home Depot, un Target, un Burger King, un Wendy's, un Kentucky Fried Chicken. Où qu'on tourne les yeux, il n'y a pas d'alternative à l'ordre de l'entreprise à grande échelle, puisque toute forme de créativité locale ou d'initiative individuelle a été abolie par les règlements arrêtés dans des bureaux lointains. Même les bois et les prairies ont été débarrassés de leurs aspects désordonnés et habillés d'un uniforme de béton. Il n'y a rien d'autre que ce que vous voyez – des autoroutes, des parkings,

---

d'un voyage au Japon, « où il a été profondément impressionné par les cris et les pratiques cathartiques des ouvriers d'usine ». Ortega décrit Walton en train de diriger un cri de guerre : « "Je veux entendre un Wa", hurlait-il. Et les employés criaient "Wa" et le nom de Wal-Mart entier y passait. Pour le trait d'union, Walton criait "Secouez-vous" en tortillant le bassin et les employés se tortillaient à leur tour » (*In Sam We Trust*, p. 91).

des magasins. C'est tout ce qui nous reste sous le règne de l'entreprise globalisée, totalisée, bétonnée. J'aime lire les étiquettes pour voir où sont fabriqués les vêtements que nous vendons – Indonésie, Mexique, Turquie, Philippines, Corée du Sud, Sri Lanka, Brésil. Mais elles me rappellent simplement le fait qu'aucun de ces endroits n'est plus « exotique », qu'ils ont été dévorés par la grande machine aveugle du profit global.

La seule chose à faire, c'est de demander : Pourquoi travaillez-vous – pourquoi travaillons-nous ici ? Pourquoi restez-vous ? Lorsque Isabelle me fait des compliments pour la seconde fois, j'en profite pour lui dire que j'apprécie beaucoup ses encouragements, mais que je n'arrive pas à vivre avec 7 $ de l'heure. Comment fait-elle ? Elle me répond qu'elle vit avec sa fille, qui travaille elle aussi, qu'elle a deux ans d'ancienneté et que son salaire a « grimpé » à 7,75 $ de l'heure. Elle me conseille la patience : ça pourrait très bien m'arriver. Melissa, qui a un mari qui travaille, déclare : « Oh, c'est un boulot comme un autre. » Oui, elle gagnait deux fois plus lorsqu'elle était serveuse, mais l'endroit a fermé et, à son âge, elle a peu de chances d'être embauchée dans un restaurant où les pourboires sont élevés. Je reconnais l'inertie, la réticence à reprendre le circuit des candidatures, des entretiens et des tests de dépistage. Elle pense qu'elle devrait patienter un an. *Un an ?* Je lui dis que je ne suis pas sûre de pouvoir patienter encore une semaine.

Quelques jours plus tard se produit un événement qui rend folle la douce et adorable Melissa. Elle est exilée pour trois heures au rayon soutiens-gorge, qui est pour nous une *terra incognita* – d'interminables alignements d'étagères remplies d'articles à deux cônes presque impossibles à distinguer. Je sais ce qu'elle ressent, parce que j'ai été envoyée un jour pendant deux heures au rayon hommes, où j'ai erré inutilement au milieu d'étranges portants, abrutie par la similarité des couleurs et des styles [1]. C'est la différence entre travailler et faire semblant de travailler. On pousse son chariot de quelques mètres, on s'arrête un bon moment l'article à la main, on fronce les sourcils devant les étagères, on pousse le chariot un peu plus loin et on répète le même manège. « Je n'aime pas leur faire perdre de l'argent », dit Melissa quand on l'autorise à revenir. « Ils me paient et je suis incapable de faire quelque chose de bien là-bas. » Sa colère est, selon moi, très mal dirigée. Qu'est-ce qu'elle croit, que la famille Walton vit dans une pièce dérobée au fond du magasin, dans la frugalité la plus absolue, et

---

1. « Au cours de votre carrière à Wal-Mart, vous pourrez être affecté dans d'autres rayons de votre magasin. Découvrir de nouveaux domaines sera une expérience stimulante et contribuera à faire de vous un Associé accompli » (« Guide de l'Associé Wal-Mart », p. 18).

qu'elle va être ruinée à cause de 21 $ mal employés ? Je me lance sur ce thème lorsqu'elle plonge soudain derrière le portant qui sépare le rayon Jordache/No Boundaries (où nous nous trouvons) du rayon Faded Glory. Craignant de l'avoir offensée, je la suis. « Howard », murmure-t-elle. « Tu ne l'as pas vu passer ? Nous n'avons pas le droit de nous parler, tu sais bien. »

« Notre temps est si peu cher qu'ils se fichent pas mal de savoir si nous l'employons bien ou pas », dis-je encore, consciente du fait que ce n'est pas vrai, sans quoi nous ne serions pas constamment contrôlés pour prévenir tout « vol de temps ». Mais je continue à déblatérer : « C'est ça qui est insultant. » Bien entendu, cette bouffée de militantisme m'empêche de prendre en considération le contexte – deux femmes mûres, dures à la tâche, se dissimulant derrière un portant pour échapper à la surveillance de leur supérieur, un crétin de vingt-six ans. Cela ne vaut même pas la peine d'être commenté.

Alyssa est une autre cible de ma croisade. Lorsqu'elle revient voir ce polo à 7 $, elle découvre qu'il est taché. On ne pourrait pas lui faire une réduction supplémentaire à cause de ça ? Je pense qu'on pourrait lui faire 10 % et si on ajoute les 10 % de réduction pour les employés du magasin, le polo lui reviendrait à 5,60 $. J'cssaic de négocier une réduction de 20 % avec la dame des cabines d'essayage, lorsque – pas de chance !

– Howard fait son apparition et annonce qu'on ne fait aucune réduction sur les articles en solde. C'est le règlement. Alyssa a l'air profondément déçue et je lui dis, après le départ de Howard, que je ne trouve pas normal qu'on reçoive un salaire qui ne nous permet pas de nous acheter un polo de chez Wal-Mart, un polo en solde et taché de chez Wal-Mart. « Je te comprends », dit-elle, avant d'admettre qu'elle ne s'en sort pas en travaillant ici.

Je deviens alors un peu imprudente. Cet après-midi-là, les haut-parleurs annoncent une réunion des associés et je décide d'y aller, quand bien même la plupart de mes collègues n'y vont pas. Je ne comprends pas quelle est l'utilité de ces réunions, qui ont lieu tous les trois jours environ et consistent essentiellement à noter les présences, à moins que ce ne soit une façon pour Howard de montrer qu'il est le seul chef et nous, les nombreux employés. Je suis contente de pouvoir m'asseoir quelques minutes – ou, plus exactement, de me percher sur des sacs de fertilisant puisque nous nous réunissons aujourd'hui au rayon jardin –, de pouvoir bavarder avec quiconque se présente, en l'occurrence une fille du rayon lunettes. Elle est mieux coiffée et maquillée que la plupart des femmes ici – contrainte de prendre ce travail à cause d'un divorce récent, me dit-elle, et désolée de l'avoir fait maintenant qu'elle a découvert à quel point la protection sociale était minable chez Wal-Mart. Elle se lance ensuite dans une longue histoire sur sa situation antérieure, les prélèvements sur salaire, son assurance maladie qui arrive à expiration. J'écoute distraitement parce que, comme les autres dans mon groupe d'orientation, je n'ai pas opté pour l'assurance maladie – la contribution de l'employé me paraissait trop élevée. « Vous savez ce dont nous avons besoin ici ? » dis-je au bout d'un moment. « Un syndicat. » Voilà, le mot est lâché. Peut-être que si je n'avais pas eu tant mal aux pieds, je ne l'aurais pas prononcé. Et je ne l'aurais probablement pas prononcé non plus, si j'avais été autorisée à lancer de temps en temps « Nom de Dieu » ou même « Merde ». Mais personne n'a banni le mot « syndicat » et c'est, à cet instant précis, le groupe de syllabes le plus puissant à ma disposition. « Nous avons besoin de *quelque chose* », répond-elle.

Après cela, plus rien ne m'arrête. Je suis en mission à présent : *Pose les questions ! Sème le vent !* Les pauses ont dès lors un autre intérêt que le simple fait de reprendre haleine. Il y a des centaines d'employés – je ne saurai jamais combien exactement – et tôt ou tard je vais rencontrer chacun d'entre eux. A cet égard, j'évite la salle de repos parce que la télévision empêche les conversations de se développer et c'est bien la raison pour laquelle on l'a mise là. Mieux vaut sortir, aller dans la zone barricadée des fumeurs devant le magasin. Les fumeurs, dans une Amérique débarrassée de la cigarette, sont plus susceptibles d'être des rebelles. C'était le cas quand j'étais femme de ménage : les non-fumeuses attendaient en silence dans le bureau avant de partir au travail, tandis que les fumeuses bavardaient allègrement sur le trottoir. Cela permet aussi d'engager la conversation en demandant tout simplement du feu. De toute façon, quand le vent souffle, je ne peux pas allumer seule ma cigarette. Ma première question, « Vous travaillez dans quel rayon ? », est rapidement suivie par la seconde, « Vous travaillez ici depuis longtemps ? » – et à partir de là, il est facile d'enchaîner sur le sujet qui me tient à cœur. Tous ou presque ont envie de parler et je deviens rapidement la dépositaire ambulante de toutes les plaintes. Personne n'est payé en heures supplémentaires à Wal-Mart, m'apprend-on, alors que des pressions sont souvent exercées pour obtenir ce droit [1]. Nombreux

---

1. Des employés de Wal-Mart ont poursuivi en justice la chaîne pour non-paiement des heures supplémentaires dans quatre Etats – Virginie-Occidentale, Nouveau-Mexique, Oregon et Colorado. Les plaignants allèguent qu'ils ont été contraints de travailler en heures supplémentaires et que Wal-Mart a effacé ces heures supplémentaires de leurs dossiers. Deux des plaignants de Virginie-Occidentale, qui avaient été promus à des postes d'encadrement avant de quitter Wal-Mart, ont déclaré qu'ils s'étaient rendus complices de l'altération des dossiers en effaçant les heures supplémentaires. Au lieu de payer des heures supplémen-

sont ceux qui considèrent que leur protection sociale ne vaut pas ce qu'ils doivent débourser pour elle. La frustration est forte en ce qui concerne les horaires, particulièrement chez cette femme évangéliste qui n'obtient jamais un dimanche matin libre, en dépit de ses supplications. Et il y a toujours les plaintes concernant l'encadrement : celui qui est connu pour faire fondre en larmes les nouvelles recrues, celui qui se sert d'une règle pour faire tomber d'une étagère tout ce qu'il estime mal rangé, pour vous faire tout ramasser et recommencer.

Mon sujet préféré – le niveau phénoménalement bas des salaires – est parfois, je le découvre, assez douloureux. Stan, par exemple, un type

---

taires, Wal-Mart récompense ses employés « en leur accordant des changements d'horaires selon leurs souhaits, des promotions et d'autres avantages ». Les employés qui refusaient d'effectuer des heures supplémentaires étaient menacés de « rapports, de rétrogradations, de réductions de temps de travail et de salaire » (Lawrence Messina, « Former Wal-Mart Workers File Overtime Suit in Harrison County », *Charleston Gazette*, 24 janvier 1999). Au Nouveau-Mexique, une action en justice de 110 employés de Wal-Mart a contraint l'entreprise à payer les heures supplémentaires dues (« Wal-Mart Agrees to Resolve Pay Dispute », *Albuquerque Journal*, 16 juillet 1998). Dans un courrier électronique qu'il m'adressait, le porte-parole de Wal-Mart, William Wertz, a déclaré que « la politique de Wal-Mart était d'offrir une juste compensation à ses employés pour leur travail et de respecter pleinement les règlements fédéraux et étatiques en matière de salaires ».

d'une vingtaine d'années à la dentition irrégulière, est si impatient de parler qu'il bondit sur le banc à côté de moi. Mais quand on aborde la question du salaire, son visage se décompose. L'idée pour lui, c'était de suivre des cours pendant deux ans (il me donne le nom d'une école technique) tout en travaillant. Mais les horaires ne lui ont pas permis d'étudier assez et il a dû laisser tomber l'école, et maintenant... Il regarde fixement le sol jonché de mégots, en voyant sans doute une éternité au rayon électroménager se déployer devant lui. Je suggère que nous avons besoin d'un syndicat, mais l'expression de son visage me fait comprendre que j'aurais tout aussi bien pu dire chewing-gum ou Prozac. Ouais, peut-être qu'il ira voir à Media One, où travaille un copain à lui pour un salaire plus élevé... Essaiera de retourner à l'école, hum...

A l'opposé, on trouve des gens comme Marlene. Je suis assise dehors, en train de parler à une sorte de poupée blonde, que je prenais pour une lycéenne, mais qui est en fait employée à plein temps depuis novembre et se demande si elle a les moyens de s'acheter une voiture. Marlene sort pour sa pause, allume une cigarette et approuve énergiquement mes propos concernant les salaires. « Ils parlent de la conviction qu'on doit avoir », dit-elle en faisant allusion à l'encadrement, « mais ils ne nous donnent aucune raison d'avoir la moindre conviction. » Selon elle, Wal-

Mart préférerait continuer à embaucher des gens nouveaux plutôt que de traiter décemment les gens qui y travaillent déjà. On peut le vérifier facilement, une douzaine de personnes par jour suivent la procédure d'orientation – ce qui est vrai. Wal-Mart a un insatiable appétit de chair humaine. On nous encourage même à recruter tous les employés de Kmart que nous pourrions connaître. Ils se fichent pas mal de vous avoir formé, continue Marlene, ils peuvent toujours prendre quelqu'un d'autre à la moindre plainte. Sa véhémence me rend audacieuse et je prends le risque de prononcer de nouveau le mot incandescent. « Je sais que cela va à l'encontre de la philosophie de Wal-Mart, mais un syndicat ne serait pas inutile ici. » Elle fait une grimace, je poursuis : « Ce n'est pas seulement une question d'argent, mais aussi de dignité. » Elle approuve de la tête avec un air déterminé, allumant une deuxième cigarette avec la fin de la première. *Nommez immédiatement cette femme au comité d'organisation*, dis-je à mes compagnons du complot imaginaire en partant.

Bon, je ne suis pas plus une fondatrice de syndicat qu'un « matériau exploitable » par Wal-Mart, comme l'a souligné Isabelle. En fait, je ne partage pas la croyance de nombreux cadres syndicaux selon laquelle la création d'un syndicat serait la panacée. Bien sûr, tout bon vieux syndicat ferait relever les salaires et les têtes, mais je sais que même les plus dynamiques et les plus démocratiques doivent subir la surveillance étroite de ses membres. La vérité, que je ne peux m'empêcher de reconnaître pendant ces longues périodes vides entre les pauses de l'après-midi, c'est que je suis en train de m'amuser et d'une façon, semble-t-il, assez inoffensive. Quelqu'un doit crever le ballon de cette fiction selon laquelle nous serions une « famille », nous les « associés » et les « dirigeants à leur service », réunis par notre dévouement à l'égard des « invités ». En effet, il faudrait un mot bien plus fort que *dysfonctionnement* pour décrire l'état d'une famille dont certains membres peuvent se mettre à table et manger, pendant que les autres (les « associés », les couturières à peau noire et les ouvriers d'usines du monde entier qui fabriquent ce que nous vendons) se nourrissent des reliefs tombés sur le sol. *Psychotique* serait sans doute une meilleure qualification de la famille en question [1]. Et quelqu'un se doit de chasser le mystérieux

---

[1] En 1996, le National Labor Committee Education Fund in Support of Worker and Human Rights in Central America a révélé que certains vêtements de la marque Kathie Lee étaient cousus par des enfants d'une douzaine d'années dans des ateliers du Honduras. Kathie Lee Gifford, vedette de la télévision et propriétaire de la marque Kathie Lee, a récusé l'accusation, en larmes et à l'antenne, mais promis par la suite de rompre tout contact avec ces ateliers.

« NOS » du slogan que nous portons imprimé sur le dos : « Ce sont nos associés qui font la différence ». C'est peut-être bien parce que je n'ai rien à perdre, moins que rien en fait. Pour chaque journée passée sans trouver un logement plus abordable, c'est-à-dire tous les jours, je dépense 49,95 $ pour avoir le privilège de ranger des vêtements chez Wal-Mart. A cette cadence, j'aurai brûlé dans moins d'une semaine le reste des 1 200 $ que je m'étais accordés pour ma vie à Minneapolis.

Un peu d'amusement ne me ferait pas de mal. J'ai découvert une grande vérité en ce qui concerne le travail à bas salaire et sans doute aussi à moyen salaire – à savoir qu'il ne se produit rien ou plutôt que la même chose se produit jour après jour et équivaut à rien. Cette loi ne s'applique pas strictement aux emplois de service que j'ai occupés jusqu'à présent. Dans le métier de serveuse, on a toujours de nouveaux clients à étudier ; même le métier de femme de ménage offre la parade quotidienne des maisons à explorer. Mais ici – bon, vous savez ce que je fais et comment c'est défait et comment je recommence. Comment ai-je pu croire que je pourrais survivre dans une usine, où chaque minute, et pas seulement chaque jour, est identique à la suivante ? Il n'y aura pas de crise, à l'exception de celle qui précède Noël. Il n'y aura pas de « Code M » qui signifie « prise d'otages », pas non plus de Code

F ou T (je devine pour ces lettres parce que je n'ai pas pris de notes pendant la procédure d'orientation et elles sont peut-être un secret de l'entreprise) qui signifie feu ou tornade – pas d'occasion de manifester son courage ou son excellence, ou encore d'évacuation d'urgence du magasin. Ces moments qui font l'ouverture des journaux télévisés, lorsqu'un ancien employé furieux se met à tirer à vue ou que des clients sont écrasés sous l'avalanche d'un stock de marchandises, ces moments sont exceptionnels. Ne se présentent dans ma vie que des chariots – pleins, puis vides et remplis de nouveau.

On peut vieillir vite ici. En fait, le temps joue de drôles de tours quand il n'y a pas de surprises pour en marquer des fragments mémorables. J'ai l'impression d'avoir déjà plusieurs années de plus qu'au début de cette enquête. Dans le grand miroir du rayon femmes, une silhouette moyenne est penchée sur un chariot, le visage crispé dans un effort de concentration absurde – ce n'est sûrement pas moi. Combien de temps va s'écouler avant que je sois aussi grise qu'Ellie, aussi grincheuse que Rhoda, aussi ratatinée qu'Isabelle ? Lorsque même un régime exclusif de fast-food, riche en sodium, ne prévient pas l'envie d'uriner toutes les heures, lorsque l'état de mes pieds permettrait de payer les études universitaires du fils d'un podologue ? Oui, je sais que je vais repartir d'un jour à l'autre vers la variété et les drames de ma vie réelle, la vie de Barbara Ehrenreich. Mais cette perspective me réjouit de la même façon, disons, que celle du paradis pour une personne atteinte d'une maladie incurable : c'est agréable de le savoir, mais cela n'aide pas beaucoup dans l'instant. Ce dont on ne se rend pas compte quand on commence à vendre son temps à l'heure, c'est qu'on vend en réalité sa vie.

Quelque chose se produit alors, ni pour moi, ni à Wal-Mart, dont les implications sont néanmoins éblouissantes. C'est un grand titre de la une du *Star Tribune* : 1 450 employés d'hôtel, membres du Syndicat des employés d'hôtel et de restaurant, font la grève dans neuf hôtels de la région. Un spécialiste des questions économiques du *Pioneer Press* – commentant cette grève, celle des chauffeurs de camion de l'usine Pepsi-Cola et une manifestation d'employés d'un abattoir de St. Paul – se frotte les yeux et demande : « Mais que diable se passe-t-il ici ? » Quand j'arrive à mon travail ce jour-là, je récupère le journal dans la poubelle devant l'entrée du magasin – ce qui n'est pas trop difficile puisque la poubelle déborde comme d'habitude et je n'ai pas besoin de plonger profond. Puis je défile jusqu'à la salle de repos avec le journal déployé, je le pose sur la table bien en évidence, au cas où quelqu'un aurait manqué le gros titre. Ce nouveau rôle – messagère des grandes nouvelles – me donne l'impression d'être active et importante. Au rayon femmes, je relate l'information à Melissa, en ajoutant que les employés d'hôtel gagnent déjà un dollar de l'heure de plus que nous et que cela ne les a pas empêchés de faire grève pour obtenir plus. Elle cligne des yeux plusieurs fois, l'air de réfléchir, puis Isabelle s'approche et annonce que le directeur régional va passer dans notre magasin aujourd'hui et que tout doit donc être « parfaitement à sa place ». Tout repose sur nous aujourd'hui.

J'ai d'autres soucis en tête que le défi qui consiste à arranger les étagères de jeans de Faded Glory. Vers 6 h, ce soir, je suis censée appeler deux motels à 40 $ par jour, où il y a peut-être des chambres disponibles. Je m'aperçois que j'ai laissé les numéros de téléphone dans la voiture. Je ne veux pas utiliser mes pauses à aller les chercher – pas aujourd'hui, avec les nouvelles de la grève dont il faut parler. Vais-je me livrer à un grand « vol de temps » ? Et comment puis-je sortir sans qu'Isabelle s'en aperçoive ? Elle m'a déjà prise en flagrant délit de pliage des jeans à l'envers – il faut les plier en trois, avec les chevilles à l'intérieur et non à l'extérieur – et elle est repassée pour contrôler. C'est Howard – qui l'eût cru ? – qui me fournit une occasion de sortir, en surgissant derrière moi pour m'annoncer que je suis très en retard pour mes modules informatiques de formation. Les nouveaux employés sont censés progresser dans leurs modules de formation et sont donc autorisés par leurs supérieurs à quitter leur rayon. Je l'ai fait sans gaieté de cœur – j'ai passé les modules « ouverture de carton », « chargement de palette », « compression des ordures » – jusqu'à ce que le programme se bloque. Il est réparé à présent, me dit Howard, et je dois retourner à l'ordinateur immédiatement. C'est une façon de sortir du rayon femmes, mais cela m'éloigne de la sortie du magasin. Je me colle devant un module dans lequel Sam Walton disserte comme un dément sur le système de l'inventaire perpétuel, puis je me lève prudemment pour voir si Howard est dans les parages. Bon, la voie est libre. Je marche d'un pas décidé vers l'entrée du magasin quand je l'aperçois qui avance dans la même direction, à trente mètres sur ma gauche. Je fonce dans le rayon chaussures et j'en ressors pour le voir avancer sur une trajectoire parallèle à la mienne. Je l'évite en passant dans les soutiens-gorge et en tournant vers le fond du rayon femmes. J'ai vu ce genre de truc dans les films, quand le bon échappe au méchant dans un lieu public un peu compliqué. Je n'avais jamais imaginé le faire un jour.

De retour dans le magasin avec les numéros de téléphone dans la poche de mon gilet, je décide de voler quelques minutes de plus et de passer mes appels depuis la cabine publique près de la consigne. Le premier motel ne répond pas, ce qui n'est pas rare dans ces endroits à bas tarif. Sur une impulsion, j'appelle Caroline pour voir si elle est en grève : non, pas son hôtel. Mais elle rit en me racontant qu'elle a vu hier soir au journal télévisé un directeur de l'hôtel dans lequel elle travaillait autrefois. C'était un Blanc qui prenait plaisir à lui rappeler qu'elle était la première femme de couleur à être embauchée pour un emploi supérieur à celui de femme de ménage. Et il était là à présent, en train de passer le balai pendant que les balayeuses officielles faisaient le piquet de grève. J'appelle le second motel quand Howard resurgit. Pourquoi ne suis-je pas devant l'ordinateur ? veut-il savoir, en me gratifiant de son sourire de haine caractéristique. « Pause », dis-je en lui adressant ce que les spécialistes des primates appellent la « grimace de peur » – entre l'exhibition des dents et la grimace. Si vous êtes prêt à voler, vous devez aussi être prêt à mentir. Il peut le vérifier immédiatement, bien sûr, en allant voir la pointeuse. Je pourrais faire l'objet d'un rapport, être exilée au rayon soutiens-gorge, convoquée pour un entretien avec une Roberta très déçue. Mais le second motel n'a pas de chambre libre avant plusieurs jours, ce qui signifie que, pour des raisons purement financières, ma carrière à Wal-Mart est sur le point de prendre fin.

Quand Melissa s'apprête à partir à 6 h, je lui annonce que je démissionne, probablement le lendemain. Bon, eh bien, elle va démissionner elle aussi parce qu'elle ne veut pas travailler ici sans moi. Nous avons toutes les deux les yeux fixés au sol. Je comprends que ce n'est pas une déclaration d'amour, mais une simple considération pratique. Vous ne voulez tout simplement pas travailler avec des gens qui ne font pas bien leur boulot ou que vous n'aimez pas, et vous ne voulez pas non plus passer votre temps à vous habituer aux nouveaux. Nous échangeons nos adresses, y compris la vraie et permanente pour moi. Je lui parle du livre sur lequel je travaille et elle hoche la tête, sans paraître particulièrement surprise. Elle déclare qu'elle espère ne pas avoir dit « trop de choses négatives sur Wal-Mart ». Je la rassure et je lui dis que, de toute façon, elle ne sera pas reconnaissable. Puis elle m'avoue qu'elle a bien réfléchi et que 7 $ de l'heure, ce n'est vraiment pas assez pour le travail que nous fournissons : elle va déposer sa candidature dans une usine de plastiques où elle espère obtenir 9 $ de l'heure.

A 10 h, je vais dans la salle de repos pour ma dernière pause, les pieds trop douloureux pour marcher jusqu'à la zone fumeurs. Je m'assieds les pieds posés sur le banc. La pause précédente, pour laquelle il a fallu que je commette tant de crimes, avait été un échec total : pas un être humain en vue, à l'exception d'une femme de la comptabilité. J'ai cette impression d'enfermement que provoque l'horaire de nuit, l'impression qu'il n'y a pas de monde au-delà des portes, pas de problème plus important que celui des articles restés au fond de mon chariot. Il n'y a qu'une seule autre personne dans la salle de repos, une femme blanche d'une trentaine d'années, qui regarde la télévision. Je n'ai pas le courage de me lancer dans une conversation, même sur le sujet passionnant de la grève en cours.

Et puis, par la grâce de Dieu qui dicta à Jésus le Sermon sur la Montagne, qui prend soin de Melissa et des moineaux partout dans le monde, la télévision diffuse les nouvelles locales. Et les nouvelles locales, c'est la grève. Un piquet de grève, accompagné de son petit garçon, déclare à la caméra : « C'est pour mon fils. C'est pour mon fils que je fais ça. » Le sénateur Paul Wellstone est présent. Il serre la main du petit garçon et déclare : « Tu devrais être fier de ton père. » A cet instant précis, mon unique compagne bondit, sourit et brandit le poing en direction de la télévision. Je pointe rapidement les deux index vers le sol, signe qui veut dire « Ici ! Nous pourrions faire la même chose ! ». Elle s'approche de moi – je l'aurais fait si j'avais été un peu plus fraîche –, se penche et dit : « Et comment ! » Je ne sais pas si c'est à cause de mes pieds ou de ce qu'elle vient de dire, mais j'ai les larmes aux yeux. Nous parlons bien au-delà du temps réglementaire de ma pause et du sien sans doute – de sa fille, de sa frustration de travailler si longtemps et de ne pas pouvoir passer plus de temps avec elle, de l'absurdité de tout ça quand on ne gagne jamais assez pour économiser quoi que ce soit...

Je suis convaincue que nous aurions pu faire quelque chose, elle et moi, si j'avais eu les moyens de travailler à Wal-Mart un peu plus longtemps.

Évaluation

Comment m'en suis-je sortie dans le monde des bas salaires ? Si je peux me permettre de commencer par quelques applaudissements : je ne m'en suis pas trop mal tirée dans le travail et je considère que c'est une réussite. Vous pourriez estimer que des emplois non qualifiés sont un jeu d'enfants pour quelqu'un qui a un doctorat et dont le travail habituel exige d'apprendre des choses nouvelles tous les quinze jours. Eh bien, non. La première chose que j'ai découverte, c'est qu'il n'y a pas d'emplois non qualifiés, aussi faible que soit le salaire. Chacun des six emplois que j'ai tenus au cours de ce projet exigeait de la concentration, ainsi que la maîtrise d'un nouveau vocabulaire, de nouveaux outils, de nouvelles compétences – de l'enregistrement des commandes sur un ordinateur de restaurant à la manipulation de l'aspirateur porté sur le dos. Cela ne s'est pas fait aussi facilement que je l'aurais souhaité. Personne ne m'a jamais dit « Oh, tu es rapide, toi ! » ou « Tu peux croire qu'elle vient tout de juste de commencer ? ». Quels que soient mes accomplissements dans ma vie réelle, dans le monde des bas salaires, j'étais d'une compétence tout à fait moyenne – capable d'apprendre le métier et capable de faire des gaffes énormes.

J'ai eu quelques moments de gloire. Quand je travaillais pour The Maids, si je terminais le travail qui m'avait été assigné assez vite pour pouvoir alléger celui d'une collègue, j'en tirais une grande satisfaction. Il y a eu aussi ma « percée » chez Wal-Mart, où j'aurais pu, je le crois vraiment, progresser rapidement et obtenir en moins de deux ans un salaire de 7,50 $ de l'heure, si j'avais été capable de tenir ma langue. Et je me délecterai pour le restant de mes jours du souvenir de la journée à Woodcrest, où j'ai dû, seule, nourrir mes malades d'Alzheimer, nettoyer après leur repas, tout en obtenant des sourires de ces visages normalement sans expression.

Il n'y a pas que le travail à apprendre dans chaque situation nouvelle. Chaque emploi contient en soi un monde de relations, avec ses personnalités, sa hiérarchie, ses coutumes et ses critères. Il m'est arrivé plusieurs fois d'obtenir des informations sociologiques à traiter, du type « Fais attention à untel, c'est un vrai connard ». Le plus souvent, c'était toutefois à moi de découvrir qui était le chef, avec qui il était agréable de travailler, qui était capable de comprendre la plaisanterie. Des années de voyage m'ont sans doute facilité la tâche dans ce domaine, même si dans ma vie normale je rencontre les situations nouvelles dans une position de respectabilité et même de célébrité en tant que « conférencière invitée » ou « responsable d'un atelier d'écriture ». Il est beaucoup plus difficile, je trouve, de comprendre un microsystème humain quand on l'observe depuis le bas et c'est, de surcroît, indispensable.

Les critères constituent une autre question épineuse. Pour qu'il soit « agréable de travailler avec vous », il est nécessaire d'être rapide et minutieux, mais pas au point de rendre les choses plus difficiles pour les autres. Le danger de placer la barre trop haut s'est rarement présenté pour moi. Mais un jour, au Hearthside, Annette m'a fait des remontrances parce que je refaisais la décoration des desserts en vitrine : « Ils n'attendent qu'une chose, c'est qu'on fasse tous comme toi ! » J'ai donc cessé de faire du zèle, de même que je prenais le rythme d'une arthritique pour faire mon travail lorsqu'un expert venait faire une étude ergonomique. Dans le même ordre d'idées, une collègue de Wal-Mart m'a un jour donné le conseil suivant : bien sûr, j'avais beaucoup à apprendre, mais il était important de ne pas en « savoir trop » ou de ne jamais révéler à la direction l'étendue de ses compétences, car « plus tu en sais, plus ils vont t'exploiter ». Mes mentors n'étaient pas des femmes paresseuses, elles savaient simplement que les performances héroïques sont rarement ou peu récompensées. Le truc, c'est de calculer la dépense d'énergie afin de ne pas en manquer le lendemain.

Tous ces emplois étaient physiquement éprouvants et certains préjudiciables, lorsqu'ils sont exercés de façon continue. Je suis quelqu'un qui dispose d'une condition physique un peu exceptionnelle, avec des années passées à soulever de la fonte et à faire de l'aérobic, mais j'ai appris quelque chose que personne ne mentionne jamais dans les salles de gym : une grande partie de ce que nous prenons pour de la force vient de ce que nous savons faire de notre faiblesse. On sent cette dernière venir à la moitié d'une journée de travail ou plus tard et on peut l'interpréter normalement comme le symptôme d'une maladie bénigne, qu'on va soigner en se reposant. Ou bien on peut l'interpréter d'une autre façon, comme un rappel du dur labeur accompli et, par conséquent, comme une mesure de ce que vous êtes encore capable de faire – et la fatigue devient une sorte d'attelle qui vous soutient. De toute évidence, ce genre d'illusion a ses limites et j'aurais atteint les miennes rapidement si j'avais dû rentrer du travail pour m'occuper d'enfants en bas âge, d'une famille, comme le font de nombreuses femmes. Mais le fait d'avoir survécu, de ne pas m'être effondrée, de ne pas avoir eu besoin de temps de récupération, alors que j'ai plus de cinquante ans, est une chose dont je suis assez fière.

De plus, j'ai fait preuve en général de toutes les

qualités jugées essentielles à l'obtention d'un emploi : ponctualité, propreté, enthousiasme, obéissance. Ce sont les qualités qu'on cherche à inculquer dans les programmes d'aide aux chômeurs pour retrouver du travail. J'imagine que la plupart des chômeurs les possèdent déjà ou les posséderaient si leurs problèmes de garde des enfants et de transports étaient résolus. Je me contentais de suivre les règles que je m'étais fixées au début de mon projet et je faisais du mieux possible pour ne pas perdre mon emploi. Ne me croyez pas si vous le voulez : mes supérieurs m'ont plusieurs fois dit que je m'en tirais bien – « très bien » et même « parfaitement bien ». Au final, avec quelques blâmes pour mes petits désastres et des médailles d'or pour mes efforts, je pense pouvoir dire raisonnablement que, dans le travail, dans le boulot, je mérite un B ou peut-être même un B+.

Mais la question n'est pas de savoir comment je m'en suis sortie dans le travail, mais comment je me suis débrouillée dans la vie en général, ce qui implique de prendre en compte mon alimentation et mon logement. Le fait qu'il s'agisse de deux problèmes distincts doit être minimisé immédiatement. Dans la rhétorique de l'aide sociale, on considérait unanimement que le fait d'avoir un emploi constituait le billet de sortie de la pauvreté et que la seule chose qui empêchait les chômeurs assistés d'en sortir, c'était leur réticence à trouver un emploi. J'en ai trouvé un et parfois plus d'un, mais mon dossier de survie est bien moins encourageant que pour ce qui concerne ma capacité à me faire embaucher. Sur les petites choses, j'ai été tout à fait économe : pas de dépenses pour faire la noce, pour des vêtements extravagants, aucun des péchés mignons qui sont censés grever les budgets des pauvres. Bon, le jean à 30 $ de Key West et la ceinture à 20 $ de Minneapolis étaient des achats extravagants. Je sais aujourd'hui que j'aurais pu m'en tirer à meilleur compte à l'Armée du Salut ou même à Wal-Mart. Pour ce qui est de l'alimentation, je suis parvenue pratiquement à une sorte de science : beaucoup de viande hachée, des haricots, du fromage et des pâtes quand j'avais une cuisine ; sinon, c'était le fast-food avec un budget quotidien que je suis parvenue à maintenir à environ 9 $. Mais voyons un peu les chiffres.

A Key West, j'ai gagné 1 039 $ en un mois et dépensé 517 $ en nourriture, essence, articles de toilettes, teinturerie, téléphone, eau, gaz et électricité. Le loyer était une affaire en or. Si j'étais restée dans mon meublé à 500 $, j'aurais été en mesure de payer mon loyer et d'avoir encore 22 $ en poche (ce qui correspond à 78 $ de moins que ce que j'avais au début du mois). C'était en soi une situation risquée si elle s'était prolongée pendant quelques mois, puisque j'aurais dû, tôt ou tard, payer une note de dentiste ou de médecin, ou encore de pharmacie (plus substantielle que pour un simple tube d'aspirine). Mais mon déménagement dans le parc de caravanes – dans le dessein, vous vous en souvenez, de prendre un second boulot – m'a condamnée à payer 625 $ de loyer, sans eau, ni gaz, ni électricité. J'aurais pu faire des économies en renonçant à ma voiture et en achetant une bicyclette d'occasion (50 $ environ) ou en allant à mon travail à pied. Cela dit, deux boulots ou un boulot et demi auraient été nécessaires pour assurer ma survie. Et j'avais appris que je ne pouvais assumer physiquement deux emplois exigeants par jour, du moins en assurant une prestation acceptable.

A Portland, dans le Maine, j'ai approché de très près l'adéquation des revenus et des dépenses, mais uniquement parce que je travaillais sept jours par semaine. Avec mes deux emplois, je gagnais environ 300 $ par semaine après impôts. Je payais 480 $ de loyer par mois, soit 40 % de mes revenus, ce qui était tout à fait tolérable. A cela s'ajoutait le fait bénéfique que le gaz et l'électricité étaient compris, que j'avais deux ou trois repas gratuits dans la maison de retraite chaque week-end. Mais j'étais là-bas hors saison. Si j'étais restée jusqu'en juin 2000, j'aurais eu à faire face au tarif hebdomadaire de 390 $ au Blue Heaven, ce qui aurait évidemment rendu ma situation impossible. Pour survivre à l'année, il aurait fallu que je puisse économiser assez, entre le mois d'août 1999 et le mois de mai 2000, pour payer le premier mois de loyer et la caution d'un appartement normal. Je pense que j'aurais pu le faire – épargner 800 à 1 000 $ – en supposant que mon budget n'ait pas été entamé par une facture de garage ou des honoraires de médecin. Je ne suis pas sûre, toutefois, que j'aurais pu maintenir la cadence de sept jours de travail par semaine, mois après mois, ou éviter les maux dont souffraient mes collègues femmes de ménage.

A Minneapolis – là, nous sommes contraints de faire pas mal de spéculations. Si j'avais été en mesure de trouver un appartement à 400 $ par mois ou moins, mon salaire à Wal-Mart – 1 120 $ par mois avant impôts – aurait pu suffire. Toutefois, le coût de mon séjour dans un motel en attendant une telle opportunité aurait sans doute rendu impossible le paiement d'un premier mois de loyer et de la caution. Un travail pendant le week-end, comme celui que j'ai presque obtenu dans un supermarché, à 7,75 $ de l'heure, aurait arrangé les choses. Mais je ne suis pas sûre que j'aurais pu contrôler mes horaires à Wal-Mart de manière à garder mes week-ends libres. Si j'avais accepté de travailler à Menards et que le salaire avait été effectivement de 10 $ de l'heure pendant onze heures par jour, j'aurais gagné 440 $ par semaine après impôts – de quoi payer une chambre de motel et mettre un peu de côté pour les frais d'emménagement dans un appartement. Mais payaient-ils vraiment 10 $ de l'heure ? Et aurais-je pu rester debout onze heures par jour, cinq jours par semaine ? Oui, en faisant des choix un peu différents, j'aurais probablement pu survivre à Minneapolis. Mais je ne vais pas y retourner pour jouer la revanche.

J'ai commis des erreurs, en particulier à Minneapolis, et ces erreurs ont été ressenties, à ce moment-là, comme des échecs un peu honteux. J'aurais dû me ressaisir et prendre le boulot le mieux payé ; j'aurais dû m'installer au dortoir que j'avais fini par trouver (même si 19 $ par nuit représentaient un luxe pour le salaire qu'on m'accordait à Wal-Mart). Mais on peut avancer pour ma défense que beaucoup d'autres gens faisaient les mêmes faux pas : travailler à Wal-Mart plutôt que de prendre un emploi mieux payé (souvent, j'imagine, pour des raisons de transport) ; vivre dans des motels à 200 ou 300 $ par semaine. Le problème dépasse donc mes faiblesses personnelles et mes mauvais calculs. Quelque chose ne va pas, ne va pas du tout, lorsqu'une personne seule, en bonne santé, qui possède de surcroît une voiture, ne peut pas survivre à la sueur de son front. Nul besoin d'avoir fait des études d'économie pour comprendre que les salaires sont trop bas et les loyers trop élevés.

Le problème des loyers est simple à comprendre pour quelqu'un qui ne connaît rien en économie, même pour un employé à bas salaire sans véritable éducation : c'est le marché, imbécile ! Quand le riche et le pauvre se trouvent en compétition sur un marché libre, le pauvre n'a aucune chance. Le riche peut toujours surenchérir, acheter leurs immeubles décrépis ou leurs parcs de caravanes, et les remplacer par des immeubles de luxe, des parcours de golf ou ce que bon leur semble. Comme les riches sont devenus plus nombreux, en grande partie grâce à la spéculation boursière et à l'augmentation des salaires des dirigeants d'entreprise, les pauvres ont été contraints de vivre dans des logements à la fois plus chers et dévastés, ou plus éloignés de leur lieu de travail. Souvenez-vous que pour le parc de caravanes, à Key West, proche des hôtels qui pouvaient m'employer, il fallait payer un loyer de 625 $ par mois pour une demi-caravane – ce qui oblige évidemment les travailleurs à bas salaire à chercher un logement de plus en plus loin des îlots convoités. Mais les loyers grimpent aussi de manière exponentielle dans la ville de Minneapolis, stimulée par le tourisme : les derniers quartiers abordables se trouvent au centre de la ville, alors que le développement économique et les opportunités d'emplois se situent à la périphérie, près de banlieues à des prix inaccessibles. Dans la mesure où les pauvres doivent travailler près des habitations des riches – comme c'est le cas si souvent pour les métiers de service et de vente au détail –, ils ont le choix entre des trajets interminables ou des loyers inabordables.

Si, pour les bas salaires, une confiance excessive semble se maintenir vis-à-vis du marché du logement qui est pourtant en crise, c'est en partie parce que cette crise ne se reflète en aucune façon dans le taux de pauvreté officiel, qui est resté au niveau apaisant de 13 % au cours de ces dernières années. La raison de cette absence de connexion entre le cauchemar du logement et la « pauvreté », telle qu'elle est définie, est simple à comprendre : le seuil de la pauvreté est toujours officiellement calculé selon la méthode archaïque qui consiste à prendre le coût de la nourriture pour une famille d'une taille donnée et à le multiplier par trois. Cependant, la nourriture est assez peu sensible à l'inflation, du moins si on la compare aux loyers. Au début des années 60, quand on a conçu cette méthode d'évaluation de la pauvreté, la nourriture représentait 24 % du budget d'une famille moyenne (et non 33 %, même à l'époque – notons-le) et le logement, 29 %. En 1999, la nourriture ne représentait plus que 16 % du budget, tandis que le logement avait grimpé à 37 %[1]. Le choix de la nourriture comme base de l'évalua-

---

1. Jared Bernstein, Chauna Brocht et Maggie Spade-Aguilar, « How Much Is Enough?, Basic Family Budgets for Working Families », Economic Policy Institute, Washington D.C., 2000, p. 4.

tion des budgets des familles paraît assez arbitraire aujourd'hui. Nous ferions mieux d'abolir la pauvreté purement et simplement, du moins sur le papier, en définissant un budget de subsistance à partir d'un multiple quelconque des dépenses en bandes dessinées ou en fil dentaire.

Quand le marché ne parvient pas à régler la distribution d'un bien aussi vital que le logement à ceux qui en ont besoin, on s'attend, dans les sphères libérales modérées, à ce que le gouvernement intervienne et apporte sa contribution. Nous acceptons ce principe – sans grande conviction, certes – dans le cas de l'assurance maladie, puisque le gouvernement prend en charge des personnes âgées avec Medicare, des gens extrêmement pauvres avec Medicaid et des enfants pauvres avec différents programmes dans les Etats. Mais pour ce qui est du logement, l'inflexion vers le haut du marché a été accompagnée d'une lâche retraite dans le secteur public. Les dépenses en matière de logements sociaux n'ont cessé de décroître depuis les années 80 et les aides au logement n'augmentent plus depuis le milieu des années 90. En même temps, les aides pour les gens propriétaires de leur logement – qui ont tendance à être plus riches que les locataires – ont été généreusement maintenues à leur niveau habituel. Je n'ai pas manqué de remarquer, en tant qu'employée à bas salaire temporaire, que l'aide au logement dont je bénéficie dans ma vie réelle – plus de 20 000 $ par an sous la forme d'une déduction fiscale des prêts immobiliers – permettrait à une famille vraiment pauvre de vivre dans une relative splendeur. Si cette somme avait été disponible sous forme de paiements mensuels à Minneapolis, j'aurais pu m'installer dans un de ces immeubles pour « cadres supérieurs » avec sauna, salle de gym et piscine.

Mais si les loyers sont sensibles aux mouvements du marché, les salaires, eux, ne suivent pas. Toutes les villes dans lesquelles j'ai travaillé au cours de ce projet connaissaient ce que les hommes d'affaires de la région définissaient comme un « manque de main-d'œuvre » – dont faisaient état la presse locale et les pancartes annonçant « Nous embauchons » ou, plus impérieusement encore, « Nous Prenons Votre Candidature ». Pourtant les salaires des gens les moins qualifiés du marché du travail restent au plus bas, stagnent. Le *New York Times* signalait en mars 2000 que « l'inflation des salaires ne se traduisait guère dans les statistiques nationales [1] ». Le patron de la Federal Reserve Bank, Alan Greenspan, qui passe son temps à scruter avec anxiété la moindre manifestation d'une tendance « inflationniste », était heureux d'informer le Congrès en juillet 2000 que les perspectives étaient plutôt

---

1. « Companies Try Dipping Deeper into Labor Pool », *New York Times*, 26 mars 2000.

rassurantes à cet égard. Il allait même jusqu'à suggérer que les lois économiques, liant chômage faible et augmentation des salaires, n'opéraient peut-être plus – ce qui revenait à dire que la loi de l'offre et de la demande avait été abrogée [1]. Certains économistes considèrent que ce paradoxe apparent repose sur une illusion : il n'y a pas de « manque de main-d'œuvre » véritable, seulement moins de gens désirant travailler aux salaires qu'on leur offre [2]. On pourrait tout aussi bien parler d'un « manque de Lexus » – qui existe bien, en un sens, pour toute personne qui ne souhaite pas payer une voiture 40 000 $.

En fait, les salaires ont bien augmenté entre 1996 et 1999. Quand j'ai appelé différents économistes au cours de l'été 2000 et que je me suis plainte du niveau des salaires offerts à la main-d'œuvre non qualifiée, leur première réponse a été : « Mais les salaires augmentent ! » Selon l'Economic Policy Institute, les 10 % des Américains les plus pauvres ont vu leur salaire horaire passer de 5,49 $ (en dollars de 1999) en 1996 à 6,05 $ en 1999. En remontant l'échelle sociale, les 10 % suivants – la tranche dans laquelle je me

---

1. « An Epitaph for a Rule That Just Won't Die », *New York Times*, 30 juillet 2000.
2. « Fact or Fallacy : Labor Shortage May Really Be Wage Stagnation », *Chicago Tribune*, 2 juillet 2000 ; « It's a Wage Shortage, Not a Labor Shortage », *Minneapolis Star Tribune*, 25 mars 2000.

trouvais pendant mon projet – ont vu leur salaire passer de 6,80 $ en 1996 à 7,35 $ en 1999 [1].

De toute évidence, nous sommes en plein débat sur la question de savoir si le verre est à moitié vide ou à moitié plein. Les augmentations qui semblent avoir apaisé de nombreux économistes ne sont guère substantielles, à mes yeux. Pour mettre dans une perspective quelque peu lugubre les augmentations de salaires des quatre dernières années : elles n'ont pas été assez importantes pour donner à la main-d'œuvre non qualifiée les sommes qu'elle gagnait, il y a vingt-sept ans, en 1973. Au cours du premier trimestre de l'an 2000, les 10 % les plus pauvres de la main-d'œuvre ne touchaient que 91 % de ce qu'ils gagnaient à l'époque du Watergate et du disco. Plus encore, au sein de la population active, les travailleurs les plus pauvres sont ceux qui ont le moins progressé par rapport à leurs niveaux de salaires de 1973. Les salariés relativement riches du huitième décile dans l'échelle socio-économique retenue, où le salaire horaire est de 20 $ environ, gagnent aujourd'hui 106,6 % de ce qu'ils gagnaient en 1973. Quand j'ai continué à maugréer auprès des économistes, ils ont en général fait machine arrière et concédé que les bas

---

[1]. Je remercie John Schmidt de l'Economic Policy Institute à Washington D.C. de m'avoir communiqué ces informations sur les salaires.

salaires n'augmentaient pas aussi vite qu'il eût été possible. Lawrence Michel de l'Economic Policy Institute, qui avait adopté un point de vue mi-figue mi-raisin au début de notre conversation, a épaissi le mystère en observant que la productivité – à laquelle les salaires sont théoriquement liés – a augmenté à une vitesse telle que « les salariés devraient en bénéficier beaucoup plus ».

Si tel n'est pas le cas, la raison en est simple : les employeurs utilisent tous les moyens et toute la force dont ils disposent pour ne pas augmenter les salaires. J'ai eu l'occasion d'interroger un de mes employeurs dans le Maine à ce sujet. Vous vous souvenez peut-être du moment où Ted, mon patron à The Maids, m'a conduite en voiture pour rejoindre une équipe qui avait besoin de moi. Après s'être plaint de la dureté de son sort, il a avoué qu'il doublerait son chiffre d'affaires du jour au lendemain s'il pouvait trouver des employés fiables. Aussi poliment que possible, je lui ai demandé pourquoi il n'augmentait pas les salaires. J'ai eu l'impression que la question glissait sur lui. Nous proposons « des horaires adaptés pour les mères de famille », m'a-t-il répondu, la journée de travail prenant fin – soi-disant – vers 3 h de l'après-midi, l'air de dire : « Comment pourrait-on se plaindre des salaires quand on bénéficie d'avantages pareils ? »

ÉVALUATION

En fait, j'ai bien peur que le petit déjeuner gratuit dont il nous gratifiait ait été la seule concession qu'il fût prêt à faire au « manque de main-d'œuvre ». De la même façon, le Wal-Mart où j'ai travaillé offrait des beignets une fois par semaine à tous les employés qui pouvaient prendre leur pause avant épuisement du stock. Comme l'a relaté Louis Uchitelle dans le *New York Times*, de nombreux employeurs préféreront offrir à peu près n'importe quoi – des repas, des allocations de transport, des remises dans le magasin – plutôt que d'augmenter les salaires. La raison en est que, du point de vue de l'employeur, de tels avantages « peuvent être supprimés plus facilement » que les augmentations de salaires, lorsque les conditions du marché changent et les rendent inutiles [1]. Dans le même esprit, les constructeurs automobiles préfèrent donner à leurs clients un bonus en argent liquide plutôt qu'une réduction sur le prix nominal : cela présente l'avantage d'apparaître comme un cadeau et de pouvoir être supprimé sans explication.

La résistance des employeurs ne fait que susciter une seconde question, plus intraitable encore : pourquoi cette résistance n'est-elle pas contrée de manière plus efficace par les salariés ? En évitant d'accorder des augmentations de salaires, les

---

[1]. « Companies Try Dipping Deeper into Labor Pool », *New York Times*, 26 mars 2000.

employeurs se comportent conformément à la rationalité économique. Leur fonction n'est pas d'assurer plus de confort et de sécurité à leurs salariés, mais de maximiser la dernière ligne du bilan. Pourquoi les salariés ne se comportent-ils pas eux aussi de façon rationnelle, en demandant des salaires plus élevés à leurs employeurs ou en cherchant ailleurs des emplois mieux rémunérés ? L'hypothèse, qui sous-tend la loi de l'offre et de la demande appliquée à la main-d'œuvre, est que les travailleurs vont se répartir comme des billes sur un plan incliné – en gravitant vers les emplois les mieux payés, soit en laissant derrière eux les employeurs récalcitrants, soit en les forçant à augmenter les salaires. « L'homme économique », cette grande abstraction de la science économique, est censé faire tout ce qu'il peut, dans certaines limites, pour maximiser son profit.

J'étais perplexe, au début, de ne pas trouver chez mes collègues de travail une attitude plus dynamique. Pourquoi n'allaient-ils pas chercher des emplois mieux payés, comme je l'avais fait en passant du Hearthside à Jerry's ? Une partie de la réponse tient au fait que les hommes connaissent une « friction » un peu plus forte que les billes : plus ils sont pauvres, plus leur mobilité est limitée. Les travailleurs à bas salaire qui n'ont pas de voiture dépendent souvent d'un parent qui veut bien les déposer et venir les chercher tous les jours, parfois sur le trajet qui mène chez la baby-sitter ou à la crèche. Changer de lieu de travail peut dès lors conduire à un problème topographique insoluble ou du moins à devoir persuader un chauffeur réticent. Certains de mes collègues, à Key West comme à Minneapolis, venaient au travail en bicyclette et cela limitait leur mobilité géographique. Pour les propriétaires d'une voiture, s'ajoute le problème du prix de l'essence. Et j'ai déjà mentionné la contrainte que représente le processus du dépôt de candidatures, des entretiens et des tests de dépistage. J'ai aussi évoqué la réticence assez courante qu'il y a à échanger un mal connu pour un autre, inconnu – même lorsque ce dernier vous tente avec un meilleur salaire. A chaque nouvel emploi, il faut tout recommencer, sans rien savoir et sans connaître qui que ce soit.

Les travailleurs à bas salaire se distinguent de « l'homme économique » par un autre biais. Pour que les lois de l'économie fonctionnent, il faut que tous les « joueurs » soient bien informés des options qui s'offrent à eux. Le cas idéal – et j'ai lu quelque part que la technologie nécessaire est déjà au point – correspondrait à celui d'un consommateur qui verrait sur son ordinateur de poche le menu et les prix de chaque restaurant devant lequel il ou elle passe. Même sans une assistance technologique de ce type, certains chercheurs d'emplois ont les moyens d'étudier les offres qui leur sont faites par les employeurs potentiels, d'avoir les informations financières qui leur permettent de juger de ces offres sur le marché national et de pouvoir négocier leur embauche.

Mais il n'y a ni ordinateur portable, ni chaîne câblée et encore moins de site Internet pour conseiller celui qui cherche un emploi. Uniquement les pancartes sur le bord de la route et les petites annonces dans les journaux, où il est rare de voir mentionné le montant d'un salaire. L'information – concernant qui gagne quoi et où – circule donc de bouche à oreille : pour des raisons culturelles difficiles à expliquer, c'est un mode de transmission très lent et peu fiable. Kristine Jacobs, analyste du marché du travail des Twin Cities, désigne ce qu'elle appelle le « tabou de l'argent » comme le facteur déterminant qui empêche les bas salaires d'optimiser leurs revenus. « Il existe un code du silence entourant les questions des revenus des individus », m'a-t-elle expliqué. « Nous confessons à peu près tout dans notre société – le sexe, le crime, la maladie. Mais personne ne veut révéler combien il a gagné exactement et comment. Le tabou de l'argent est une chose sur laquelle les employeurs peuvent toujours compter. » Je crains que ce « tabou » n'opère plus efficacement parmi les gens les moins bien payés, car dans une société qui célèbre sans fin ses milliardaires du point.com et ses athlètes millionnaires, 7 ou même 10 $ de l'heure peut faire l'effet d'une infériorité innée. Il est donc possible de ne pas savoir que le Target de l'autre côté de la route offre de meilleurs salaires que le Wal-Mart, même si votre belle-sœur y travaille.

Les employeurs, bien entendu, font peu pour encourager l'éducation économique de leurs salariés. Ils peuvent bien exhorter les clients à un « Comparez nos prix ! », mais ils ne souhaitent pas que les employés fassent de même pour leurs salaires. J'ai signalé que le processus d'embauche semblait conçu, dans certains cas, pour empêcher toute discussion et même toute mention du salaire – en faisant passer le candidat de l'entretien à l'orientation avant que le sujet répugnant de l'argent ne soit abordé. Certains employeurs vont plus loin encore : au lieu de compter sur le « tabou de l'argent » pour empêcher les salariés de discuter et de comparer les salaires, ils leur recommandent de ne pas le faire. Le *New York Times* a récemment mentionné plusieurs actions en justice menées par des employés qui avaient été renvoyés parce qu'ils avaient transgressé cette règle – une femme, par exemple, qui avait demandé une augmentation de salaire après avoir appris de ses collègues qu'elle était payée considérablement moins pour le même travail. Le National Labor Relations Act de 1935 rend illégale toute punition à l'encontre des personnes qui ont fait connaître leur salaire, mais la pratique se perpétue jusqu'à ce qu'une action en justice soit engagée contre chaque entreprise [1].

S'il est difficile pour les salariés d'obéir aux lois économiques en examinant leurs options et en cherchant les emplois mieux payés, pourquoi un plus grand nombre d'entre eux ne prennent-ils pas position là où ils sont – en exigeant de meilleurs salaires et de meilleures conditions de travail, soit individuellement, soit collectivement ? C'est une question énorme et le sujet de plus d'une réflexion dans le domaine de la psychologie industrielle. Je me contenterai ici de commenter les choses que j'ai observées. L'une d'elles était cette direction à cooptation, qui s'illustre dans des euphémismes comme « associé » ou « équipier ». Le patron de The Maids – qui, en tant qu'unique mâle parmi nous, exerçait un pouvoir paternaliste répugnant – avait réussi à convaincre certaines de mes collègues qu'il luttait contre des circonstances défavorables et qu'il avait besoin de leur indulgence absolue. Wal-Mart use de moyens plus impersonnels et plus efficaces sans doute pour convaincre les salariés qu'ils sont des « associés ». Il y avait le pro-

---

1. « The Biggest Company Secret : Workers Challenge Employer Practices on Pay Confidentiality », *New York Times*, 28 juillet 2000.

gramme d'intéressement aux bénéfices, avec la cotation en Bourse de Wal-Mart affichée près de la salle de repos, tous les matins. Il y avait le patriotisme d'entreprise tant vanté, mis en évidence grâce aux banderoles qui invitaient les salariés et les clients à contribuer à la construction d'un mémorial des vétérans de la Seconde Guerre mondiale (Sam Walton étant l'un d'eux). Il y avait les « réunions d'associés », l'équivalent d'un défilé de supporters poussant le « cri de guerre » de Wal-Mart : « Je veux entendre un "Wa". »

La chance donnée de s'identifier à une entité riche et puissante – l'entreprise ou le patron – n'est que la carotte. Il y a aussi le bâton. Ce qui m'a à la fois surprise et choquée le plus dans le monde des bas salaires (et en effet, ma position privilégiée de membre de la classe moyenne apparaît ici en pleine lumière), c'est cette exigence d'un renoncement à ses droits civiques les plus élémentaires et – ce qui revient au même – au respect de soi. Je l'ai appris au début de mon expérience de serveuse, lorsqu'on m'a prévenue que la direction pouvait faire fouiller mon sac à tout moment. Je n'y transportais pas des salerons volés ou des substances plus compromettantes, mais l'idée de voir son sac fouillé donne à une femme l'impression d'être partiellement dévêtue. A la fin de cette journée de travail, j'avais passé quelques coups de fil et découvert que cette pratique est légale : si le sac se trouve sur la propriété du patron – ce qui était le cas –, il a le droit d'en examiner le contenu.

Le test de dépistage de drogues est une autre routine humiliante. Les militants des droits civiques y voient une violation du Quatrième Amendement qui protège contre « toute fouille injustifiée ». La plupart des salariés et des candidats trouvent que c'est simplement gênant. Les protocoles des tests prévoient que les candidats doivent être en sous-vêtements et uriner en présence d'une infirmière ou d'un technicien. Heureusement, j'ai pu garder mes vêtements et fermer la porte des toilettes. Mais, même dans ces conditions, uriner est quelque chose d'intime et il est dégradant d'avoir à le faire sur l'ordre d'une autorité quelconque. J'ajouterais à la liste des intrusions humiliantes les tests de personnalité ou, du moins, une grande partie de leur contenu habituel. Peut-être que les questions à caractère hypothétique sont justifiées – savoir si vous pourriez voler si l'occasion s'en présentait, si vous dénonceriez un collègue de travail, etc. – mais pas les questions concernant « votre apitoiement sur vous-même », sur votre caractère solitaire ou sur le fait que vous êtes incompris. Il est pour le moins troublant de confier ce genre de choses à un parfait inconnu, votre urine et vos doutes sur vous-même, en dehors d'un contexte médical ou thérapeutique.

Il existe d'autres moyens, plus directs, de maintenir à leur place les employés à bas salaire.

ÉVALUATION

Les règlements interdisant le « bavardage » ou même le simple fait de « parler » rendent difficile la formulation de vos griefs auprès de vos pairs ou – si vous en aviez l'audace – le rassemblement de vos collègues autour d'un projet de transformation grâce à la création d'un syndicat, par exemple. Ceux qui ne respectent pas ces règlements se voient punis sans explication : on modifie de manière unilatérale leurs horaires ou leurs tâches. Ou bien on les renvoie. Tous ces employés à bas salaire qui travaillent sans convention collective, pour la grande majorité, le font « à volonté », c'est-à-dire à la volonté de leur employeur, et peuvent être renvoyés sans la moindre explication. L'AFL-CIO estime que dix mille travailleurs sont renvoyés chaque année pour avoir participé à des mouvements visant à organiser des syndicats et dans la mesure où il est illégal de renvoyer des gens à cause de leur activité syndicale, j'imagine que ces renvois sont en général justifiés par des infractions mineures. Les employés de Wal-Mart qui se sont opposés à la direction – en participant à l'organisation d'un syndicat ou en engageant une action en justice pour défaut de paiement des heures supplémentaires – ont été renvoyés pour non-respect du règlement concernant l'usage de mots orduriers [1].

---

1. Bob Ortega, *In Sam We Trust*, p. 356; « Former Wal-

Si donc les employés à bas salaire ne se comportent pas toujours conformément à la rationalité économique, c'est-à-dire comme des agents libres dans une démocratie capitaliste, c'est parce qu'ils travaillent dans un environnement qui n'est ni libre ni démocratique. Quand vous entrez dans l'univers des bas salaires – et des salaires moyens dans de nombreux cas – vous abandonnez vos libertés civiques à la porte, vous laissez derrière vous l'Amérique et tout ce qu'elle est censée représenter, et vous apprenez à ne pas desserrer les lèvres pendant votre journée de travail. Les conséquences de cette reddition vont bien au-delà des questions de salaire et de pauvreté. Il nous est difficile de prétendre être la première démocratie du monde, lorsqu'un grand nombre de nos concitoyens passent la moitié de leur temps de veille dans un environnement qui est l'équivalent, pour le dire en termes simples, d'une dictature.

Toute dictature exerce une pression psychologique sur ses sujets. Si l'on vous traite comme une personne indigne de confiance – un tire-au-flanc potentiel, un drogué ou un voleur –, vous commencez à vous sentir vous-même moins digne de confiance. Si vous êtes constamment rappelé à votre position subalterne dans la hiérar-

---

Mart Workers File Overtime Suit in Harrison County », *Charleston Gazette*, 24 janvier 1999.

chie sociale, par vos supérieurs ou par le biais d'une série de règles impersonnelles, vous commencez à accepter cette condition d'infortune. En me tournant un instant vers un domaine de ma vie entièrement différent, celui qui est encore attaché à la biologie, je dirais que les preuves ne manquent pas dans le monde animal – chez les rats ou les singes, par exemple : quand ils sont maintenus dans une position subalterne au sein de leur système social, ils adaptent le métabolisme de leur cerveau en conséquence et deviennent « déprimés », comme peuvent le devenir des êtres humains. Leur comportement traduit de l'anxiété et de la timidité ; le niveau de sérotonine (le neurotransmetteur que stimulent certains antidépresseurs) décline dans leur cerveau. Et – ceci est intéressant dans le contexte présent – ils évitent de se battre, même en légitime défense...

Les êtres humains sont, bien entendu, infiniment plus compliqués. Même dans les situations de subordination extrême, nous pouvons retrouver un certain amour-propre en pensant à notre famille, notre religion, nos espoirs pour l'avenir. Mais, comme tous les animaux sociaux et plus encore que certains, nous dépendons des êtres qui nous entourent pour constituer une image de nous-mêmes – au point de pouvoir altérer notre perception du monde pour l'adapter à celle des autres [1]. J'imagine que les humiliations imposées à tant d'employés – les tests de dépistage, la surveillance constante, les semonces des supérieurs – sont une cause partielle du maintien du travail à bas salaire. Si l'on vous fait sentir que vous êtes indigne de confiance, vous finirez par admettre que vous ne valez pas plus que ce qu'on vous paie.

Il est difficile d'imaginer une autre fonction à l'autoritarisme qui règne sur les lieux de travail. Les dirigeants peuvent croire que, sans leurs efforts inlassables, les employés cesseraient rapidement de travailler. J'ai une tout autre impression. Certes, j'ai rencontré quelques cyniques et pas mal de gens qui avaient appris à mesurer leur dépense d'énergie. Mais je n'ai jamais rencontré, pendant ce projet, un tire-au-flanc, ni même un drogué ou un voleur. Au contraire, j'ai été sidérée et parfois attristée par la fierté que les gens tiraient de leur emploi si pauvrement rétribué, en termes de salaire et d'approbation. Souvent, ces gens voyaient la direction comme un obstacle à la bonne exécution de leur travail. Les serveuses s'irritaient de l'avarice de leurs supérieurs vis-à-vis des clients ; les femmes de ménage souffraient des contraintes de temps qu'on leur imposait et qui les obligeaient à bâcler ; les

---

1. Voir, par exemple, le chapitre « Conformity » in David G. Myers, *Social Psychology* (McGraw-Hill, 1987).

vendeuses auraient voulu que leur rayon soit beau, au lieu d'être encombré d'un excédent de marchandises comme le souhaitait la direction. Livrés à eux-mêmes, ces gens mettaient au point des systèmes de coopération et d'entraide. Lorsqu'une crise avait lieu, ils y faisaient face. Je dirais qu'il était souvent difficile de voir quelle fonction remplissait l'encadrement, en dehors de celle d'encadrer.

Il semble qu'il y ait ici un cercle vicieux, qui nous confronte non seulement à une économie, mais à une culture de l'inégalité extrême. Les dirigeants d'entreprise et même certains patrons à la petite semaine (comme celui de The Maids) occupent une position économique située à des kilomètres au-dessus de celle des gens qui dépendent de leurs décisions. Pour des raisons qui ont plus à voir avec des préjugés de classe – et même de race – qu'avec une expérience réelle, ces dirigeants ont tendance à se méfier des gens dont ils font leurs employés et à les redouter. D'où ce besoin d'une gestion répressive et de mesures indiscrètes comme les tests de personnalité et de dépistage. Mais tout cela coûte de l'argent – 20 000 $ par an au bas mot pour un directeur, 100 $ pour chaque test de dépistage, et ainsi de suite – et le coût élevé de la répression est une pression de plus pour maintenir les salaires au plus bas. La société au sens large semble être victime du même cercle vicieux : réduire d'un côté les services publics pour les pauvres, qui sont parfois désignés sous le nom de « salaire social » et, de l'autre, investir massivement dans les prisons et la police. Et là aussi, le coût de la répression devient un facteur qui joue contre l'expansion ou la restauration de ces services publics nécessaires. C'est un cycle tragique, qui nous condamne à une inégalité toujours plus grande et dont, à terme, personne ne bénéficie, sinon les agents de la répression.

Mais quelles que soient les causes du maintien des bas salaires – et je suis convaincue que mes commentaires ne font qu'effleurer la surface –, le fait est que beaucoup de gens gagnent moins que ce qu'il leur faut pour survivre. The Economic Policy Institute a récemment examiné des douzaines d'études définissant un « salaire de survie » et en a conclu qu'un revenu moyen de 30 000 $ par an, pour une famille d'un adulte et de deux enfants, correspondait à ce niveau de survie (ce revenu annuel équivaut à un salaire horaire de 14 $). Ce n'est pas un minimum absolu : ce budget inclut en effet une assurance maladie, un téléphone, une aide pour une crèche, entre autres – ce qui représente des avantages hors d'atteinte pour des millions de travailleurs. Mais il n'inclut pas de repas dans des restaurants, de locations de vidéos, l'accès à l'Internet, du vin et des alcools, des cigarettes et des billets de loterie (et pas des masses de viande). Ce qui est choquant, c'est que 60 % environ des travailleurs aux Etats-Unis gagnent moins de 14 $ de l'heure. Bon nombre d'entre eux ne s'en sortent qu'avec le revenu complémentaire d'une épouse ou d'un enfant adulte. Certains ont recours à l'aide sociale, sous la forme de tickets d'alimentation, d'aides au logement, de crédits sur l'impôt sur le revenu ou de crèches gratuites – pour ceux qui sont en fin de chômage dans des Etats relativement généreux. Mais les autres – les mères célibataires, par exemple – n'ont rien d'autre que leur propre salaire, quel que soit le nombre de bouches à nourrir.

Les employeurs considéreront ce chiffre de 30 000 $, qui représente le double de ce qu'ils paient pour un emploi non qualifié, et ne verront que la banqueroute à l'horizon. Il est en effet impossible pour le secteur privé de fournir à chacun un niveau de vie adéquat grâce à un salaire, ou même un salaire et des avantages : bien des choses dont nous avons besoin, la prise en charge des enfants en bas âge par exemple, coûtent trop cher même pour des familles de la classe moyenne. La plupart des nations civilisées compensent ces salaires inadéquats en procurant des services publics assez généreux, comme l'assurance maladie, les allocations familiales, les aides au logement et des transports en commun efficaces. Mais les Etats-Unis, en dépit de leur richesse, laissent leurs citoyens se débrouiller – par exemple, avec des loyers fluctuant dans de vastes proportions, à payer avec leurs seuls salaires. Pour des millions d'Américains, ce salaire horaire de 10 $ – ou 8 et même 6 $ – est l'unique ressource.

Il est courant, chez ceux qui ne sont pas pauvres, de penser que la pauvreté est une condition acceptable – austère, certes, mais qui permet de s'en tirer. Les pauvres sont « toujours là », après tout. Ce qui est difficile pour ceux qui ne sont pas pauvres, c'est de voir la pauvreté comme une détresse intense. Le déjeuner constitué de chips ou d'un hot dog et qui ne permet pas de tenir, sans vertige, jusqu'à la fin de la journée de travail. La « maison » qui est aussi une voiture ou un minibus. La maladie ou la blessure dont il faut, les dents serrées, « se sortir le plus vite possible » parce qu'on n'est pas payé quand on ne travaille pas ou qu'il n'y a pas d'assurance maladie. Et un jour sans paye, c'est un jour sans pouvoir faire ses courses. Ces expériences ne relèvent pas de conditions de vie acceptables, pas même de conditions de privation chronique et de punition incessante. Ce sont des situations d'urgence, selon les critères de subsistance en vigueur. Et c'est ainsi que nous devrions considérer la pauvreté de millions d'Américains qui vivent avec des bas salaires – comme un état d'urgence.

ÉVALUATION

Au cours de l'été 2000, j'ai retrouvé – de façon permanente, j'ai des raisons de l'espérer – ma position habituelle sur l'échelle socio-économique. Je vais dans des restaurants, souvent bien plus raffinés que ceux dans lesquels j'ai travaillé, et je m'assois à une table. Je dors dans des chambres d'hôtel que quelqu'un a nettoyées et je fais des courses dans des magasins que d'autres rangeront après mon départ. Passer des 20 % inférieurs de l'échelle aux 20 % supérieurs équivaut à entrer dans un monde magique où les besoins sont satisfaits, les problèmes résolus, presque sans effort. Si vous voulez vous rendre quelque part rapidement, vous hélez un taxi. Si vos parents âgés deviennent agaçants ou incontinents, vous les envoyez dans un endroit où d'autres s'occuperont de leurs couches et de leur démence. Si vous faites partie de la majorité de la haute bourgeoisie qui emploie une femme de ménage ou un service d'entretien, vous rentrez du travail et vous trouvez votre maison rangée comme par miracle – sans merde dans les toilettes resplendissantes, les chaussettes abandonnées sur le sol de nouveau à leur place habituelle. Ici, la sueur est une simple métaphore pour un travail pénible, rarement sa conséquence. Des centaines de petites choses sont faites sans que personne paraisse s'en occuper.

Les 20 % supérieurs exercent régulièrement

d'autres formes de pouvoir, beaucoup plus conséquentes, dans le monde. Cette strate, qui contient ce que j'ai appelé dans un autre livre [1] la « classe libérale-dirigeante », est le foyer de ceux qui prennent les décisions, façonnent les opinions, créent la culture – nos professeurs, avocats, chefs d'entreprise, acteurs, hommes politiques, juges, écrivains, producteurs et éditeurs. Quand ils parlent, on les écoute. Quand ils se plaignent, quelqu'un se dépêche, en général, de régler le problème et de présenter des excuses. S'ils se plaignent souvent, quelqu'un, qui se trouve bien au-dessous d'eux en termes de fortune et d'influence, sera sermonné ou renvoyé. Le pouvoir politique aussi est concentré dans ces 20 % supérieurs, dans la mesure où ses membres sont mieux à même que les pauvres – ou la classe moyenne – de discerner les nuances minuscules qui séparent les candidats et peuvent rendre intéressants leurs contributions, leur participation et leur vote. Par toutes ces voies, les riches exercent un pouvoir démesuré sur les vies des moins riches et, en particulier, sur les vies des pauvres en déterminant quels services publics seront assurés, ce que sera le salaire minimum, quelles lois définiront le traitement de la main-d'œuvre.

---

1. *Fear of Falling : The Inner Life of the Middle Class* (Pantheon, 1989).

ÉVALUATION

Il est donc alarmant, au retour dans la haute bourgeoisie après un séjour, aussi artificiel et bref soit-il, parmi les pauvres, de constater que la trappe s'est refermée si rapidement derrière moi. Vous étiez *où*? Pour faire *quoi*? Un étrange phénomène optique de notre société polarisée et inégale dérobe les pauvres à la vue de leurs supérieurs économiques. Les pauvres peuvent voir les riches assez facilement – à la télévision, sur les couvertures des magazines. Mais les riches voient peu les pauvres ou, s'ils les aperçoivent dans un lieu public, savent rarement ce qu'ils voient, dans la mesure où les pauvres peuvent en général se déguiser comme les membres des classes plus aisées – grâce à Wal-Mart et autres magasins à prix démarqués. Il y a une quarantaine d'années, le sujet qui faisait courir les journalistes était la « découverte des pauvres » dans leurs quartiers déshérités et les « poches de pauvreté » dans les Appalaches. Aujourd'hui, il est plus probable de tomber sur un commentaire concernant leur « disparition », soit comme réalité démographique supposée, soit comme défaut d'imagination de la classe moyenne.

Dans un article paru en 2000 sur « le pauvre en voie de disparition », le journaliste James Fallows rapporte que, du point de vue des nouveaux riches de l'Internet, il est « difficile de comprendre des gens pour qui un million de dollars représenterait une fortune... et encore plus difficile ceux pour qui 246 $ constituent une semaine de travail[1] ». Parmi les raisons que lui et d'autres évoquent pour expliquer l'aveuglement des riches, on compte le fait qu'ils partagent de moins en moins d'espaces et de services avec les pauvres. A mesure que les écoles publiques et les autres services se détériorent, ceux qui ont les moyens envoient leurs enfants dans des écoles privées et passent leurs heures de loisirs dans des espaces particuliers – des clubs, par exemple, plutôt que des parcs. Ils ne prennent pas le bus ou le métro. Ils quittent les quartiers mixtes pour se retirer dans des banlieues lointaines, dans des communautés protégées ou bien dans des immeubles sous haute surveillance. Ils font leurs courses dans des magasins qui, conformément à la « segmentation du marché », ont été conçus pour n'attirer que les riches. Même la jeunesse aisée passe de moins en moins ses étés à découvrir comment vit « l'autre moitié » dans des jobs de maître nageur, serveuse ou réceptionniste d'hôtel. Le *New York Times* note qu'ils préfèrent « aux boulots épuisants, mal payés et ennuyeux qui ont été longtemps leur lot[2] », des activités liées à leur future carrière, comme des program-

---

1. « The Invisible Poor », *New York Times Magazine*, 19 mars 2000.
2. « Summer Work Is Out of Favor with the Young », *New York Times*, 18 juin 2000.

mes d'été dans leurs écoles ou des stages dans le cadre professionnel approprié.

Les circonstances politiques actuelles favorisent ce qui ressemble à une « conspiration du silence » sur le sujet de la pauvreté et des pauvres. Les Démocrates ne manifestent aucun désir de découvrir des failles dans la période de « prospérité sans précédent » dont on les crédite ; les Républicains ont perdu tout intérêt pour les pauvres maintenant que l'aide sociale telle que nous la connaissions n'existe plus. La réforme de l'aide sociale elle-même est un facteur qui joue contre toute enquête précise sur la condition des pauvres. Les deux partis l'approuvent vigoureusement, et reconnaître qu'un travail à bas salaire ne permet pas aux gens de sortir de la pauvreté serait admettre qu'on ait pu commettre une erreur catastrophique en termes humains. En fait, on sait très peu de choses sur le sort des anciens bénéficiaires de l'aide sociale parce que la loi de réforme en 1996 ne s'est pas souciée de mettre en place des procédures permettant de surveiller les conditions de vie des gens ne bénéficiant plus de cette aide. Les médias rendent compte avec insistance du bon côté de la situation, mettant en avant quelques réussites spectaculaires et minimisant le problème de la faim qui se développe [1].

---

1. Le *National Journal* rapporte que la « bonne nouvelle », c'est le fait que six millions de personnes ne

Parfois il semble qu'il y ait des mensonges délibérés. En juin 2000, les médias se sont empressés de saluer une étude qui montrait que le programme de l'Etat du Minnesota, « De l'aide sociale au travail », avait permis de réduire nettement la pauvreté et, comme le disait le magazine *Time*, pouvait être considéré comme un « succès total [1] ». Ce que ces comptes rendus négligeaient de mentionner, c'est que le programme en question constituait un projet expérimental, offrant des allocations familiales et d'autres aides bien plus substantielles que celles du programme d'aide sociale réformée du Minnesota. On peut sans doute pardonner l'erreur – le projet expérimental, qui a pris fin en 1997, ayant le même nom, Minnesota Family Investment Program, que le programme (toujours en cours) d'aide sociale réformée dans cet Etat [2].

Il faudrait lire attentivement un grand nombre de journaux, du début à la fin, pour apercevoir les signes de la détresse. Vous verriez, par exemple, que les soupes populaires du Massachusetts ont

---

figurent plus sur les listes de l'aide sociale depuis 1996 ; mais « la fin de l'histoire », c'est que « ces gens n'ont pas toujours de quoi se nourrir correctement » (« Welfare Reform Act 2 », 24 juin 2000, pp. 1978-93).

1. « Minnesota's Welfare Reform Proves a Winner », *Time*, 12 juin 2000.
2. Center for Law and Social Policy, « Update », Washington D.C., juin 2000.

enregistré, en 1999, un accroissement de 72 % de la demande par rapport à l'année précédente ; que les centres de distribution gratuite au Texas « mendiaient » de la nourriture, en dépit de donations équivalentes à celles de 1998 (même chose à Atlanta) [1]. Vous pourriez apprendre que l'église catholique de San Diego ne pouvait plus, à partir de janvier 2000, accueillir de nouvelles familles sans abri dans son foyer, qui est le plus grand de la ville, parce que sa capacité normale avait déjà été doublée [2]. Vous pourriez tomber sur une étude montrant que le pourcentage des familles du Wisconsin vivant sur des tickets d'alimentation dans une « pauvreté extrême » – ce qui correspond à 50 % du seuil de pauvreté définie par la loi fédérale – a triplé au cours de la dernière décennie pour représenter 30 % des pauvres [3]. Vous pourriez découvrir que, au niveau de la nation entière, les soupes populaires connaissent « un afflux auquel elles ne peuvent faire

---

[1]. « Study : More Go Hungry since Welfare Reform », *Boston Herald*, 21 janvier 2000 ; « Charity Can't Feed All while Welfare Reforms Implemented », *Houston Chronicle*, 10 janvier 2000 ; « Hunger Grows as Food Banks Try to Keep Pace », *Atlanta Journal and Constitution*, 26 novembre 1999.

[2]. « Rise in Homeless Families Strains San Diego Aid », *Los Angeles Times*, 24 janvier 2000.

[3]. « Hunger Problems Said to Be Betting Worse », *Milwaukee Journal Sentinel*, 15 décembre 1999.

face »; que, selon une enquête de l'Association nationale des maires, 67 % des adultes qui demandent une aide alimentaire ont un emploi [1].

Une des raisons pour lesquelles personne ne rassemble toutes ces histoires et n'annonce un état d'urgence national tient peut-être au fait que les Américains de la classe moyenne et des professions libérales qui lisent les journaux pensent encore que la pauvreté est une conséquence du chômage. Pendant les beaux jours de la réduction des effectifs sous Reagan, c'était souvent le cas et ça l'est encore pour les résidents des quartiers déshérités qui n'ont pas la possibilité de se rendre dans les banlieues où abondent les emplois non qualifiés. Quand le chômage est la cause de la pauvreté, nous savons comment formuler l'équation – habituellement : « la croissance économique n'est pas assez rapide » – et nous savons comment la tradition libérale résout l'équation – le « plein emploi ». Mais lorsque nous nous trouvons en période de plein emploi ou presque, lorsque les emplois sont disponibles pour qui peut venir les prendre, le problème semble alors plus profond et commence à entamer le réseau des attentes légitimes que constitue le « contrat

---

1. Deborah Leff, présidente de l'organisation de lutte contre la faim, America's Second Harvest, citée dans le *National Journal*, *op. cit.*; « Hunger Persists in U.S. despite the Good Times », *Detroit News*, 15 juin 2000.

social ». Selon un sondage récent fait par Jobs for the Future, une société de recherche en matière d'emploi basée à Boston, 94 % des Américains considèrent « que les gens qui travaillent à plein temps devraient gagner assez pour pouvoir mettre leur famille à l'abri de la pauvreté [1] ». J'ai passé ma jeunesse à entendre, à en mourir d'ennui, que « travailler dur » était le secret du succès : « Travaille dur et tu avanceras dans la vie » ou « C'est en travaillant dur que nous sommes arrivés là où nous sommes ». Personne ne m'a jamais dit qu'on pouvait travailler dur – plus dur que je n'aurais jamais imaginé – et s'enfoncer toujours plus profond dans la pauvreté et les dettes.

Quand les mères célibataires pauvres pouvaient encore choisir de ne pas travailler grâce à l'aide sociale, la classe moyenne et la bourgeoisie avaient tendance à les considérer avec une certaine impatience, sinon du dégoût. Les pauvres assistées étaient éreintées pour leur paresse, leur obstination à se reproduire dans des circonstances défavorables, leurs dépendances diverses et, surtout, leur manque d'indépendance. Elles étaient là, satisfaites de vivre de « l'aumône du gouvernement » plutôt que de chercher à assurer leur « autonomie » comme tout le monde, grâce à

---

[1]. « A National Survey of American Attitudes toward Low-Wage Workers and Welfare Reform », *Jobs for the Future*, Boston, 24 mai 2000.

un travail. Il fallait qu'elles se prennent en main, qu'elles apprennent à remonter un réveille-matin, à se lever et à aller chercher du travail. Mais maintenant que le gouvernement a supprimé en grande partie ses « aumônes », maintenant que la grande majorité des pauvres triment à Wal-Mart ou Wendy's – eh bien, qu'allons-nous penser de ces femmes ? La désapprobation et la condescendance n'étant plus de mise, quelle considération adopter ?

La culpabilité, pourriez-vous répondre prudemment. N'est-ce pas ce que nous sommes censés éprouver ? Mais la culpabilité ne va vraiment pas assez loin. L'émotion appropriée devrait être la honte – la honte que nous devrions tirer de notre dépendance à l'égard du travail sous-payé des autres. Lorsqu'une personne travaille pour moins que ce qu'il lui faut pour vivre – lorsque, par exemple, elle connaît la faim pour que vous puissiez manger moins cher –, cela veut dire qu'elle a fait un grand sacrifice pour vous, qu'elle vous a fait don d'une partie de ses qualités, de sa santé et de sa vie. Le « pauvre qui travaille », comme on l'appelle à juste titre, est en fait le grand philanthrope de notre société. Il néglige ses propres enfants afin qu'on prenne soin des enfants des autres ; il vit dans des logements insalubres pour que les logements des autres soient étincelants ; il souffre de privation pour que l'inflation reste négligeable et que la Bourse grimpe. Etre un pauvre qui travaille, c'est être un donateur anonyme, un mécène sans nom. Comme disait Gail, une des serveuses que j'ai connue : « Tu donnes, tu donnes, et ils prennent toujours plus. »

Un jour, bien sûr – et je ne ferai aucune prédiction sur la date exacte –, le pauvre sera fatigué d'obtenir si peu en retour et il exigera d'être payé pour ce qu'il vaut. Il y aura, ce jour-là, beaucoup de colère, des grèves et des bouleversements. Mais le ciel ne nous tombera pas sur la tête et nous ne nous en porterons que mieux. Tout compte fait.

REMERCIEMENTS

Mes remerciements pour toutes sortes de services rendus à Michael Berman, Sara Bershtel, Chauna Brocht, Kristine Dahl, Frank Herd et Sarah Bourassa, Kristine Jacobs, Clara Jeffrey, Tom Engelhardt, Deb Konechne, Marc Linder, John Newton, Frances Fox Piven, Peter Rachleff, Bill Sokal, David Wagner, Jennifer Wheeler et Patti.

TABLE

Introduction : Préparatifs 7

Un.	Servir en Floride	21
Deux.	Frotter dans le Maine	81
Trois.	Vendre dans le Minnesota	185

Évaluation 293

Impression réalisée sur Presse Offset par

BRODARD & TAUPIN

GROUPE CPI

La Flèche (Sarthe), 28413
N° d'édition : 3678
Dépôt légal : janvier 2005
Nouveau tirage : février 2005

Imprimé en France